HEYNE <

Inka Schmeling

Erziehungsquatsch

Worauf Eltern Einfluss haben – und worauf nicht

WILHELM HEYNE VERLAG
MÜNCHEN

MIX
Papier aus verantwortungsvollen Quellen
FSC® C014496

Verlagsgruppe Random House FSC-DEU-0100
Das für dieses Buch verwendete FSC®-zertifizierte Papier *Super Snowbright* liefert Hellefoss AS, Kokksund, Norwegen.

Deutsche Originalausgabe 12/2011

www.heyne.de
Printed in Germany 2011
Umschlaggestaltung: Nele Schütz Design, München
Umschlagillustration: © Ann-Kathrin Hahn
Satz: Greiner & Reichel, Köln
Druck und Bindung: GGP Media GmbH, Pößneck
ISBN 978-3-453-60215-1

Inhalt

Wie groß ist der Einfluss von Eltern auf ihre Kinder ...

... als Mutter und als Vater?

Mutterschaft schmeckt nach Brombeeren, dachte ich früher. Damals, als ich sechs oder sieben Jahre alt war, vormittags in die Grundschule ging und nachmittags mit den Nachbarskindern in den Gärten unserer Reihenhaussiedlung spielte. Am liebsten waren wir Indianer, manchmal auch Piraten oder Ritter. Auf unseren Fantasiepferden galoppierten wir über stillgelegte Bahngleise, in imaginären Dreimastern schipperten wir durch Pfützen und Bäche, manchmal kletterten wir bis in die Baumkronen hinauf. Wobei das mit dem ›wir‹ nicht ganz richtig ist. Die Jungs zogen los, auf ihren Pferden oder in ihren Schiffen. Ich, das einzige Mädchen, blieb alleine in der kleinen Höhle unter einem Forsythienbusch zurück. Zum Abschied sagten die Indianer, Piraten oder Ritter: »Du bist halt die Mutter.«

Uns allen war klar, was das bedeutete: zu Hause bleiben. Den Fußboden der Höhle mit einem Zweig sauber fegen. Die Brombeeren aus unserem Garten zu Brei stampfen. Warten. Langeweile. Einsamkeit.

Als ich fast ein Vierteljahrhundert später wirklich Mutter wurde – diesmal nicht von Piraten oder Rittern, sondern von einem Jungen, dem wir den Spitznamen Nepomuk gaben –, ähnelten die ersten Monate ziemlich stark unserem Kinderspiel von damals: Ich blieb zu Hause. Räumte die Wohnung auf. Pürierte Pastinaken, Möhren, Kürbisse, Kartoffeln und sogar Fleisch zu Brei. Geändert hatte sich allein der Gusto von Mutterschaft: In der Wirklichkeit schmeckt sie nach einer Prise Kaffee, bis zur Unkenntlichkeit verdünnt mit lauwarmer, aufgeschäumter Milch. Fader Latte macchiato ist längst zum Synonym moderner Mutterschaft geworden. Selbst nach der unruhigsten Nacht panschen wir Milch ins eigentlich bitter nötige Koffein. Wir stillen ja. Zum Warten, der Langeweile und der Einsamkeit kommen in der Wirklichkeit noch dieses ständige schlechte Gewissen, die Sorge und die Verantwortung.

Brombeerbrei alleine reicht heute nicht mehr. Nicht einmal ein Brei aus besten Bio-Brombeeren würde unseren Ansprüchen noch genügen. Listen mit unseren Aufgaben füllen unzählige Ratgeber, Talkshows und Zeitungsartikel; sie werden in Kursen für Eltern verbreitet und jedes Jahr – ach was, jedes Quartal – neu überarbeitet. Während der Schwangerschaft verkneifen wir uns Rohmilchkäse und Tartar, von Alkohol ganz zu schweigen. Dafür würgen wir brav Fischölkapseln herunter. Ohne Betäubung hecheln und pressen wir uns durch die Geburt, damit sie möglichst natürlich und harmonisch verläuft. Und kaum ist dieser Schmerz vorüber, erdulden wir Milcheinschuss und wunde Brustwarzen, um unser Baby zu stillen. Bei der Erziehung holen wir uns mitunter im oft beschworenen Spagat zwischen Grenzen und grenzenloser Liebe eine Zerrung. Zwischendurch bemühen wir uns, die verborgenen Talente unserer Kinder aufzuspüren und zu fördern, ihnen das richtige Maß an Musik- oder Fremdsprachenunterricht zu ermöglichen, sie vom Fernseher fernzuhalten und am besten auch von Fettigem, Süßem und kalorienhaltigem Knabberzeug. Wir zerbrechen uns oft genug den Kopf darüber, an welchem Ort unsere Kinder denn nun aufwachsen sollen – im heiß geliebten Großstadtviertel oder doch besser draußen im Grünen? Wir diskutieren nächtelang, ob, und wenn ja, wann es Zeit ist für ein Geschwisterkind. Und darüber welche Tagesmutter oder Krippe, welcher Kindergarten oder Hort unser Kind wohl am besten betreuen wird.

Ab dem Moment, wenn auf dem Schwangerschaftstest diese bedeutende zweite Linie erscheint, fühlen wir Eltern uns verantwortlich für Gesundheit, Intelligenz, Persönlichkeit, Glück und Lebensweg unserer Kinder. Mit jeder unserer Entscheidungen nehmen wir Einfluss auf den Nachwuchs. Denken wir. Und glauben manchmal sogar: Je mehr Zeit, Energie, Geduld und Interessen wir opfern, desto glücklicher und gesünder werden unsere Kinder. Manche Ratgeber wollen uns sogar erklären, wie wir unseren Kindern »Zauberkräfte« verleihen. Als könnten wir unsere Kinder mit einem magischen Schutz umgeben, der sie vor allem Unheil bewahrt, wie die Eltern von Harry Potter – die dafür übrigens ihr Leben lassen mussten.

Warum die Kindheit Weichen fürs Leben stellt

Anthropologen betonen gerne, dass Menschenkinder der teuerste Nachwuchs in der gesamten Tierwelt sind. Kein anderes Lebewesen kommt so »unfertig« zur Welt, lässt seine Mutter bei der Geburt so heftig leiden, ist so viele Jahre auf Fürsorge angewiesen, kann erst so spät für seinen eigenen Lebensunterhalt sorgen und muss so viel erlernen. Unsere Kinder werden zu einem Zeitpunkt geboren, zu dem sie körperlich noch nicht der Welt gewachsen sind. Sie können noch nicht einmal selbst den Kopf heben. Eigentlich müssten sie noch Monate im Mutterleib bleiben, um ähnlich »reif« geboren zu werden wie andere Primaten. Biologen nennen den Menschen daher eine »physiologische Frühgeburt«. Der Kinderarzt Herbert Renz-Polster schreibt in seinem Buch *Kinder verstehen*: »Die Krone der Schöpfung legt einen ziemlich schlaffen Start hin!«

Doch nur als »physiologische Frühgeburt« konnte sich der

Mensch so flächendeckend auf der Erde verbreiten wie sonst kein anderes Lebewesen. Menschen können in Iglus am Nordpol leben, in Lehmhütten in der afrikanischen Savanne oder in Wolkenkratzern in New York. Sie können sich von frittierten Vogelspinnen, getrocknetem Walfleisch oder von Salat mit Hähnchenstreifen ernähren. Sie können schwimmen, tauchen, klettern, laufen und mittlerweile sogar Flugzeuge fliegen. Menschen können all das nur lernen, weil sie eben nicht im Mutterleib ausreifen, sondern erst draußen, in der Welt, mitten im Leben.

Entwicklungspsychologen dachten lange, dass menschliche Säuglinge als »tabula rasa«, also als weißes, unbeschriebenes Blatt Papier, zur Welt kommen. Heute weiß man allerdings: Bereits im Mutterleib wird jeder Embryo auf seine ganz spezielle Lebenswelt vorbereitet, auf den Geschmack seiner zukünftigen Speisen, auf den Klang seiner Muttersprache und auf den Gefühlszustand seiner Mutter. Schon diese ersten Erfahrungen hinterlassen Spuren im Gehirn unserer Kinder, weiß Hirnforscher Gerald Hüther, Autor des Buches *Das Geheimnis der ersten neun Monate.* Und nach der Geburt kommen zu diesen Spuren wahre Trampelpfade hinzu. **In den ersten sechs Lebensjahren verknüpfen sich im menschlichen Gehirn so viele Nervenzellen miteinander wie zu keinem späteren Zeitpunkt. Diese Jahre gelten heute als die prägendste Zeit unseres Lebens.** In der frühen Kindheit, darin sind sich Entwicklungspsychologen einig, werden die entscheidenden Weichen für die spätere Gesundheit, das Glück und die Persönlichkeit unserer Kinder gestellt.

Den Preis für die menschliche Flexibilität zahlen sehr häufig wir Eltern. Die Evolution ruht sich auf unseren Schultern aus. Ganz besonders auf denen der Mütter. Kaum haben wir die Pille abgesetzt, stehen wir schon am Stellwerk für die Zukunft unseres Kindes. Es ist nicht so, als bekämen wir dafür keine Gebrauchsanweisung. Ganz im Gegenteil: Wir werden geradezu überschüttet mit Gebrauchsanweisungen – die sich gerne auch mal widersprechen. Freunde, Nachbarn, Schwiegermütter und selbst die Verkäuferin am Kiosk geben ihren Senf dazu, was wir als Eltern tun müssen und was wir zu unterlassen haben. Mütter und Väter werden von ihrer Außenwelt kritischer beäugt und strenger gemaßregelt als jedes Kind. Die Ansprüche an uns Eltern – und ganz besonders die, die wir selbst an uns stellen – sind verdammt hoch. Gleichzeitig ist die Hilfe, die wir im Deutschland des 21. Jahrhunderts bekommen, so gering wie zu kaum einer anderen Zeit und an kaum einem anderen Ort.

Mütter – Alleinherrscherinnen am Stellwerk ihrer Kinder?

Mutti bleibt mit den Kleinen in der Höhle: Bei fast allen Säugetieren gilt diese Regel. Bei Maulwürfen, Mäusen, Meerschweinchen oder auch Menschenaffen sind alleine die Mütter nach der Geburt fürs Ernähren, Wärmen, Beschützen oder Lausen verantwortlich, und zwar oft für eine sehr lange Zeit. Während Meerschweinchen-Mamas gerade mal ein paar Tage bei ihren Babys ausharren, wachen Menschenaffen-Mamas wie Schimpansen, Gorillas oder Orang-Utans sechs oder sieben Jahre über ihre Kinder.

Das Mutti-Modell, das für Maulwürfe, Meerschweinchen und Menschenaffen gilt, wird auch von der Mehrzahl der Menschen gelebt. Zumindest heute und hierzulande. Im ersten Jahr nach der Geburt kehrt in Deutschland nicht einmal ein Sechstel der Mütter in den Beruf zurück; über 60 Prozent bleiben sogar mindestens drei Jahre zu Hause. Gerade mal jede fünfte Mutter arbeitet Vollzeit. Deutsche Frauen suchen besonders selten nach privater oder staatlicher Unterstützung bei der Kinderbetreuung, bemerkte die Psychologin Claudia Quaiser-Pohl bereits in den 1990er-Jahren, als sie damals an der Universität Düsseldorf Mütter in Deutschland, Südkorea, den USA und Neuseeland miteinander verglich. Ihre Schlussfolgerung: Im Gegensatz zu den Müttern der anderen Nationalitäten seien wir geradezu zwanghaft auf unsere Mutterpflichten fixiert. Als die Psychologin nach ihrer Studie selbst Mutter von zwei Kindern wurde, habe ihr der Kulturvergleich sehr geholfen, sagt sie: »Ich hatte und habe weniger schlechtes Gewissen als andere deutsche Mütter, Beruf und Mutterschaft miteinander zu verbinden.«

Seit Jahrzehnten gelten wir im internationalen Vergleich neben Italien und Japan als Spitzenreiter in Sachen Häuslichkeit und Mütterlichkeit. Doch erst um die Jahrtausendwende wies die amerikanische Anthropologin Sarah Blaffer Hrdy nach, dass deutsche Mütter nicht nur Spitzenreiter sind, sondern sogar eine historische und weltweite Ausnahme.

Vor rund zwei Millionen Jahren haben unsere direkten Vorfahren nämlich damit begonnen, es anders zu machen als ihre nahen Verwandten, die Menschenaffen. Mit großem Erfolg, wie Blaffer Hrdy in Büchern wie *Mutter Natur: Die weibliche Seite der Evolution* und *Mütter und Andere: Wie die Evolution uns zu sozialen Wesen gemacht hat* zeigt. Denn für das urtraditionelle Mutti-Modell zahlten unsere Vorfahren wohl den gleichen Preis wie heute noch die Menschenaffen: Sie bekamen nur alle sechs bis acht Jahre neuen Nachwuchs, also erst dann, wenn ein Kind groß genug war, um selbst Nahrung zu finden und sich zu verteidigen, sprich: auch ohne seine Mutter zu überleben. Erst als Frauen von ihren Männern, Schwestern, Müttern oder Tanten Unterstützung bekamen, verkürzte sich der zeitliche Abstand zwischen ihren Geburten auf etwa drei bis vier Jahre. Gleichzeitig stiegen die Überlebenschancen von Neugeborenen und Kleinkindern.

Dank ihrer gemeinschaftlichen Kindererziehung, so Blaffer Hrdy, konnte sich die Menschheit stark vermehren und über die gesamte Erdkugel verteilen. Nur deshalb leben wir heute in Tälern und auf Hochebenen, an der Küste und im Urwald, auf Inseln und in Wüsten: Weil Mütter – abgesehen von den deutschen, japanischen und italienischen – eben nicht alleine mit ihrem Baby in der Höhle zurückblieben.

Neben einer höheren Geburtenzahl und besseren Überlebenschancen ermöglichte »cooperative breeding«, wie Sarah Blaffer Hrdy unsere Kooperation bei der Kinderaufzucht nennt, überhaupt erst die Eigenschaften, die uns Menschen von allen anderen Tieren, auch den Menschenaffen, unterscheiden: Empathie, Kooperation und Intelligenz. Empathie, weil schon die kleinsten Babies lernten, Emotionen in den Gesichtern ihrer Umgebung zu lesen und darauf zu reagieren. Während sie die Liebe ihrer Mutter schon per Hormonschub geschenkt bekamen, mussten sie sich ja schließlich die Fürsorge anderer Erwachsener erst einmal erarbeiten. Kooperation, weil in diesem System Kinder und Erwachsene aufeinander angewiesen waren. Und Intelligenz, weil die Mütter ihre gewonnene Energie gleich wieder in ihre Nachkommen investierten. Unsere gemeinschaftliche Kindererziehung hatte somit positive Auswirkungen auf das Wachstum des menschlichen Gehirns.

Wichtige Weichen für die ganze Menschheit wurden also gerade dadurch gestellt, dass am Stellwerk der Kindheit nicht einer alleine saß.

»Es braucht ein ganzes Dorf, um ein Kind großzuziehen«: Diese afrikanische Weisheit gilt für uns Menschen seit zwei Millionen Jahren. Es braucht uns Eltern, ja. Aber obendrein eben auch

Großeltern, Tanten und Onkel, Cousinen und Cousins, ältere Geschwister und Nachbarn. Das Erfolgsrezept setzte sich (fast) überall auf der Welt durch – bis die Europäer im 18. Jahrhundert auf einen Sonderweg abbogen: den der mindestens elterlichen, meist mütterlichen Alleinverantwortung.

Die Erfindung des schlechten Gewissens

Der Heißluftballon und der Fallschirm wurden im 18. Jahrhundert erfunden, der Blitzableiter und das Quecksilberthermometer ebenfalls.

Und außerdem: die mütterliche Sorge. Die Erfindung der Sorge beschrieb die französische Philosophin Elisabeth Badinter bereits in den 1980er-Jahren in ihrem Buch *Die Mutterliebe*. Mit der Aufklärung und dem gesellschaftlichen Aufstieg des Bürgertums brachten französische Philosophen wie Voltaire, Honoré de Balzac und ganz besonders Jean-Jacques Rousseau einen neuen Wert – und damit gleichzeitig auch ein neues Gebot – ins Leben der Frauen: die Mutterliebe. Ihre Bücher wimmelten von Ansprüchen wie »Hingabe« und »Entbehrung«. Auch wenn sie selbst natürlich ganz anders lebten. Rousseau etwa soll seine fünf Kinder zeitweise in ein Waisenheim gebracht haben, damit ihr Lärm ihn nicht beim Schreiben seiner Bücher störte.

Unter dem Einfluss dieses neuen Gebots verwandelte sich, so Badinter, »die Gleichgültige« der vorherigen Jahrhunderte in »die besorgte Mutter des 19. und 20. Jahrhunderts«. Auf diese folgte die vom schlechten Gewissen gemarterte Mutter des 21. Jahrhunderts, könnte man nach der Lektüre von Badinters aktuellem Buch *Der Konflikt* hinzufügen. Mehr als 20 Jahre nach ihrem Buch über die Mutterliebe warnt sie darin: »In den letzten drei Jahrzehnten hat sich eine Revolution in unserem Verständnis von Mutterschaft ereignet … Sie hat nichts Geringeres zum Ziel, als die Mutterschaft wieder ins Zentrum des weiblichen Lebens zu rücken.«

Diese Revolution wird laut Badinter vor allem mit einer Waffe ausgefochten: dem schlechten Gewissen, keine gute Mutter zu sein. »Die unterschwellige Weisung der neuen vorherrschenden Ideologie lautet: ›Mütter, ihr seid ihnen alles schuldig.‹« Diese Waffe zwinge Mutterschaft ins Zentrum unseres Lebens und alles andere – Beruf und Karriere, Partnerschaft, Freundschaften, Hobbys – weit an den Rand. Als Mutter sei es heutzutage beinahe unmöglich geworden, gleichzeitig auch Frau zu bleiben. Denn neben den Bedürfnissen unserer Kinder und den Ansprüchen an moderne Mütter haben unsere eigenen Wünsche kaum noch Raum. **Noch nie wurde einer Generation von Müttern so viel abverlangt wie uns.**

Die Verantwortung – und vor allem das schlechte Gewissen – sind in ähnlichem Maße gewachsen, wie die Verhütungsmethoden sicherer wurden. Seit Einführung der Pille, dem häufigsten Verhütungsmittel in Deutschland, können sich Mütter ganz bewusst für ein Kind entscheiden. Kinder sind heute meisten Fällen nicht mehr ein Produkt des Zufalls oder Schicksals, sondern meist ganz bewusst gezeugt, oft sehnlichst erwünscht und manchmal auch lange erwartet. Mit dieser bewussten Entscheidung laden moderne Mütter jedoch eine gewaltige Verantwortung auf sich, argumentiert Badinter. »Von der Empfängnis an treten sie ein in einen Diskurs der Schuld. Von da an fühlen sie sich verpflichtet, das Maximum für das Kind zu geben. Gesund zu leben, sich ganz auf das Baby zu konzentrieren, sich selbst zurückzustellen.«

Im 18., 19. und in der ersten Hälfte des 20. Jahrhunderts hatten Mütter vor allem zwei Aufgaben: Kinder zur Welt zu bringen und

Kinder großzuziehen. Im Verlauf des 20. Jahrhunderts, das von der schwedischen Pädagogin Ellen Key schon 1902 als das »Jahrhundert des Kindes« bezeichnet worden war, kam eine Herkulesaufgabe für uns hinzu: Mütter werden heute nicht mehr nur für die bloße Existenz ihrer Kinder und für ihre Gesundheit und Lebenserwartung verantwortlich gemacht, sondern obendrein auch noch für ihre Psyche, für ihre Persönlichkeit und gleichzeitig für ihre seelische Gesundheit.

Die von Sigmund Freud losgetretene Psychoanalyse, und davon ausgehend das Gros der Kinderärzte, Pädagogen und Psychologen, ging im vergangenen Jahrhundert in einer Vielzahl von Studien von einer Art Naturgesetz aus: Wir Mütter sind es, die unsere unfertigen Kinder in ihren ersten Lebensjahren zu den Menschen modellieren, die sie später einmal sein werden. Was wir für unsere Kinder tun, so die psychoanalytische Theorie, das prägt sie für den Rest ihres Lebens. Ganz besonders aber was wir nicht für unsere Kinder tun. Nur unsere bedingungslose und ununterbrochene Liebe und Zuwendung garantiere ihnen die beste seelische Gesundheit. Wir alleine stehen am Stellwerk unserer Kinder. »Durch die Psychoanalyse wird die Mutter zur Hauptverantwortlichen für das Glück ihres Sprösslings«, schreibt Badinter. »Von der Verantwortung zur Schuld war es nur ein kleiner Schritt.«

Vater-Mutter-Kind im 21. Jahrhundert

»Heute haben sie Vater-Mutter-Kind gespielt«, begrüßte mich die Erzieherin in Nepomuks Krippengruppe kürzlich. »Aha«, sagte ich – und dachte an Brombeeren. »Dein Sohn war der Papa«, fuhr die Erzieherin fort. »Aha«, sagte ich wieder. Der Glückliche. »Der Arme kam als Einziger nicht dazu, sich auszuziehen«, erzählte die

Erzieherin weiter. »Bitte was?«, fragte ich verwirrt. »Erst musste er den anderen im Spiel eine Badewanne einlassen, dann hat er ihnen geholfen, sich auszuziehen. Als sie in der Wanne saßen, hat er ihnen schon mal die Brote fürs Abendessen geschmiert. Er ist hin und her geflitzt und hatte gar keine Zeit, sich selbst auch auszuziehen und zu den anderen beiden zu setzen.«

Die Rollen im Vater-Mutter-Kind-Spiel haben sich in den vergangenen 30 Jahren offenbar sehr verändert, nicht nur unter Kindern. **Auch Psychologen und Pädagogen haben in den vergangenen Jahren unter all dem Ideologieschrott der vergangenen Jahrhunderte die Väter entdeckt.** Stück für Stück werden sie geborgen, wird auch ihre Bedeutung für die Entwicklung ihrer Kinder hervorgehoben.

»Anfangs kennt das Kind zuerst die Mutter«, stellte in den 1960er-Jahren der britische Kinderarzt und Psychoanalytiker Donald Winnicott klar. Uns Müttern schrieb er eine fundamentale Funktion im Leben unserer Kinder zu, denn ohne uns könne es für sie keine menschliche Zukunft geben. Den Vater hatten er und seine Kollegen lange Zeit nicht so recht auf dem Zettel. Mütter könnten allenfalls versuchen, so Winnicott, »Vater und Sohn oder Vater und Tochter gelegentlich auf einen Ausflug zu schicken«.

Im 19. Jahrhundert war der Vater in einigen Erziehungsratgebern schlicht vergessen worden, zeigt Elisabeth Badinter. Bis weit in die zweite Hälfte des 20. Jahrhunderts tauchte er auch in der wissenschaftlichen Forschung über die Einflüsse, die Kinder besonders prägen, kaum auf.

Besonders blind für die Rolle, die Väter im Leben ihrer Kinder spielen könnten, war ein weiterer britischer Kinderarzt und Psychoanalytiker: John Bowlby. Ende der 1960er-Jahre stellte er mit seinem Werk *Bindung – Eine Analyse der Mutter-Kind-Bezie-*

hung die Bindungstheorie auf. Bowlby berief sich auf Versuche, die der Verhaltensforscher Harry Harlow mit Rhesusaffenbabys gemacht hatte. Die Affenbabys wurden von ihren Müttern getrennt und bekamen dafür zwei Affenattrappen zur Verfügung gestellt. Die eine war aus Draht und hatte ein Milchfläschchen, die andere hatte weiches Fell und wurde von einer Glühbirne erwärmt. Die Affenbabys klammerten sich immer wieder an das warme, weiche Fell der einen Attrappe und huschten nur zum Trinken schnell zu dem Drahtgestell. Harlow zeigte damit in den 1950er-Jahren, dass Babys Körperkontakt mehr suchen als Nahrungsaufnahme. Eine Neuigkeit zu Harlows Zeiten, denn damals galt in vielen Elternhäusern noch die Devise, elterliche Zärtlichkeiten würden dem Charakter des Kindes gar nicht gut bekommen.Bowlby übertrug nun Harlows Ergebnisse mit den Rhesusaffen auf Menschenbabys. Seiner Theorie zufolge kommen Babys bereits mit einem starken Bindungsbedürfnis und einem ausgeprägten Bindungsverhalten zur Welt, da zu früheren Zeiten die ständige Gegenwart eines Erwachsenen schlicht lebensnotwendig war. Babys suchen Blickkontakt, Lächeln, klammern sich fest, um die Person, an die sie sich einmal gebunden haben, in ihrer Nähe zu halten. Bei einer Trennung reagieren sie mit heftigem Weinen. So weit, so gut seine Theorie – sie ist in ihrem Kern bis heute gültig.

Tatsächlich haben seit den 1960er-Jahren etliche Studien bestätigt, wie bedeutsam die ersten Bindungserfahrungen eines Kindes für sein späteres Leben sind. Sie prägen entscheidend das Bild von sich selbst und von anderen Menschen, die Sicht darauf, was es auf dieser Welt erwarten darf – oder muss. Geborgenheit? Oder doch eher Verlorenheit? **Die ersten Bindungen legen den Grundstein für die seelische Gesundheit unserer Kinder. Über die entscheidenden Weichen, die in den ersten sechs Lebensjahren gestellt**

werden, entscheiden also die Menschen, an die sich ein Kind in dieser Zeit bindet. Sie stehen in der Tat am Stellwerk für die Zukunft des Kindes.

»Mit drei Jahren ist die Persönlichkeit eines Kindes schon ganz schön gestaltet. Besonders in diesen ersten Lebensjahren entwickelt sich die Grundhaltung des Kindes der Welt gegenüber«, sagt die renommierte Bindungsforscherin Karin Grossmann. »In dieser Zeit entsteht ihr Vertrauen in andere Menschen, die Motivation für Anstrengungen, Selbstbeherrschung, Rücksicht und die Fähigkeit, sozial verbunden zu sein.«

Als unhaltbar hat sich jedoch der Anspruch an die Mütter erwiesen, ganz alleine für die kindliche Entwicklung verantwortlich zu sein. Die Person, an die ein Baby sich bindet, war für Bowlby die leibliche Mutter. Später ergänzte er die Aussage noch um »eine gute Mutter«, die nicht zwingend die leibliche sein müsse. Von einem Vater war bei Bowlby kaum die Rede. Damit war er eindeutig ein Kind seiner Zeit, also das Kind eines typischen Fünfziger-Jahre-Papas: Bowlby selbst hatte seinen Vater, einen vielbeschäftigten Chirurgen, in seiner Kindheit kaum zu Gesicht bekommen.

Moderne Bindungsforscher wie Karin Grossmann haben den Kreis der Personen, an die ein Baby sich binden kann, in den vergangenen Jahren allerdings deutlich erweitert. Kinder, so ihre Beobachtung, binden sich in ihren ersten Lebensmonaten nicht nur an ihre Mutter, sondern gleichzeitig auch an mehrere weitere Personen, die sie sehr gut voneinander unterscheiden können. »Helfer am Nest« nennen moderne Bindungsforscher engagierte Großmütter, die Tagesmutter oder Krippenerzieherin, den Vater. Diese verschiedenen Bindungen eines Kindes beeinflussen einander kaum. Mütter haben also keine losere Beziehung zu ihrem Kind, nur weil auch seine Beziehung zum Vater eng ist. Die moderne Bindungsforschung hat gewissermaßen den bekannten Kalenderspruch bestätigt: Liebe ist das Einzige, was sich verdoppelt, wenn man es teilt.

Väter – doch mehr als bloße Hilfsarbeiter?

»Ich bin doch nicht dein Hilfsarbeiter«, raunzt mein Mann mich in der Regel an, wenn ich ihm, meinem Helfer am Nest, ein paar Ratschläge mit auf den Weg geben möchte, nur gut gemeinte, wohlgemerkt. Nepomuks Mütze vorsichtshalber mal einzupacken etwa, an den Fruchtriegel zu denken, ans Trinkfläschchen, an die Hausschuhe und die Ersatzwäsche. In seinem Job ist mein Mann Führungskraft. Aber es gibt Momente, in denen ich nicht recht weiß, ob er auch unseren dreijährigen Sohn warm, satt und sicher durch den Alltag lotsen kann. Das liegt gar nicht an ihm, sondern vielmehr an den Generationen von Vätern vor ihm.

Mein Urgroßvater trug einen wilhelminischen Schnauzer, diente den Nazis als Polizist und verdrosch seine elf Kinder mit dem Lederriemen. Mein Großvater kam mittags manchmal nach Hause und klaute meiner Mutter, einem Schlüsselkind, das Stück Fleisch aus dem Topf, den meine Großmutter für sie auf den Herd gestellt hatte. Mein Vater stellte seine unregelmäßigen Wochenendbesuche komplett ein, als ich sieben Jahre alt war. Bei unserem Wiedersehen mehr als 20 Jahre später lief ich an ihm vorbei. Ich hatte ihn nicht einmal erkannt. Wenn unsere Väter überhaupt einen Einfluss auf mich, meine Mutter oder meine Großmutter hatten, dann war der nicht unbedingt zu unserem Vorteil.

Dabei haben auch Väter eigentlich das Zeug, eine tragende Rolle im Leben ihrer Kinder zu spielen. Das haben Forscher aller Disziplinen bewiesen, die sich wissenschaftlich mit Vätern auseinandergesetzt haben. **Väter, stellten sie mit Erstaunen fest, bringen**

nämlich fast das gleiche Werkzeug mit wie Mütter, um gemeinsam mit ihnen die Weichen für ihre Kinder zu stellen.

Zugegeben: Vätern mangelt es am Brustumfang. Umso überraschender war der Fund einer kanadischen Psychologin, die im Körper werdender Väter ebenfalls einen kräftigen Anstieg der eigentlich typisch weiblichen Hormone Östrogen und Prolaktin feststellte. Bei Frauen ist Prolaktin dafür zuständig, die Brustdrüsen während der Schwangerschaft wachsen und nach der Geburt die Milch einschießen zu lassen. Gleichzeitig begünstigen Östrogen und Prolaktin jedoch auch fürsorgliches Verhalten – offensichtlich bei beiden Geschlechtern. Parallel zum Anstieg der Fürsorgehormone nahm das aggressionsfördernde Hormon Testosteron bei werdenden Vätern um etwa ein Drittel ab.

Ob es an den gleichen Hormonen oder schlicht an der gleichen Liebe liegt: Auch die Reaktionen von Müttern und Vätern auf die Schmerzensschreie eines Säuglings sind identisch. Das stellten amerikanische Anthropologen fest, als sie Eltern Tonbänder mit Babygebrüll vorspielten. Unterschiedlich reagierten die beiden Geschlechter erst, als die Babys auf dem Tonband nicht mehr aus Schmerz oder Angst weinten, sondern vor Hunger. Darauf reagierten Väter etwas langsamer.

Auch wenn Väter von der Natur mit ähnlich gutem Werkzeug ausgestattet werden wie Mütter, um ihren Nachwuchs bestmöglich zu versorgen, packen sie ihren Nachwuchs dennoch etwas anders an. Dies stellten die Forscher bei ihren Untersuchungen ebenfalls fest. An einigen Weichen lenken Väter die Entwicklung ihrer Kinder in eine andere Richtung als Mütter das tun. In der Regel kann man sagen: Sie wählen das holprigere, abenteuerlichere, gefährlichere, aber auch herausforderndere Gleis.

Das zeigte zum Beispiel ein Versuch an der Universität von New York. Eltern sollten für ihre elf Monate alten Babys zweimal eine bewegliche Rampe einstellen: einmal so, dass diese ihrer Meinung nach gerade so noch alleine herunterkrabbeln können, und dann so, wie sie es ihnen erlauben würden. Während 41 Prozent der Väter bei der Rampe zweimal die gleiche Steigung einstellten, trauten sich dies gerade mal 14 Prozent der Mütter. Eine Studie an deutschen und israelischen Jugendlichen wiederum zeigte, dass dieses Muster sich durch die gesamte Kindheit und Jugend zu ziehen scheint. Im Schnitt trauten Väter ihren Kindern ganze vier Jahre früher zu, auf eigenen Beinen zu stehen. Das Maß an Unabhängigkeit, das Väter bereits Zwölfjährigen zugestanden, erlaubten Mütter erst 16-Jährigen.

Kein Wunder also, dass zwei Drittel der Kinder lieber mit ihren Vätern als mit ihren Müttern spielen, wenn man ihnen die Wahl lässt. Oder dass bei Babys auf dem Arm ihrer Mütter Herzschlag und Atmung eher langsamer werden, während sich beides beschleunigt, sobald ihre Väter sie hochnehmen. Kein Wunder auch, dass Väter das Selbstbewusstsein ihrer Kinder deutlich mehr zu beeinflussen scheinen als Mütter.

Väter fördern, indem sie ihre Kinder fordern. Wie gut das wirkt, wies eine Studie der Universität von Cambridge nach. Die Forscher stellten fest, dass Väter im Gespräch mit ihren Kleinkindern kompliziertere Wörter und längere Satzkonstruktionen verwenden. Damit förderten sie deren Sprachentwicklung stärker als die Mütter es taten.

»Feinfühlige Herausforderung« nennen moderne Bindungsforscher das Erfolgsrezept der Väter. Feinfühligkeit für die Bedürfnisse des Babys gilt in der Bindungstheorie als eine der wichtigsten Bedingungen für eine sichere Bindung zwischen Eltern und Kind. Lange Zeit galt sie als Kernkompetenz der Mütter, doch die moderne Bindungsforschung hat auch in diesem Punkt ihre Theorie etwas erweitert. Neben Verständnis und Beruhigung zählt nun auch die Herausforderung hinzu. Die Idee dahinter: Ältere Babys und Kleinkinder profitieren davon, wenn negative Gefühle wie Angst, Wut oder Frustration zwar erkannt und beruhigt werden, man sie dann aber auch rasch ermutigt, selbst nach einer Lösung ihres Problems zu suchen. Diese Rolle übernehmen Väter eher als Mütter.

Etwas schlechter als in der Disziplin Herausforderung schnitten Väter dagegen bei der Feinfühligkeit gegenüber den Gefühlen ihres Kindes ab. Sie taten sich etwas schwerer damit, diese wahrzunehmen und zu deuten. Bindungsforscher rätseln allerdings noch, ob sie es tatsächlich schlechter können oder ob ihnen einfach nur die Übung fehlt.

Wenn Väter in irgendeinem Punkt weit abgeschlagen hinter Müttern zurückbleiben, dann ist es vor allem der Zeitfaktor. Für ihre Kinder haben Väter nicht einmal halb so viel Zeit wie Mütter. Im Schnitt widmen Väter unter der Woche zwei Stunden und 19 Minuten pro Tag ihren Kindern, bei den Müttern hingegen sind es fünf Stunden und zwölf Minuten. Nur in 29 Prozent der Familien teilen sich Mütter und Väter gleichberechtigt Beruf, Haushalt und Kinderbetreuung, so das Ergebnis einer Umfrage der Zeitschrift »Eltern« im Jahr 2008. Dabei hatten mehr als 60 Prozent der Befragten angegeben, sich genau dieses Modell zu wünschen. Über zu wenig Zeit mit ihrem Vater beklagen sich 37 Prozent der Sechs- bis Zwölfjährigen, nur elf Prozent sagen das Gleiche über ihre Mütter. Noch unglücklicher über den Zeitmangel sind jedoch die Väter selbst. Rund die Hälfte würde gerne mehr Zeit mit den Kindern verbringen. Zu Recht, denn Zeit – und eben nicht alleine die viel zitierte »quality time« – ist für Kinder die Währung der Liebe. Je mehr sich Väter im alltäglichen Haushalt engagieren, desto stärker fühlen sich ihre Kinder von ihnen umsorgt und geliebt, so das Ergebnis einer Bielefelder Studie über Ehe und Erziehung.

»Wenn ein Vater nicht da ist, kann er auch nicht die Person sein, die sein Kind auffängt«, sagt die Bindungsforscherin Karin Grossmann. Bereits seit Mitte der 1970er-Jahre beziehen sie und ihr Mann in ihren Langzeituntersuchungen an Familien auch die Väter mit ein, zunächst an der Pädagogischen Hochschule Westfalen-Lippe in Bielefeld und später an der Universität Regensburg. Ergebnis ihrer Studien war unter anderem: Wie stark Väter Einfluss auf ihr Kind nehmen, hängt vor allem von zwei Faktoren ab – von ihrer Feinfühligkeit und der gemeinsam verbrachten Zeit. Denn beides, Feinfühligkeit und Zeit, hängen nach der Beobachtung von Karin Grossmann eng zusammen: »Nur wenn Väter Zeit mit ihrem Kind verbringen, lernen sie dessen Sprache. Sonst verstehen sie es einfach nicht.«

Zwei Elternteile versüßen den Brei

»Zwei Köche verderben den Kartoffelbrei«, sagt mein Mann jedes Mal, wenn er in der Küche mit Kochtopf, Milch, Butter und Kartoffelstampfer hantiert und ich einschreiten möchte. Er sagt auch, zwei Köche würden die Bolognese verderben oder den Pizzateig, den Bohneneintopf oder den Grießbrei. Doch die Gesetze der Küche haben wir im Kinderzimmer annulliert. An der Erziehung unseres Sohnes werkeln wir gemeinsam, mal gleichzeitig, mal abwechselnd. Wir wechseln uns damit ab, ihn morgens in die Krippe zu bringen und ihn nachmittags dort abzuholen. Oder damit, ihm die Zähne zu putzen, ihn ins Bett zu bringen, ihn zu trösten oder einen seiner rumpelstilzchenhaften Wutanfälle über uns ergehen zu lassen. Gemeinsam planen wir seine Geburtstagsgeschenke und unsere Grenzen bei der Erziehung.

Was fürs Kochen gilt, wurde für die Kindererziehung längst widerlegt: Zwei Eltern scheinen den Brei eher zu versüßen als zu verderben. **Söhne und Töchter entwickeln sich besser, wenn beide Elternteile in ihrer Kindheit Einfluss auf sie nehmen.** Das liegt eben gerade daran, dass Mütter und Väter zwar mit gleichwertigem Werkzeug aber mit verschiedenen Methoden und manchmal auch in unterschiedliche Richtungen die wichtigen Weichen bei ihren Kindern stellen.

Schon Kinderarzt Donald Winnicott fand in den 1960er-Jahren: »Alles ist viel leichter für Kinder, die zwei Eltern haben.« Seine Begründung hatte allerdings noch eine ziemlich väterfeindliche Schieflage: »ein Elternteil kann der liebende bleiben, während man den anderen hasst, und dies bedeutet an sich eine stabilisierende Wirkung.« Zu Winnicotts Zeit war noch recht klar, wer im Leben der Kinder welchen Part einzunehmen hatte.

Bis heute weist die Mehrheit der Psychologen den Müttern eher die klassisch weiblichen Domänen wie Sozialverhalten und seelische Stabilität zu, Väter könnten dagegen vor allem Selbstbewusstsein und Leistungsbereitschaft fördern. Doch immer stärker zeigt sich, dass Kinder am stärksten davon profitieren, wenn Mütter und Väter wie schon in den vergangenen 200 Millionen Jahren in möglichst allen Bereichen der Kinderaufzucht kooperieren. Zu zweit, im besten Fall sogar mit der Unterstützung von noch mehr Erwachsenen, stellen sie die Weichen besser als alleine.

Allerdings warnte kürzlich der Psychologe Harald Werneck von der Universität Wien: Die neuen Väter übernehmen in ihren Familien nicht nur zunehmend Verantwortung, sondern leider auch die Symptome, unter denen Mütter seit Jahrzehnten leiden – Überforderung und das permanente schlechte Gewissen, ihren Kindern ein Rabenvater zu sein. »Väter in Karenz oder Elternzeit geben genau wie Mütter sehr häufig an, sich mit dem Kind permanent über- oder unterfordert zu fühlen. Auch sie haben das Gefühl nicht ›gut genug‹ zu sein.« Von der Verantwortung zur Schuld scheint es auch bei ihnen nur ein kleiner Schritt zu sein.

Den Grund für unser schlechtes Gewissen bei Müttern wie Vätern sieht Harald Werneck vor allem in uns selbst: Eltern hätten heute meist höhere Ansprüche an die Qualität ihrer Kinderbetreuung, machten sich mehr Gedanken und fokussieren ihre ganze Aufmerksamkeit oft auf ein einziges Kind – bei dem dann alles perfekt klappen müsse.

Dabei hatte ausgerechnet Donald Winnicott, der uns Müttern so viel Verantwortung auf die Schultern geladen hatte, bereits in den 1960er-Jahren beruhigend hinzugefügt: Zu perfektionistisch sollten wir unsere Elternrolle nicht angehen. Die idealen Mütter – und entsprechend auch die idealen Väter – seien vielmehr »good enough«, also gut genug. Winnicott hat das allerdings nicht gesagt, um uns Eltern einen Stein aus unserem Rucksack an Aufgaben zu nehmen, sondern ganz im Interesse des Kindes. Er wurde in diesem Punkt mittlerweile von etlichen Wissenschaftlern bestätigt. In den ersten drei bis vier Monaten bräuchten Kinder zwar tatsächlich besonders feinfühlige Eltern, die ihre Bedürfnisse sofort erkennen und erfüllen, doch danach brauchen sie – in zunehmendem Maße mit zunehmendem Alter – kleine Frustrationserlebnisse. Eine Mutter, die erst mal ihre Apfelschorle trinkt, bevor sie herbeigeeilt kommt. Einen Vater, der gerade lieber einen Zeitungsartikel liest, als mit der Holzeisenbahn zu spielen. Ein gewisses Maß an elterlichem Egoismus also.

Nur so, sagen Winnicott und seine Nachfolger, könnten Kinder lernen, ihre Gefühle selbst zu regulieren. Zu warten. Sich auch mal zu ärgern. Sich nicht im Mittelpunkt der Familie oder gar der Welt zu sehen. »Optimale Frustration« nannte Winnicott diesen langsamen Rückzug der elterlichen Vollversorgung. Wer diesen Rückzug nicht antrete, wer ständig ums Kind kreise, jederzeit verfügbar sei, nachgiebig und aufopfernd, der reite nicht nur sich selbst in den Burnout, sondern nehme auch seinem Kind eine essenzielle Erfahrung, nämlich die Erkenntnis, dass es nicht alleine auf dieser Welt ist. Perfekte Mütter, von Winnicott »too-good mothers« genannt, stellen – ebenso wie perfekte Väter – keine Weichen, sondern lassen jeden Zug ungebremst durchbrausen.

Menschenkinder sind der teuerste Nachwuchs unter allen Lebewesen, ja. Ein Stück weit aber entscheiden wir Eltern mit über den Preis, den wir zahlen, während wir unsere Kinder großziehen. Über das Maß an Energie, an Zeit, an schlechtem Gewissen, an Sorgen oder auch an Geld, das wir während ihrer Kindheit für sie aufbringen. Es macht Sinn dabei Kräfte zu sparen. Nicht nur uns selbst zuliebe, sondern auch im Interesse unserer Kinder. Erschöpfte Eltern, die einen allzu hohen Preis zahlen, helfen ihren Kindern auch nicht weiter. Menschen halten es nun einmal anders als die australische Krabbenspinne »Diaea ergandros«: Wir sollten uns nach der Geburt nicht von unseren eigenen Kindern auffressen lassen.

Unseren Alltag organisieren wir mit To-do-Listen, im Job versehen wir wichtige E-Mails mit hohen Prioritätenstufen oder wenigstens mit Großbuchstaben in der Betreffzeile. Auch bei der Erziehung unserer Kinder sollten wir uns auf die Punkte konzentrieren, die wirklich wichtig sind. Es gibt nämlich einige Bereiche, in denen wir Eltern tatsächlich auf unsere Kinder Einfluss nehmen können. Da stehen wirklich in erster Linie wir am Stellwerk. Andere Weichen stellen Freunde oder Verwandte, Großeltern oder Geschwister, und manchmal auch der Zufall oder das Leben. Manche Entscheidungen prägen unsere Kinder weitaus weniger, als wir meinen.

Wir haben Verantwortung, aber wir sind nicht für alles verantwortlich.

Der Einfluss von uns:

… in den ersten Lebensjahren: Kein anderes Lebewesen kommt so unfertig zur Welt wie der Mensch. In den ersten sechs Lebensjahren verknüpfen sich im menschlichen Gehirn so viele Nervenzellen miteinander wie zu keinem späteren Zeitpunkt. Daher gelten die Jahre als die prägendste Zeit unseres Lebens.

… als Mutter und als Vater: Während dieser Jahre nehmen vor allem die Menschen Einfluss auf ein Kind, an die es sich bindet – weil sie viel Zeit mit dem Kind verbinden und feinfühlig auf seine Bedürfnisse eingehen. Bei uns ist das traditionell vor allem die Mutter. Doch auch der Vater gewinnt in der Forschungsliteratur und im Familienalltag rasant an Bedeutung.

… durch das Maß unserer Fürsorge: Die simple Gleichung »mehr Opfer = gesündere, klügere, glücklichere Kinder« geht bei der Kindererziehung nicht auf. Im Gegenteil: Psychologen warnen auch vor zu perfekten Eltern.

Unsere Aufgaben:

- Hilfe suchen: In der Menschheitsgeschichte hat es sich bewährt, seine Kinder nicht ganz alleine großzuziehen. Kinder profitieren sogar davon, wenn sie nicht alleine von ihrer Mutter, sondern außerdem auch von ihrem Vater, den Großeltern oder weiteren Erwachsenen umsorgt werden.
- Zeit haben: Babys binden sich an die Menschen, die viel Zeit mit ihnen verbringen. Dennoch gehen Bin-

dungsforscher heute nicht mehr davon aus, dass Kinder rund um die Uhr die gleiche Bezugsperson brauchen.

- Feinfühlig sein: Neben dem Faktor Zeit ist die Reaktion auf die Bedürfnisse des Babys das wichtigste Fundament für eine gute Bindung zwischen Eltern und Kind. Mütter reagieren oft besonders feinfühlig auf die Gefühle ihres Kindes; Väter fordern dagegen ihre Kinder öfter auf feinfühlige Art heraus – und machen ihnen so Mut, sich den Herausforderungen des Lebens zu stellen.
- Ruhe bewahren: Perfekte Eltern sind nicht die besseren Eltern, sondern nur die erschöpfteren. Es lohnt sich, seine Energie für die Bereiche einzuteilen, in denen Mütter und Väter ihr Kind wirklich entscheidend prägen.

Zum Weiterlesen:

Elisabeth Badinter: *Die Mutterliebe. Geschichte eines Gefühls vom 17. Jahrhundert bis heute.* dtv, München 1984

Elisabeth Badinter: *Der Konflikt. Die Frau und die Mutter.* Verlag C. H.Beck, München 2010

Sarah Blaffer Hrdy: *Mutter Natur. Die weibliche Seite der Evolution.* Berlin Verlag, Berlin 2000

Sarah Blaffer Hrdy: *Mütter und Andere. Wie die Evolution uns zu sozialen Wesen gemacht hat.* Berlin Verlag, Berlin 2010

Lisa Ortgies: *Heimspiel: Gegen Mamawahn und Papamythos – Für eine neue Familie.* Goldmann, München 2011

Iris Radisch: *Die Schule der Frauen: Wie wir die Familie neu erfinden.* DVA, München 2007

Herrad Schenk: *Wieviel Mutter braucht der Mensch? Der Mythos von der guten Mutter.* rororo, Reinbek 1998

Dieter Thomä: *Väter: Eine moderne Heldengeschichte.* dtv, München 2011

... durch ihre Gene?

Genetik ist besser als jedes Ass im Ärmel. Wer die Gene ins Spiel bringt, der gewinnt. Garantiert.

Das war schon in der Schule so. Wer gewinnen wollte, der schrieb im Biologieunterricht fleißig mit. Nicht fürs spätere Leben, für die Pausen natürlich. Als Fundus für unsere Galgenmännchen-Spiele, bei denen wir Buchstaben errieten, bis sich daraus ein Wort ergab. Oder bis die Striche – für jeden falsch geratenen Buchstaben kam einer dazu – ein Männchen am Galgen zeigten. Da war die Genetik einfach unschlagbar. Desoxyribonukleinsäure. Ribonukleinsäure. Proteinbiosynthese. Aminosäuresequenzen. Das andere Team konnte nie alle Buchstaben erraten. Und schon baumelte das Hängemännchen am Galgen.

Leider beschränkte sich der Alltagswert unseres Biologieunterrichtes auf die Pausen. Von den Mammutwörtern einmal abgesehen hatte der erbsenzüchtende Mönch Gregor Mendel aus dem 19. Jahrhundert mit uns Fünfzehnjährigen doch reichlich wenig gemeinsam. Die runden Zellkreise mit je zwei Chromosomenstrichen blieben für mich schleierhaft.

Gregor Mendel kam mit seinen Erbsen erst wieder in mein Leben, als unser Sohn auf der Welt war. Genauer gesagt, als unser Sohn beide Frontzähne hatte und damit auch haargenau die gleiche Zahnlücke wie ich. Meine Schwiegermutter schaute zwischen uns hin und her, dann sagte sie anerkennend: »Da hast du dich aber ganz schön durchgemendelt.«

Mit diesem einen Satz war die Genetik zurück in meinem Leben. Denn auch als Mutter bleibt sie ein Trumpf, das habe ich schnell gemerkt. Vor allem morgens. »Die Gene«, sage ich regelmäßig gegen halb acht, denn da werden die Differenzen innerhalb unserer Familie am deutlichsten.

Um diese Zeit ist mein Mann bereits geduscht, hat gefrühstückt, ist angezogen und richtig wach. Unser Sohn und ich haben es dagegen so gerade eben in eine Sitzposition geschafft, unsere Beine liegen noch bewegungsunfähig unter der warmen Decke. Stumm arbeiten wir daran, unsere Augen auf das Bilderbuch in meinen Händen scharf zu stellen. Ich nippe an meiner Kaffeetasse, Nepomuk nuckelt an seinem Milchfläschchen. Morgens ist er Baby und ich Zombie, was letztlich auf das Gleiche herauskommt, denn zu dieser Tageszeit sind wir einfach noch keine fertigen Menschen. Wir sind betreuungsbedürftig.

Mein Mann ist daher Profi im Umgang mit Morgenmuffeln. Kaffee und Milchfläschchen serviert er uns am Bett. Er spricht uns in einfachen Sätzen an und dirigiert uns mit seinen regelmäßigen Zeitansagen irgendwie durch den Morgen. Meist schafft er es sogar, sich das Grinsen zu verkneifen. Aber wenn es ihm doch einmal herausrutscht und ich schon so weit im Tag angekommen bin, dass ich sprechen kann, dann kontere ich: »die Gene«.

Die Gene, das ist die maulfaule Kurzform für eine Kaskade von Argumenten: Du wusstest, worauf du dich einlässt. Immerhin hattest du meine Morgenallüren schon fünf Jahre lang beobachtet, als wir beschlossen haben, Eltern zu werden. Und dass unser Sohn in dem Punkt ganz die Mutter werden würde – absehbar, möchte ich meinen. Das ist die Macht der Gene, mein Liebster. Die Gene liefern fantastische Entschuldigungen. Oder Beschuldigungen à la ›Das kann er nur von dir haben. In meiner Familie gibt es so etwas nicht.‹

Mozart oder Diktator?

Höhere Mächte sind ein Verhandlungsknüller. Was der katholische Papst, israelische Siedler oder die iranischen Ajatollahs wissen, das haben auch wir Eltern längst entdeckt: Bloß nicht verhandeln! Einfach Gott, das gelobte Land, Allah, den Koran oder die Bibel ins Spiel bringen, und schon ist Ruhe im Karton. Auch wir Eltern haben uns längst Verbündete gesucht. Schließlich sind wir mit der Zeit vergleichbare Profis in Sachen Dickköpfigkeit geworden. Gegenüber unseren Kindern argumentieren wir mit Schnullerfee oder Knecht Ruprecht, gegenüber unseren Partnern eben mit den Genen. Am Ende laufen Knecht Ruprecht und die Gene auf die gleiche Abwehrtaktik hinaus: Ich habe damit nichts zu tun. Und ändern kann ich es auch nicht.

Da es keine bessere Erwiderung gibt, haben die Gene seit nahezu zwanzig Jahren Hochkonjunktur in den Laboren, den Zeitungsmeldungen und erst recht in den Diskussionen zwischen Eltern. Ein Totschlagargument nach dem anderen zaubern Genforscher seit Beginn der 1990er-Jahre für uns aus dem Hut. Erst das Schwulen-Gen, später noch das Krieger-, Diktatoren-, Treue-, Mozart- und selbstverständlich auch das Langschläfer-Gen. Das ist sehr bequem. Vor allem morgens, wenn der Kopf noch nicht angesprungen ist und zumindest ich sowieso nicht viel mehr vor mich hin murmeln könnte als diese drei Silben: »die Gene«.

Eine ungemütliche Frage werfen die Gene jedoch leider auch auf. Sie wird – zumindest laut Mutterpass – gleich zu Beginn der ersten Vorsorgeuntersuchung gestellt. Gibt es familiäre Belastungen? Damit meint der Frauenarzt nicht morgendliche Muffeligkeit, sondern Diabetes, Herzfehler, Mukoviszidose, die Bluterkrankheit und etliche andere Erbkrankheiten, die sich in unseren Genen verstecken können. Nach diesem Arztbesuch habe ich mich für die Familiengeschichte meines Mannes und für meine eigene interessiert wie noch nie zuvor in meinem Leben.

Mit der Frage »Denken Sie darüber nach, eine Familie zu gründen?« wirbt denn auch bereits eine kalifornische Firma für einen Speicheltest, der das Genom von zukünftigen Müttern und Vätern untersucht. Um deren Schlafbedürfnis, ihren Intelligenzquotienten oder ihre Musikalität geht es dabei nicht – schließlich träumen die wenigsten Eltern in erster Linie von musikalischen Kindern, sondern vor allem von gesunden. Der Speicheltest kann hundert verschiedene Erbkrankheiten aufdecken.

So groß die Macht der Gene auch ist, so klein sind sie selbst. Ein kleiner Filzstiftpunkt, den sich unsere Kinder auf ihre Hand malen, bedeckt etwa 1000 Hautzellen. Jede Körperzelle wiederum, mit Ausnahme der roten Blutkörperchen, hat einen Zellkern, der gerade mal einen Sechstausendstelmillimeter groß ist. Genau in diesen Zellkernen liegen unsere Gene. Unvorstellbar klein – und gleichzeitig gigantisch in ihrer Masse, denn jeder Zellkern enthält fast 30 000 Gene.

Sie purzeln dort natürlich nicht herum wie in einer unaufgeräumten Rumpelkammer. Das Ordnungssystem unseres Erbgutes sind die Chromosomen – sozusagen ein aus Eiweißen zusammengebautes Regal für unsere Gene. In ihnen ist der Strang aus Desoxyribonukleinsäure (DNS bzw. DNA im Englischen) verstaut, auf dem sich unsere Gene aneinanderreihen. Würde man alle DNA-Stränge einer Zelle entwirren und zu einer Kette verbinden, hätte man einen fast zwei Meter langen Faden in der Hand. Die DNA unserer Kinder ist somit länger als die Körpergröße, auf die die meisten von ihnen es jemals bringen werden.

Dieses verworrene Knäuel ist der Bauplan für unsere Kinder. Er legt ihre Augen- und Haarfarbe fest. Die Form ihrer Nase und ihrer Ohrläppchen. Ihre Körpergröße. Ihr Geschlecht. Eini-

ge Genetiker behaupten sogar, dass auch ihre sexuelle Orientierung, ihre Intelligenz, Ängste, Sensibilität, Talente und sogar ihre Religiosität in den Genen begründet liegen. Vom Aussehen über die Gesundheit bis hin zur Persönlichkeit soll dieser Bauplan unsere Kinder festlegen.

Mit ihrer Ei- bzw. Samenzelle haben Mutter und Vater ihren eigenen Bauplan ins Rennen geschickt. Allerdings in einer abgespeckten Form. Während nämlich alle anderen Körperzellen 23 Chromosomenpaare in ihrem Kern tragen, sind Ei- und Samenzelle mit nur einem Chromosomensatz ausgestattet – einer Mischung aus den Anlagen, die Mutter und Vater wiederum von ihren Eltern geerbt haben. Im Moment der Befruchtung legen sich diese Einzelteile zu neuen Chromosomenpaaren zusammen. Der Bauplan für einen neuen Menschen ist echtes Teamwork.

Wir Eltern bestimmen über die genetische Ausstattung unserer Kinder – und scheinen dennoch unseren entscheidenden Einfluss mit keinem Mittel der Welt bewusst lenken zu können. Nicht wir wählen die Gene aus, die wir unseren Kindern gerne vererben würden, nicht wir bauen Chromosomenpaare und prüfen sie auf ihre Vollständigkeit. Das macht, je nach Glaubensrichtung, der Zufall, Gott, die Natur oder das Schicksal. Denken wir.

Töchter und Söhne des Zufalls

Wir schlafen längst. Oder wir hetzen bereits durch den nächsten Arbeitstag. Vielleicht lachen wir gerade herzhaft über die Dating-Anekdoten einer Freundin oder wir ärgern uns über ein Knöllchen an der Windschutzscheibe. Auf jeden Fall liegt der Sex bereits Stunden oder sogar Tage zurück, wenn Ei- und Samenzelle endlich verschmelzen. Wenn ein ganz und gar einzigartiger Mensch gezeugt wird. **Auch wenn unsere Kinder von nun an die Chromosomen ihrer Eltern in sich tragen, sie sind alles andere als bloße Kopien ihrer Erzeuger.**

Für jedes Kind werden unsere Gene neu gemischt. Einige unserer Merkmale schlagen bei unserem Kind voll durch. Andere nicht. Da einige Erbanlagen besonders dominant sind, setzen sie sich mit großer Wahrscheinlichkeit durch: braune Augen gegen blaue, dunkle Haut gegen helle, volle Lippen gegen schmale, gewölbter Nasenrücken gegen geraden.

Doch weil diese Merkmale nicht nur von einem einzigen Gen, sondern immer gleich von mehreren beeinflusst werden, sind Ausnahmen die Regel. Plötzlich kommen doch die schmalen Lippen der Urgroßtante durch oder die blauen Augen des Großvaters. Manchmal geht etwas schief, zum Beispiel wenn das Kind statt zwei gleich drei identische Chromosomen (Trisomie) trägt. Bei mehr als 1000 Genen entscheidet sich erst während der Entwicklung im Mutterleib, ob die mütterliche oder die väterliche Vorlage verwendet wird und wie bzw. in welchem Verhältnis dann mütterliche und väterliche Vorlagen untereinander kombiniert werden. Selbst eineiige Zwillinge sind daher nie völlig identisch.

Zufall ist Geschmackssache. Einigen Eltern scheint er nicht so besonders zu schmecken, und darum gibt es mittlerweile sogar schon fürs Kinderzeugen eine spezielle Diät. Dieser speziellen Form der »Schlank im Beischlaf«-Methode widmen sich ganze Bücher, besonders in den USA, wo ja scheinbar alles machbar ist. Dort können Eltern, glaubt man den Ratgebern, sogar das Geschlecht des Kindes beeinflussen, zum Beispiel durch ihre Diät, durch den Zeitpunkt der Zeugung oder durch die Stellung beim Sex.

Noch gibt es leider kein Slapstick-Stück über eine Zeugung, die den Zufall auszusperren versucht, dabei hätten derartige Regeln durchaus Potenzial. Wer einen Sohn möchte, soll zum Abendbrot deftige Wurstplatten auf den Tisch stellen, sein Essen ordentlich salzen und dazu Bier trinken. Allerdings nicht zu viel, denn Alkohol steht grundsätzlich im Verdacht, die Fruchtbarkeit eher herabzusetzen als zu fördern. Wer über das Geschlecht seines Kindes mitbestimmen möchte, der soll außerdem den Eisprung mithilfe von Teststäbchen, Basaltemperatur und Zervixschleim bestens im Blick behalten und durch Fruchtbarkeitsmassagen und Hormonyoga obendrein auch noch im Griff haben. Denn der genaue Zeitpunkt der Zeugung soll entscheidend sein. Sex nah am Eisprung führt demnach eher zur Zeugung von Jungs, Sex einige Tage im Voraus eher zu Mädchen. Natürlich nur, wenn man beim Akt dann auch wieder alles richtig macht. Stellungen, bei denen der Penis besonders tief eindringen kann, sollen es den männlichen Spermien schließlich besonders leicht machen, denn sie gelten als flinkere, dafür aber als weniger hartnäckige Flitzer.

»Basierend auf wissenschaftlichen Erkenntnissen« sei diese Gebrauchsanleitung für das Wunschgeschlecht, das verspricht zum Beispiel das Buch *Mädchen oder Junge: Einfluss nehmen auf das Geschlecht des künftigen Kindes.* Tatsächlich basieren viele Anweisungen zu Diät und Stellung auf den Arbeiten eines Arztes und eines Volkswirtes, die in den 1970er-Jahren einen Schiebekalender für die Eisprungberechnung verticken wollten. Die wahren Erfolgschancen benennen die meisten Wissenschaftler heute mit etwa 50 zu 50.

So groß der Einfluss unserer Gene auf unsere Kinder auch ist, keine Frau kann entscheiden, welche der ein bis zwei Millionen Eizellen, mit denen sie geboren wird, in einem bestimmten Monatszyklus heranreifen. Und welche der rund ein Dutzend reifen Eizellen dann auch wirklich beim Eisprung in den Eileiter gegeben wird. Kein Mann kann bestimmen, welche der rund 500

Millionen Spermien bei der Eizelle ankommt. Meist sind es etwa 500000 gleichzeitig. Welche von ihnen nun mit der Eizelle verschmilzt, ist zumindest nach heutigem Wissensstand Würfelglück.

Gut, hin und wieder spielen Ärzte mit gezinkten Würfeln. Allerdings nur in Ausnahmefällen, bei Erbkrankheiten wie der Bluterkrankheit etwa, die vor allem bei einem Geschlecht – in diesem Fall bei Männern – auftritt. Dann versuchen sie schon mal, im Labor die männlichen von den weiblichen Spermien zu trennen. Eine Garantie ist das zwar nicht, aber die Erfolgschance liegt bei immerhin 75 bis 80 Prozent.

Die Lebensbedingungen der Mutter scheinen in sehr geringem Maße bei der Geschlechterwahl mitzumischen. Diverse Studien haben belegt, dass unter bestimmten Umständen eher Töchter gezeugt werden, etwa bei hohem Stress, Zukunftsängsten oder einer schlechten körperlichen Konstitution der Mutter. Auch bei reichlich Wärme, also bei uns im Sommer, steigen die Chancen für eine Tochter. Mit zunehmendem Breitengrad wächst auch die Zahl der Mädchen hat eine Biologin der Universität von Georgia beobachtet. Allerdings liegt der Einfluss des Breitengrades bei unter einem Prozent. Während nämlich in Europa 48,6 Prozent der Neugeborenen weiblich sind, liegt ihr Anteil in den wärmeren Ländern Afrikas mit 49,3 Prozent knapp darüber. Die Reisekosten kann man sich also getrost sparen, auch wenn man partout eine Tochter zeugen möchte.

Dickkopf aus der Petrischale

Selbst wenn wir Eltern eine bestimmte Samenzelle und damit das Geschlecht unseres Kindes auswählen könnten: Welchen Menschen wir etwa 38 Wochen später auf die Welt bringen, ob er

Langschläfer oder Frühaufsteher ist, dickköpfig, schüchtern, musisch oder mathematisch begabt, das können wir auch in der Petrischale nicht steuern.

»Bei einigen Aspekten Ihrer Persönlichkeit haben Sie so wenig Wahlfreiheit wie bei der Form der Nase oder der Größe Ihrer Füße«, sagte der amerikanische Genforscher Dean Hamer einmal in einem Interview. Er wurde als Entdecker des Schwulen-Gens und des Gottes-Gens berühmt, denn sowohl Homosexualität wie auch Religiosität sollten nach Hamers Theorie erblich sein. Und so eben auch unsere Persönlichkeit.

»Es ist unbestritten, dass die Gene unsere Persönlichkeit beeinflussen. Doch wie genau sie das tun, das weiß kein Mensch«, sagt – deutlich vorsichtiger – Hilmar Bading, Neurogenetiker am Interdisziplinären Zentrum für Neurowissenschaften der Universität Heidelberg. »Menschliche Eigenschaften werden nicht von einem einzigen Gen gesteuert, dafür sind Milliarden Zellen untereinander verschaltet. Wir werden auch in absehbarer Zukunft nicht sagen können: Aufgrund dieser Neuronenverbindung werden einige Menschen zum Triebtäter.«

Was nach Ansicht der Neurogenetiker unsere Persönlichkeit ausmacht, untersucht Bading im Kleinen: In der Kulturschale aktiviert er einzelne Neuronen. Er untersucht, ob diese sich durch Stimulation verändern. Übertragen auf unseren Alltag als Eltern beleuchtet dieser Versuch die Frage: Wie sehr können wir unsere Kinder nach ihrer Zeugung überhaupt noch beeinflussen – durch musikalische Früherziehung etwa oder geistreiche Gespräche beim Abendbrot? Die mikroskopisch kleinen Versuchsobjekte sollen bei der Antwort auf die große Frage helfen, über die seit Charles Darwins Evolutionstheorie gestritten wird. Was prägt einen Menschen stärker, die Natur (nature) oder die Umwelt (nurture), also die Gene oder unsere Erziehung?

Die Genetiker haben sich in jüngster Zeit nah an die Antwort auf diese Frage herangerobbt. So zeigten etwa Versuche an Mäusen, dass eine anregende Umgebung mit Spielzeug und Futterverstecken bestimmte Gene aktivierte, im Gehirn mehr Nervenfortsätze oder Kontaktstellen zwischen Nerven zu bilden. Sie hatten ein deutlich besseres Gedächtnis, selbst wenn ein Alzheimer-Protein zuvor Teile des Gehirns lahmgelegt oder man ihnen sogar Teile des Gehirns entfernt hatte.

Auch Hilmar Bading ist sich sicher, dass sich die Neuronen in seiner Kulturschale durch Stimulation verändern werden. »Da verwette ich einen Kasten Bier drauf.« Er fasst zusammen, was heute breiter Konsens unter Genetikern ist: **»Die Gene setzen unserer Persönlichkeit von Geburt an einen Rahmen. Wir können wohl nicht über gewisse Grenzen hinauswachsen. Doch ob wir am oberen oder am unteren Ende ankommen, das entscheidet die Umwelt.«**

Wie wir die Gene unserer Kinder und Enkel prägen

Epigenetik – auf diesen Kompromiss haben sich Anhänger von nature- und nurture-Theorien in den vergangenen Jahren einigen können. Epigenetik ist der Streitschlichter, der beiden Parteien gleichzeitig recht gibt. Ja, die Gene haben einen sehr großen Einfluss auf unser Aussehen, unsere Gesundheit und unsere Persönlichkeit. Und ja, die Umwelt prägt uns Menschen ebenfalls stark. **Genauso wie unsere Kinder von den Genen geprägt werden, die wir ihnen mitgeben, so werden ihre Gene wiederum geprägt von ihrer Umwelt. Von ihrer Ernährung, ihrer Erziehung, ihrem Wohnort oder von der Förderung, die sie erhalten – ganz besonders von uns also.** Genetiker schätzen heute, dass etwa 20 Prozent unserer Gene von unserem Lebensstil und von dem unserer Vorfahren beeinflusst werden.

Wir Eltern nehmen im Prinzip doppelten Einfluss auf die genetische Grundausstattung unserer Kinder. Welche Gene wir ihnen vererben können wir zwar nicht steuern, doch wie diese Gene zum Tragen kommen, das können wir nach den neusten Erkenntnissen der Epigenetik beeinflussen.

Epigenetiker haben sich viele Bilder einfallen lassen, um die komplizierten Mechanismen in unseren Körperzellen zu beschreiben. Die Gene sind wie ein Buch, schwarz auf weiß und unveränderlich; die epigenetischen Markierungen darauf sind dagegen die individuelle Lesart, die Interpretation des Buches. Oder: Die Gene sind ein Tonband, das Epigenom ihr Abspielgerät. Oder: Die Evolution schreibt auf das Epigenom unsere Software, statt die Hardware, unsere Gene, auszutauschen. Von Orchestern ist da die Rede, die von den gleichen Notenblättern ablesen und die Noten dennoch immer wieder zu einem leicht variierten Musikstück interpretieren. Von Schaltern, die unser genetisches Erbe an- oder ausschalten können. Einig sind sich aber alle: Die Gene eines Menschen sind unveränderlich. Doch die epigenetischen Markierungen, chemische Anhängsel auf unserer DNS, können einen Teil der Gene hoch- oder runterregulieren, aktivieren oder deaktivieren.

Wie beeinflussbar ein Teil unserer Gene ist, stellten kürzlich Kindermediziner der Universität Leipzig fest. Die Eltern einer vierjährigen Tochter waren in die Poliklinik gekommen, weil ihr Kind einen ungewöhnlichen Heißhunger zeigte; im Kindergarten aß es nach der eigenen Portion auch noch die Reste der anderen Kinder. Im Erbgut des Mädchens fanden die Leipziger Ärzte eine Mutation, die verhinderte, dass sich ab einer bestimmten Menge an Nahrung in ihrem Gehirn ein Gefühl der Sättigung einstellte.

Die gleiche Mutation entdeckten die Ärzte auch in den Genen der Mutter. Da sie sich aber ihr Leben lang gesund ernährt und viel bewegt hatte, hatte ihr Lebensstil diese Veranlagung regelrecht ausgeschaltet. Eben das rieten die Kinderärzte nun auch den Eltern für ihre Tochter: Die beste Medizin gegen deren genetische Veranlagung zu Heißhunger und damit Übergewicht sei eine gesunde Ernährung und ausreichend Bewegung. Einen ähnlichen Effekt haben Mediziner auch bei Menschen beobachtet, die ihren Genen ein hohes Risiko für Herz-Kreislauf-Erkrankungen haben, das zu 50 Prozent vererbt wird. Doch auch die dafür verantwortlichen Gene können durch gesunde Ernährung, reichlich Sport und mäßigen Stress zum Schweigen gebracht oder zumindest besänftigt werden.

Die Gene setzen jedem Menschen Grenzen. Doch innerhalb dieser Grenzen gibt es große Freiräume. Während der frühen Kindheit ist dieser Freiraum besonders groß. Wir Eltern entscheiden über viele Dinge, die in dieser Zeit die Gene unserer Kinder prägen.

In Teilen haben wir diese Entscheidungen getroffen, lange bevor wir überhaupt darüber nachdachten, Eltern zu werden. Was wir Eltern essen, trinken oder ob wir rauchen, prägt die Gene unserer Kinder schon lange vor den unzähligen Essensregeln während der Schwangerschaft. Auch die Lebensweise der Väter ist prägend, denn Männer, die vor ihrem elften Lebensjahr mit dem Rauchen anfingen, haben später überdurchschnittlich häufig dicke Söhne. Auf ihre Töchter hatte die Qualmerei hingegen keinen negativen Einfluss. Diesen Zusammenhang konnten Forscher der britischen Universität Bristol nachweisen.

Neben der Lebensweise in unserer eigenen Kindheit und Jugend spielt auch der Zeitpunkt, zu dem wir unsere Kinder zeugen, eine kleine Rolle. Jeder Schwangerschaftsratgeber warnt heutzutage in detaillierten Tabellen davor, dass mit zunehmendem Alter der Mutter auch die Gefahr steigt, dass das Kind unter dem Down-Syndrom oder anderen Chromosomenstörungen leiden könnte. Weniger weitverbreitet, aber ebenfalls bewiesen, ist die Tatsache, dass auch ein höheres Alter der Väter auf die genetische Gesundheit der Kinder schlagen kann. Mit jedem Lebensjahr steigt offenbar das Risiko für Autismus, Schizophrenie, manisch-depressive Störungen, Herzfehler, Blutgerinnungs- oder Skelettbildungsstörungen, Krebserkrankungen und Multiple Sklerose. Auch die Intelligenz leidet wohl unter nicht mehr ganz so taufrischen Vätern. Die Kinder eines 50-jährigen Mannes bringen es im Intelligenztest mitunter auf sechs Punkte weniger als die Kinder eines 20-jährigen Mannes.

Die ersten Zigaretten oder ein später Kinderwunsch bestimmen über die Zukunft unseres Kindes – zum Glück allerdings nur im Promillebereich. Deutlich stärkeren Einfluss haben die Entscheidungen, die wir später treffen, während der Schwangerschaft, bei der Erziehung unserer Kinder, bei ihrer Ernährung, bei der Wahl unseres Wohnortes – im Alltag also. Die Summe dieser Entscheidungen prägt die Gene unserer Kinder und damit ihr Leben, manchmal mehr als wir denken, oft genug aber weniger als wir befürchten.

Selbst der Genetiker Dean Hamer sagt heute, dass wir Menschen wohl doch keine willenlosen Sklaven unserer Gene seien. Und dabei gestattet der Entdecker des Schwulen-Gens uns sonst ja nicht allzu viel Wahlfreiheit. Doch auch er sagt: »Nur weil Menschen mit einem bestimmten Temperament zur Welt kommen, heißt das nicht, dass sie zu einer Persönlichkeit verdammt wären. Aufwachsen bedeutet nicht nur, zu lernen, wie die Welt ist. Sondern auch, wie man mit sich selbst umgehen muss.«

»Das zunehmende Wissen um Gene und ihre Regulation gibt Eltern eine neue Verantwortung für das Wohl ihrer Kinder«, sagt der Zwillingsforscher Andreas Busjahn. Als Geschäftsführer der Berliner Firma »HealthTwiSt« untersucht er seit Jahren, was Gesundheit und Lebensweg eines Menschen stärker prägt: die Gene oder die Lebensweise? Seine Bilanz: »Bis auf wenige Erbkrankheiten steht unser Schicksal nicht in den Genen. Sie sind ein komplexes Gemisch aus Risiken und Chancen. Ein bestimmtes Gen etwa vergrößert das Risiko für einen Herzinfarkt – und ist gleichzeitig bei Menschen, die älter als 100 Jahre geworden sind, besonders häufig zu finden. Jeder muss aus seinen Genen das Beste machen.«

Damit meint Andreas Busjahn auch uns Eltern. Die Gene setzen unseren Kindern zwar gewisse Obergrenzen – wie schnell sie laufen lernen, wie gut sie musizieren, wie schnell sie Wissen auffassen, sie prägen auch die Grundzüge ihres Temperamentes, geben ihnen Aufgeschlossenheit oder Schüchternheit mit auf den Weg, Jähzorn oder die Gabe, sich konzentriert in eine Sache vertiefen zu können. »Doch auch die beste Anlage nützt nichts, wenn die Eltern sie nicht fördern«, warnt Busjahn. »Die große Verantwortung der Eltern ist es, die Neigungen und Talente ihres Kindes zu erkennen, ernst zu nehmen und sie zu fördern.«

Tatsächlich hat kürzlich eine amerikanische Studie bestätigt, dass der Intelligenzquotient von Kindern aus bildungsnahen Familien vor allem durch ihre Gene festgelegt wird. Da sie alle in ähnlichem Maße von ihren Eltern gefördert wurden, kamen sie im Schnitt recht nah an ihre genetisch festgelegte Intelligenz-Obergrenze heran. Anders war es bei Kindern aus bildungsfernen Elternhäusern. Aus Mangel an einer ausreichenden Förderung durch die Eltern, in der Regel kombiniert mit schlechten Kindergärten und Schulen, blieben sie weit hinter ihrem genetischen Potenzial zurück. Sie wurden in diesem Punkt kaum durch ihre Gene, dafür umso mehr durch ihr Lebensumfeld geprägt.

Die Umwelt ist wohl doch wichtiger, als es die Genetiker in den vergangenen Jahren wahrhaben wollten, so bestechend die Versuchung auch ist, die Gene als familiäres Totschlagargument einzusetzen. Wie prägend das Lebensumfeld ist, konnte etwa ein spanischer Genetiker kürzlich bei eineiigen Zwillingen nachweisen. Bei ihnen entwickelten sich die epigenetischen Muster mit den Jahren immer weiter auseinander. Je unterschiedlicher ihre Lebensstile waren, desto stärker war auch die epigenetische Kluft zwischen ihnen.

Letztlich wird der Streit zwischen Natur- und Umweltanhängern scheinbar doch nicht unter Gelehrten entschieden, sondern immer wieder aufs Neue für jeden einzelnen Menschen. **Je anregender, wohlwollender und liebevoller die Umwelt, desto stärker kommen die Gene zum Zug.** Bei Intelligenz, Gesundheit und Temperament verhält es sich so ähnlich wie etwa bei der Körpergröße. Laut Zwillingsforscher Busjahn ist diese in den westlichen Industrieländern heute zu fast 100 Prozent genetisch bestimmt. Doch in ärmeren Ländern und auch in unserer Vergangenheit wurden die Menschen häufig durch Krankheiten oder Mangelernährung klein gehalten.

»Eltern prägen die Gene ihrer Kinder entscheidend mit«, verweist auch Andreas Busjahn auf die Epigenetik. »Während der Schwangerschaft können Verhalten und Ernährung der Mutter ihre Regulation verändern. Aber auch nach der Geburt führt das familiäre Umfeld zum An- und Abschalten bestimmter Gene.«

Doch auch Busjahn gesteht, dass er trotz der neuen Erkenntnisse in der Epigenetik manchmal gerne das Ass mit dem vorherbestimmten Schicksal der Gene ausspielt. Zu Hause, wenn seine Frau mal wieder seufzt, dass ihr gemeinsamer Sohn sich Namen genauso schlecht merken könne wie er und auch schon sein Vater vor ihm. Oder wenn er und seine Tochter, beide begeisterte Puzzler, den Kopf schütteln über die Ungeduld seiner Frau und seines Sohnes. Dann sagt auch er: »Die Gene.«

Guten Morgen, Sonnenschein!

An Weihnachten hatte ich plötzlich den Verdacht, dass Andreas Busjahn mit meinem Mann gesprochen hat. Dass er mein Alibi hat auffliegen lassen. Irgendjemand hat ihm nämlich gesteckt, dass die Gene doch nicht so unveränderlich sind, wie ich das morgens immer behaupte. Auf jeden Fall hat mein Mann Lunte gerochen und mir eine Lichtdusche geschenkt. Diese Leuchter sollen morgens das Schlafhormon Melatonin im Körper abbauen, damit man frischfröhlich in den Tag startet.

»Aha. Danke. Das ist aber lieb«, sagte ich. Unser Sohn formuliert es morgens direkter: »Nein! Nicht die Lampe! Nicht aufwachen! Schlafen!«

Wir blinzeln seitdem einige Mal kräftig, bevor ich zu meinem Milchkaffee greife und Nepomuk zu seinem Milchfläschchen. Wir schweigen. Stieren auf das Bilderbuch in meinem Schoß. Bis irgendwann unser Sohn auf die Bettdecken zeigt und sagt: »Mama, wir sind Braunbären und das ist unsere Höhle.« Wir verkriechen uns unter der Decke. Dunkel ist es, warm und schlummerig.

Wenigstens was das Schlafbedürfnis angeht, schicken die Genetiker die Epigenetik nämlich in die Wüste. Das scheint durch und durch angeboren zu sein. Die Umwelt kann darauf nur sehr begrenzt Einfluss nehmen. Weder mein Mann. Noch sein Licht.

Der Einfluss der Gene:

Die Gene selbst: Von ihren Eltern erben Kinder 100 Prozent ihrer Gene. Doch so hoch dieser Einfluss auch ist, Eltern haben auf natürlichem Wege nicht die Möglichkeit, ihn zu lenken.

Die Wirkung der Gene: Wir gestalten die Lebenswelt unserer Kinder – und die hat einen sehr großen Einfluss darauf, wie stark ihre Gene überhaupt zum Tragen kommen. Fast 20 Prozent der menschlichen Gene sind beeinflussbar; gesunde Ernährung, viel Bewegung und wenig Stress können etwa Herzinfarkt-Gene ausschalten.

Unsere Aufgaben:

- ▸ Gesund leben: Wie wir uns ernähren oder ob und in welchem Maße wir rauchen, das scheint noch unsere Enkel prägen.
- ▸ Den Kinderwunsch nicht zu lange aufschieben: Auch das Alter der Mutter und des Vaters beeinflusst die Gene, die sie an ihr Kind weitergeben.
- ▸ Risiken kennen: Wer die häufigsten Krankheiten innerhalb der eigenen Familie kennt, weiß um die Risiken in den Genen seiner Kinder. Einige Risiken können gezielt minimiert werden, etwa durch häufigere Vorsorgeuntersuchungen, eine gezielte Ernährung oder ganz besondere Förderung.

Zum Weiterlesen:

Joachim Bauer: *Das Gedächtnis des Körpers: Wie Bezie-*

hungen und Lebensstile unsere Gene steuern. Piper, München 2004

Jörg Blech: *Gene sind kein Schicksal: Wie wir unsere Erbanlagen und unser Leben steuern können.* Fischer, Frankfurt 2010

Markus Hengstschläger: *Die Macht der Gene: Schön wie Monroe, schlau wie Einstein.* Piper, München 2008

Johannes Huber: *Liebe lässt sich vererben: Wie wir durch unseren Lebenswandel die Gene beeinflussen können.* Zabert Sandmann, München 2010

… während der Schwangerschaft?

Schwanger zu sein hatte ich mir dramatischer vorgestellt. In Wirklichkeit fing alles recht beiläufig an: Die zweite Linie auf dem Schwangerschaftstest war sichtbar, aber blass. Die Übelkeit blieb aus, von einem Heißhunger auf saure Gurken keine Spur. Auf dem Ultraschallmonitor meiner Frauenärztin sah ich nur einen blinkenden kleinen Punkt.

»Das ist das Herz«, sagte die Ärztin.

»Aha«, antwortete ich und überlegte, was dieser Punkt jetzt konkret für mich bedeutete. Dann fragte ich: »Und jetzt?«

»Stellen Sie das Rauchen und Saufen ein«, gab meine Frauenärztin mir mit auf den Weg, dazu noch einen Mutterpass, ein Päckchen Folsäuretabletten und ein Lächeln voller Vorfreude. Dann schickte sie mich wieder raus ins Leben.

Ich stieg aufs Fahrrad und fuhr zurück ins Büro, um für eine Recherche drei Dutzend Naturschutzpark-Verwalter abzutelefonieren. Mittags holte ich mir schnell eine Portion Sushi. Am Wochenende wuchtete ich mit meinem Mann und vier Möbelpackern eine Ladung Umzugskartons in unsere neue Wohnung. In der Kneipe bestellte ich mir ein alkoholfreies Bier, geraucht hatte ich eh nie. Einige Wochen später flog ich beruflich auf eine Ranch nach Australien. Ich erzählte dem Punkt in meinem Bauch, dass er jetzt schon am anderen Ende der Welt gewesen sei, kaufte ihm zur Erinnerung einen Koalabären aus Plüsch und kam mir in diesem Moment unglaublich weitsichtig vor. Als ich wieder zu Hause war, merkte ich, dass das Gegenteil der Fall war.

Aus dem Punkt war bis zum nächsten Ultraschall ein Baby geworden. Es war nun schon länger als meine Finger und ungefähr so schwer wie eine Mandarine. Es hatte Ohrmuscheln und Augenlider und bewegte seinen Arm. Es winkte mir zu, da war ich mir sicher. Mütter – und genau das wurde ich ja nun – sind sich in solchen Dingen immer sicher.

»Und jetzt?«, fragte ich meine Frauenärztin wieder.

»Jetzt haben Sie die kritische Zeit überstanden«, sagte sie. Die Vorfreude in ihrem Lächeln wurde noch größer. »Herzlichen Glückwunsch!«

Bei der Einweihungsparty unserer neuen Wohnung kündigten mein Mann und ich unseren Mitbewohner in spe an. Ich war jetzt offiziell schwanger und das zog zwei Konsequenzen nach sich. Zum einen musste ich mir abends keine Ausreden mehr ausdenken, um meine Alkohol-Abstinenz zu rechtfertigen. Zum anderen wurde meine Schwangerschaft von nun an doch noch dramatisch.

Drama, Baby!

Eine Freundin schaute mich so streng an wie sonst nur ihre zweijährige Tochter, als ich beim gemeinsamen Sonntagsbrunch in ein Leberwurstbrot biss. »Da ist doch Vitamin A drin«, rügte sie mich. Ich biss wieder in mein Brot. Bislang hatte ich Vitamine immer für eine eindeutig gesunde Angelegenheit gehalten. »Und?«, nuschelte ich mit vollem Mund. Nach einer kleinen Einführung in die Folgen, die eine Überdosierung mit Vitamin A für das Kind haben könnte – Wachstumsstörungen, Hautveränderungen, Leberschäden, Augenprobleme – verging mir der Appetit. Zum ersten Mal während der Schwangerschaft wurde mir übel.

Beim Adventstee riss man mir die Packung Zimtsterne aus der

Hand – Zimt gilt als wehenfördernd. Eine Freundin pickte jedes Stück Lakritze aus einer Haribo-Tüte, die wir uns im Kino teilten – Lakritze macht Babys dumm. Zum Mittagessen gingen meine Kollegen aus lauter Rücksicht nicht mehr in unser geliebtes Sushi-Restaurant – roher Fisch oder auch rohes Fleisch können gefährliche Krankheitskeime enthalten. Und wenn nachmittags eine Runde Kaffee aufgesetzt wurde, blieb ich ungefragt außen vor – Koffein oder Teein können wohl, ähnlich wie Alkohol, den Blutfluss in der Plazenta vermindern und so zu Mangelernährung beim Kind führen.

Meine Freunde und Kollegen sind äußerst großzügige Menschen. Eigentlich. Aber wenn es um Leberwurst, Zimtsterne, Sushi, Kaffee oder Lakritze ging, rafften sie mit einem Mal alles an sich. Das Einzige, womit sie nicht geizten, waren nun Babystrampler, Umstandsklamotten, Belehrungen und ein Haufen Bücher über die Schwangerschaft.

Ächzend nahm ich schließlich doch den Stapel Bücher mit nach Hause, den mir die Freundin mit der Leberwurstphobie seit unserem Sonntagsbrunch regelmäßig ans Herz legte. Manche dieser Wälzer waren so umfangreich, dass sie mit Sicherheit mehr wogen als die fünf Kilo, die man als Schwangere eigentlich heben darf – laut eben diesen Ratgebern. Während meine Frauenärztin mir übersichtliche drei Gebote mit auf den Weg gab, lag die Zahl der Gebote und vor allem Verbote in den Ratgebern im zwei- bis dreistelligen Bereich. Jenseits von Folsäuretabletten und von Rauch- und Trinkverboten gingen die Listen noch viele Seiten weiter.

Offensichtlich hatten meine Freunde und Kollegen keinen plötzlichen Heißhunger auf Leberwurst oder Lakritze bekommen, sondern einfach nur mehr Informationen.

Unser Sohn wuchs also seit Wochen in einem Katastrophengebiet heran. Denn wenn es schon tabu ist, als Schwangere Katzen zu streicheln, wie sieht es dann mit Koalas und Kängurus aus? Wenn Zimtsterne gefährlich sind, was sind dann Langstreckenflüge, Sushi und das Schleppen von Umzugskartons?

Du bist, was deine Mutter gegessen hat

Die Meinung darüber, was Mütter Kindern, die da in ihnen heranwachsen, zumuten können, hat sich von Grund auf verändert. Vor wenigen Jahrzehnten operierten Ärzte Neugeborene noch ohne Narkose, denn sie gingen davon aus, dass Kinder in diesem Alter noch keinen Schmerz empfinden können. Heute weiß man, dass schon ein acht Wochen alter Fötus auf Berührungen an seinen Lippen reagiert.

Unser Bild von dem, was während der Schwangerschaft in unserem Bauch passiert, ist längst nicht mehr so grobkörnig, wie es für unsere Mütter noch gewesen war. Wir können heute nicht mehr nur Gipsabdrücke von unseren Bäuchen, sondern auch dreidimensionale Fotos vom Kind darin machen lassen. Ähnlich stark hat sich auch die Sicht der Ärzte, Entwicklungsbiologen und sogar der Psychologen auf die Bedeutung dieser gut neun Monate verändert. Auch dieses Bild hat in den letzten Jahren eine völlig neue Dimension bekommen.

Daran ist zum Beispiel Randy Jirtle mit seinen Agouti-Mäusen schuld. Diese Nager sind geradezu grotesk hässlich. Sie sind dick, haben gelbliches Fell und überall Krebsgeschwüre. Der Krebs und eine hohe Anfälligkeit für Diabetes raffen Agouti-Mäuse ziemlich schnell dahin. Normalerweise. Doch einige Tiere heilte Randy Jirtle, Professor an der amerikanischen Duke University, im Jahr 2003 auf recht kuriose Weise. Während der Schwangerschaft gab er einigen Mäusemüttern zusätzliche Vitamine in den Futternapf: Folsäure, Vitamin B12 und Betain. Als ihre Jungen zur Welt kamen, hatten sie ein dunkelbraunes Fell, waren schlank und gesund.

Laut Jirtle hatte die gesunde Ernährung der Mütter die Gene der Kinder zwar nicht verändert, dafür aber ausgetrickst. Methylgruppen aus dem Futter hatten die entscheidende Genvariante schlicht stillgelegt. Seitdem sagt der Amerikaner in Interviews gerne: »Du bist, was deine Mutter gegessen hat.«

Genau diese Erkenntnis gibt der Schwangerschaft eine weitere Dimension. Es geht heute nicht mehr nur um die Vermeidung von Risiken für das ungeborene Kind, sondern darüber hinaus auch noch um das Ergreifen von Chancen.

Bis vor wenigen Jahren galten die Gene als detaillierter Bauplan jedes zukünftigen Menschen. Schicksal eben. Doch in jüngster Zeit haben sie einen gehörigen Dämpfer abbekommen, was ihren Einfluss angeht (siehe Kapitel » ... durch ihre Gene?«). Wie wir heute wissen, spulen die Gene bei der Entwicklung einer befruchteten Eizelle zum Menschen nicht einfach ein vorherbestimmtes Programm ab. Sie lassen sich lenken, beeinflussen und verändern.

Fast 20 Prozent unserer Gene, so die Schätzungen der Genforscher heute, sind beeinflussbar. Das bedeutet, sie sind zwar nicht veränderbar, einige Gene können jedoch an- oder abgeschaltet werden. Und zwar ganz besonders diejenigen, die für die wichtigsten Bereiche verantwortlich sind: für Gesundheit und Lebenserwartung, Persönlichkeit, Glück oder Unglück.

Der Mutterleib ist in etwa das, was vor der Digitalisierung die Dunkelkammer für Fotografen war. Ein schummrig roter Raum, in dem die Abzüge Gestalt annehmen und nachjustiert werden können. Kontraste, Helligkeit und Schärfe können, in einem gewissen Rahmen, verändert werden. Eine Aufnahme kann hier zu Dutzenden Varianten geformt werden. Zu welcher Variante nun unser

Kind geformt wird, scheint zu großen Teilen in unserer Hand zu liegen.

In der traditionellen Zeitrechnung der Inder und Chinesen ist ein Mensch bereits ein Jahr alt, wenn er auf die Welt kommt. Wir wissen es heute noch genauer: Exakt 6384 Stunden vergehen im Schnitt zwischen Zeugung und Geburt eines Menschen. Auch wenn unsere Kinder in dieser Zeit hauptsächlich schlafen, Schluckauf haben und am Daumen nuckeln – sie nehmen bereits am Leben teil. An unserem Leben.

Was wir essen, trinken, einatmen oder injiziert bekommen fließt durch unsere Blutbahn bis zur Plazenta. Sie ist ein Organ auf Zeit und wird im Laufe der Schwangerschaft etwa so schwer wie zwei Päckchen Butter. Damit ernähren wir unser Kind während der Schwangerschaft, weshalb die Plazenta auch gerne Mutterkuchen genannt wird. Tatsächlich entscheiden vor allem wir Mütter, welche Zutaten dieser Kuchen enthält.

No risk, much fun: Fünf Regeln für die Schwangerschaft

Eine Schwangerschaft und eine Safari haben vieles gemeinsam. Es ist beides eine aufregende Zeit. Meist sind wir überwältigt von der Schönheit der Reise, manchmal haben wir Angst. Der Fotoapparat ist ständig in Reichweite, nur dass der dicke Bauch einem selbst gehört und nicht einem Nashorn oder Elefanten. Und wir Mütter sollten uns nach den »Großen Fünf« umschauen. Bei Safaris suchen alle Touristen nach Elefant, Nashorn, Büffel, Löwe und Leopard. Während der Schwangerschaft sollte man im Blick behalten, was den meisten Ärzten zufolge die fünf wichtigsten Ratschläge überhaupt sind:

Erstens: **Nicht Rauchen.** »Rauchen stellt nicht irgendein Risiko dar, sondern das größte im Leben überhaupt«, schreibt der Mediziner Klaus Heilmann in seinem Buch *Das Risikobarometer*. Das gilt erst recht während der Schwangerschaft, auch wenn bei uns derzeit jede fünfte Schwangere dieses Risiko bis kurz vor der Geburt ignoriert. Paffen die Mütter während der Schwangerschaft weiter, kommen die Kinder nicht nur mit einem geringeren Geburtsgewicht und einer geringeren Größe zur Welt, sondern auch mit diversen erhöhten Risiken: Sie sterben häufiger am Plötzlichen Kindstod, entwickeln doppelt so oft Verhaltensauffälligkeiten, haben mehr Schlafprobleme und erkranken deutlich öfter an Krebs. Fast drei Viertel der Krebspatienten im Kindesalter waren als Fötus im Mutterleib Nikotin ausgesetzt.

Der zweite Rat: **Nicht zu viel Alkohol trinken.** Wo beim Trinken die Grenze liegt, ist allerdings umstritten. Eine britische Studie aus dem Jahr 2010 an mehr als 11 000 Fünfjährigen rät werdenden Müttern zu zivilisiertem Genuss, vom Nippen am Glas des Gatten bis zu maximal ein bis zwei Gläsern Wein à 0,1 Liter pro Woche. Die Kinder dieser »light drinkers« waren sogar etwas klüger und weniger hyperaktiv als die Kinder von Müttern, die in der Schwangerschaft überhaupt keinen Alkohol getrunken hatten. Andere Ärzte warnen jedoch vor jeglichem Alkoholgenuss. Das Zeug fließt nämlich ungehindert durch die Plazenta zum Kind und kann dort großen Schaden anrichten. Der Körper der Mutter baut Alkohol schließlich zehnmal schneller ab als der Körper des Ungeborenen. Alkohol führt jedes Jahr alleine in Deutschland zu so vielen leichten bis schweren Behinderungen wie das Medikament Contergan insgesamt. Bei bis zu 10 000 Neugeborenen wird ein »Fötales Alkoholsyndrom« diagnostiziert.

Und – 3:0 für meine Frauenärztin – **Tabletten mit Folsäure schlucken.** »Ab Kinderwunsch« wird eine zusätzliche Dosis des

Vitamin B empfohlen, weil es schon die Empfängnis erleichtern soll. Vor allem aber ist eindeutig belegt, dass es den Embryo vor einer Fehlbildung der Wirbelsäule, im Volksmund »offener Rücken« genannt, schützt – und zwar gerade in den ersten Tagen und Wochen, noch vor dem Schwangerschaftstest.

Nummer vier auf der Liste: **Vorsicht bei Medikamenten.** Seit Contergan dürfen Schwangere nicht mal mehr normale Mückenschutzmittel oder Erkältungskapseln benutzen. Der Hinweis »während einer Schwangerschaft nur in Absprache mit dem Arzt« fehlt eigentlich auf keiner Packungsbeilage mehr. Andererseits gibt es aber sogar Chemotherapien, die schwangere Frauen im Ernstfall bekommen können, ohne dass diese ihrem Kind schaden würden.

Hätte ich nicht einen so dermaßen durchschnittlichen Körperbau, wäre wohl der fünfte Hinweis meiner Frauenärztin gewesen: **Nicht maßlos essen.** Oder aber auch: **Keine Diät mehr.** Was und vor allem welche Mengen Mütter während ihrer Schwangerschaft zu sich nehmen, scheint nämlich nicht nur bei Randy Jirtles Agouti-Mäusen eine nachhaltige Wirkung auf den Nachwuchs zu haben, sondern auch bei uns Menschen.

Ob nun Finnen oder Schweden untersucht wurden, übergewichtige Amerikanerinnen oder niederländische Frauen, die im Kriegswinter 1944/45 während ihrer Schwangerschaft monatelang hungern mussten, das Ergebnis der Studien war stets das Gleiche: Aßen die Mütter während ihrer Schwangerschaft zu viel oder zu wenig, dann hatten ihre Kinder noch als Erwachsene mit den Folgen zu kämpfen. Diabetes, Fettsucht, Herz-Kreislauf-Erkrankungen oder Krebs waren deutlich häufiger.

»Die Annahme, Frauen sollten während ihrer Schwangerschaft für zwei essen, ist fatal«, sagt Andreas Plagemann. Der Geburtsmediziner an der Berliner Charité erforscht seit Jahren den Einfluss, den werdende Mütter mit ihrer Ernährung auf ihr Kind haben. Er empfiehlt, Frauen sollten möglichst mit Normalgewicht in eine Schwangerschaft gehen und währenddessen weder eine Diät machen, noch zu viel essen. Mehr als 200 bis 300 zusätzliche Kalorien am Tag brauche ihr Körper nicht – das entspricht etwa einem Käsebrot. Denn Überernährung oder Schwangerschaftsdiabetes, worunter übrigens auch normalgewichtige Frauen leiden können, prägen grundlegende Lebensfunktionen des ungeborenen Kindes. »Sein Organismus wird auf Überernährung programmiert; das Übermaß an Nährstoffen wird als normal verinnerlicht. Diese Fehlprägung bleibt fürs Leben. Sie versiebenfacht das Risiko, dass auch das Kind später unter Übergewicht und den Folgen leiden wird.«

Auch bei den Kindern untergewichtiger Mütter wird das Steuersystem für Hunger und Sättigung falsch geregelt. Sie wurden darauf konditioniert, aus einem Minimum an Nahrung ein Maximum an Energie herauszuziehen. In den typisch westlichen Überflussgesellschaften führt das zu den gleichen Problemen, unter denen auch die Kinder übergewichtiger Mütter leiden. Selbst die Enkelgeneration, so die Studien aus Finnland, Schweden oder den USA, leidet noch unter dem Hunger oder der Völlerei ihrer Großmütter.

Die Beobachtungen von Medizinern wie Andreas Plagemann bedeuten allerdings nicht, dass Schwangere nun ihre eh schon ellenlange Liste der Essensverbote nun auch noch um Pommes, Sahnetorte, Marzipankartoffeln & Co erweitern müssen. Auch wenn die Schwangerschaftsratgeber des 21. Jahrhundert gerne detaillierte Essenspläne aufstellen und Frauen fünf Portionen Obst am Tag, ein bis zwei Fisch- und zwei bis drei Fleischmahlzeiten pro Woche empfehlen, bekommt kein Kind Diabetes, weil seine Mutter bei einer Familienfeier in Sachen Nachtischbuffet mal über die

Stränge geschlagen hat. Mediziner empfehlen Schwangeren ein gesundes Maß – und neuerdings auch eine möglichst große Vielfalt.

Denn wir prägen in der Schwangerschaft nicht nur die Kalorienmenge, die unser Kind als normal empfindet, sondern obendrein auch noch die Grundzüge seines Geschmacks. Rund 10 000 Geschmacksknospen bilden sich bereits im dritten Monat auf der Zunge des Fötus. Damit schmeckt das Kind über sein Fruchtwasser mit, was wir zu uns nehmen. Psychologen am Chemical Senses Center in Philadelphia haben das bewiesen, als sie schwangeren Frauen Möhrensaft zu trinken gaben. Deren Babys mochten im Alter von sechs Monaten Brei besonders gerne, der ebenfalls mit Möhrensaft angerührt worden war und somit einen vertrauten Geschmack hatte.

Je vielfältiger Mütter also schlemmen, je weniger sie eben gerade in der Schwangerschaft ihr Essen aus lauter Sorge beschränken, mit desto mehr Geschmäckern wird ihr Kind schon im Mutterleib vertraut.

Verstehen Sie Schwangere?

Kinder haben bereits vor ihrer Geburt unterschiedliche Startvoraussetzungen. Damit meine ich jetzt nicht das Sarrazin'sche Gerede von Intelligenzgenen oder Judengenen oder ähnlichem Schmarrn. Was Kinder nachhaltig beeinflusst, so zeigen es die unzähligen Studien von Ernährungswissenschaftlern, Kinderärzten, Genetikern, Entwicklungsbiologen, das sind die rund 38 Wochen, in denen sie im Bauch ihrer Mutter heranwachsen. Das gibt werdenden Müttern Verantwortung. Mütter neigen nur leider dazu, auch schon während der Schwangerschaft, aus Verantwortung ein Gruselkabinett an Schreckgespenstern zusammenzuschustern.

Mit den Worten »Oje, was bin ich nur für eine Mutter!« kommentierte eine Freundin, dass sie während ihrer Schwangerschaft mal einen Tag vergessen hatte, ihre Folsäuretablette zu schlucken. Darüber lachen können wir leider erst, wenn unsere Kinder schon etwas älter sind. Wenn sie uns bewiesen haben, dass sie auch einen Tag ohne Folsäure ohne erkennbare Schäden überlebt haben und wenn sich im Kindergarten oder in der Schule herausgestellt hat, dass sie und ihre Spielkameraden irgendwie doch alle recht ähnlich und vor allem gut geraten sind. Dann gestehen Mütter beim Latte-macchiato-Klatsch gerne mal die Kapriolen, die sie sich in ihrer Schwangerschaft – meist vor allem in ihrer ersten – geleistet haben. Die einen haben ihrem dicken Bauch Mozart vorgespielt. Die anderen haben ihn bei der Hochzeitsfeier von Freunden mit einem Mantel vor den wummernden Macarena-Beats geschützt.

So herzhaft darf man sonst nur bei »Verstehen Sie Spaß?« über andere Menschen lachen. Wobei »Verstehen Sie Schwangere?« oft noch spaßiger ist. Im Nachhinein jedenfalls. Dann wissen wir ja auch, dass das eigene Kind trotz Mozart und trotz Macarena genauso gut, oder eben schlecht, hört wie die allermeisten Kinder auch – also je nachdem, ob der Satz Wörter wie ›Schokolade‹ oder ›Aufräumen‹ enthält.

Während der Schwangerschaft werden Urlaube an der Nordsee – Reizklima! – genauso abgesagt wie Flugreisen – Strahlenbelastung! Werdende Mütter haben Angst vorm Sex, vor Katzen, vor der Schweinegrippe oder davor, im Schlaf aus Versehen auf dem Bauch zu liegen. Im Magazin *Fokus* erzählte kürzlich ein Kinderarzt, der eine Schwangeren-Hotline betreut, er müsse immer wieder Frauen umstimmen, die ihr Kind abtreiben lassen wollen, weil sie zu Beginn ihrer ungeplanten Schwangerschaft noch geraucht oder getrunken hatten.

Die Frage »Ist das Rohmilchkäse?« hat heute die Nachricht »Ich erwarte ein Kind« beinahe ersetzt. Rohmilchkäse ist für Schwangere zum Schreckgespenst schlechthin geworden. Er kann schließlich – wie auch rohes Fleisch, Butter, grüner Salat, roher oder geräucherter Fisch, Mayonnaise, Rohkost oder andere Arten von Weichkäse – Mutter und Kind mit der gefährlichen Infektionskrankheit Listeriose infizieren. Die wiederum führt bei etwa der Hälfte der Schwangerschaften zu einer Frühgeburt, bei zehn Prozent sogar zu einer Fehl- oder Totgeburt.

Listeriose ist also offensichtlich gefährlich. Allerdings noch lange nicht so gefährlich wie Schwimmen zu gehen. Fenster zu putzen. Treppen zu steigen. Oder Auto zu fahren. Bei Autounfällen sterben jedes Jahr mehr als 4000 Menschen, knapp 400 000 werden verletzt.

An der meldepflichtigen Listeriose erkranken im Jahr weniger als 400 Menschen in Deutschland, rund 30 davon sind schwangere Frauen. Noch seltener hört das Robert-Koch-Institut, das die Häufigkeit solcher Krankheiten dokumentiert, von der ebenfalls meldepflichtigen Toxoplasmose. Diese Krankheit wird vor allem durch Katzenkot übertragen. Etwa zehn Schwangere stecken sich jedes Jahr damit an. Im gleichen Zeitraum kommen zwischen 650 000 und 700 000 Kinder auf die Welt. Trotzdem steigen die meisten Schwangeren lieber in ein Auto als in ein Stück Rohmilchkäse zu beißen oder eine Katze zu streicheln.

»Es gibt einen großen psychologischen Unterschied zwischen Autos und Rohmilchkäse«, erklärt Klaus Heilmann, Mediziner und Autor des Buches *Das Risikobarometer*. »Im Auto bilden wir uns ein, Einfluss auf die Situation zu haben. Beim Rohmilchkäse dagegen können wir den Krankheitserreger nicht sehen, riechen, anfassen. Wir können keinen Bezug dazu herstellen. Und das macht uns Angst.«

Angst kann aber durchaus nützlich sein, das sagt auch Risikoforscher Heilmann. Sie kann uns vor ernsten Gefahren schützen, indem wir eben nicht während der Schwangerschaft rauchen oder Alkohol trinken. Doch leider begnügen wir uns meist nicht mit der nützlichen Angst. »Wo die großen Risiken wegfallen, konzentrieren sich Menschen auf die kleinen. Wir sind an Sicherheit so sehr gewöhnt, dass wir diesen Zustand als selbstverständlich erachten.«

Und so lassen sich werdende Mütter, aber auch Väter, manchmal ordentlich ins Bockshorn jagen von all den Statistiken, die ihnen um die Ohren gehauen werden. Eltern können sich heute bis auf mehrere Stellen hinterm Komma genau ausrechnen, was jedes Jahr, um das sie ihren Kinderwunsch nach hinten geschoben haben, ihr Kind kosten könnte – vor allem durch das erhöhte Risiko für Chromosomenschäden.

Doch nicht nur das Jahr, auch der Monat seiner Zeugung soll entscheidend für Gesundheit und Glück des Kindes sein. Nein nicht wegen seines späteren Horoskopes, sondern wegen der Jahreszeit, in der es zur Welt kommt. Temperatur, Zahl der Sonnenstunden und entsprechend die Nährstoffversorgung im Mutterleib und in den ersten Lebensmonaten sollen schließlich Körper wie Charakter bis ins Erwachsenenalter prägen.

Sommerkinder leben laut einer Studie des Max-Planck-Instituts für demografische Forschung ein halbes Jahr kürzer als Herbstkinder. Sie sind häufiger kurzsichtig, brechen sich schneller die Knochen und leiden öfter unter Karies. Wenn im dritten Schwangerschaftsmonat Zähne und Knochen angelegt werden, also im November, fehlt es ihren Müttern nämlich an Sonne und damit an Vitamin D. Dafür sollen Sommerkinder wiederum seltener Krebs und Herzinfarkte bekommen und außerdem, so eine britische Studie, besonders optimistisch und glücklich sein. Karies oder Krebs?

Nach der Studie der Demografen liegt die Entscheidung in unserer Hand.

Wie beim Spiel *Jenga*, wo die Mitspieler reihum Holzklötze aus einem Turm herausziehen und dann oben auf die Spitze legen müssen, übertrumpfen sich auch die Wissenschaftler in ihren Anweisungen Jahr für Jahr, Studie für Studie. Es ist schon während einer Schwangerschaft kaum machbar, mit den neusten Ge- und Verboten Schritt zu halten. Wer sein zweites, drittes oder sogar viertes Kind erwartet, muss sich ganz neu in den Regelkatalog einarbeiten. Auch wenn man die alten Umstandsklamotten erneut tragen kann – die Informationen und Ratschläge haben sich seit der letzten Schwangerschaft mit Sicherheit längst geändert.

Im einen Jahr beschallen Mütter ihre Bäuche mit Mozart, im nächsten Jahr haben Forscher längst widerlegt, dass die »Kleine Nachtmusik« das Ungeborene intelligenter mache. Schwangere zwingen sich trotz ihrer Morgenübelkeit nicht nur ein Frühstücksbrot, sondern obendrein auch noch eine Kapsel mit Fischöl in den Magen. Nur um dann im Nachhinein in der Zeitung zu lesen, dass trotz der wertvollen Omega3-Fettsäuren im Fischöl die Kinder dieser tapferen Frauen kein Stück intelligenter oder sprachbegabter waren als andere Kinder, so jedenfalls das Ergebnis einer australischen Studie aus dem Jahr 2010.

Psychologen haben heute unzählige Angstzustände klassifiziert: vor Blumen (Anthophobie), Büchern (Bibliophobie), Spiegeln (Catoptrophobie), Schwindelgefühlen (Dinophobie), Nebel (Homichlophobie) oder Läusen (Phtiriophobie). Auch die Angst vor Fehlgeburten (Abortphobie), der Geburt (Lockiophobie) oder der Schwangerschaft an sich (Gravidophobie) wurden wissenschaftlich klassifiziert. Für die Angst, sein Kind während der Schwangerschaft nicht optimal fürs Leben zu rüsten, ihm gar zu schaden, haben sie aber scheinbar noch keinen Namen gefunden.

All unsere Mühen, unsere Sorgen und Ängste, haben reichlich Potenzial zum Rohrkrepierer: Sie können ganz schön nach hinten losgehen. Im schlimmsten Fall schmälern sie nicht nur unser eigenes Lebensglück, sondern ausgerechnet auch das unserer Kinder. **Es ist nämlich nicht so, dass die größten Verzichte während der Schwangerschaft auch automatisch die gesündesten Kinder generieren. Im Gegenteil warnen Psychologen sogar davor. Schon im Mutterleib, so ihre Beobachtung, vertragen Kinder Vielfalt besser als Einschränkungen, Normalität besser als den permanenten Ausnahmezustand, Lebensfreude besser als Sorgen.**

In der Schwangerschaft entwickeln sich eben nicht nur Füße, Hände, Kinn und Ohren, sondern auch die Gefühle. Etwa ab der sechsten Schwangerschaftswoche bildet sich nach und nach die Gefühlswelt unseres Kindes, indem es unsere Gefühle am eigenen Leib miterlebt. Unsere Freude an einem warmen Sommertag, unseren Ärger über einen verpassten Bus und auch der Stress vor einer Deadline im Job kommen in Form von hormonellen Botenstoffen über die Nabelschnur beim Kind an. Ab dem sechsten Monat hören sie dann den entspannten oder beschleunigten Herzschlag der Mutter, spüren, wie sich die Gebärmutter bei Stress zusammenzieht, wie sich ihre Blutgefäße verengen und damit der Sauerstoff in der Blutzufuhr knapper wird.

So wie unsere Ernährung während der Schwangerschaft den Stoffwechsel unseres Kindes mit eicht, so stellen unsere Gefühle die Weichen für das Reaktionsmuster unseres Kindes.

»Ungeborene baden in den Gefühlen der Mutter«, sagt der Heidelberger Psychoanalytiker Ludwig Janus, der sich als einer der ersten in Deutschland bereits seit den 1980er-Jahren mit der

Pränatalen Psychologie beschäftigt. Für ihn ist der Mutterleib der erste Lebensraum eines Menschen und damit von großer Bedeutung. »Die vorgeburtliche Zeit entscheidet darüber, wie sich ein Mensch in der Welt fühlt.« In den 1980er-Jahren stand der Pränatalpsychologe mit seinen Thesen noch recht alleine da. Doch in den vergangenen Jahren sind ihm Wissenschaftler aus aller Welt zur Seite geeilt.

Ein Psychologenteam der Universität Basel konnte Anfang 2011 nachweisen, dass nicht nur die Ernährung, Alkoholkonsum und Rauchen, sondern auch der Gefühlszustand der Mutter darüber bestimmt, wie gut ein Kind im Mutterleib mit Nährstoffen versorgt wird. Gestresste Schwangere hatten nämlich eine überdurchschnittlich große Plazenta, wie die Psychologen bei der Analyse von mehr als 75 000 Schwangerschaften festgestellt hatten. Noch ist offen, ob und wie sich die Plazentagröße auf die Gesundheit des Kindes auswirkt.

Aus Studien mit Müttern, die während der Anschläge auf das World Trade Center schwanger waren, weiß man heute, wie gefährlich intensiver Stress für die Entwicklung eines Kindes im Mutterleib sein kann. Das Stresshormon Cortisol kann die Strukturen der Neuronenverbindungen im kindlichen Gehirn beeinflussen, denn es bindet sich direkt an die Rezeptoren der Nervenzellen. Die Stressreaktion der Kinder wird auf einen ungesunden Pegel hochgeregelt – und zwar dauerhaft. **Die Kinder von sehr gestressten Frauen waren nicht nur als Babys häufig Schreikinder, sie zeigten selbst im Grundschulalter noch deutlich häufiger Aufmerksamkeitsdefizitstörungen.**

Auch am Universitätsklinikum Heidelberg forschen Psychologen, Psychiater und Gynäkologen seit Jahren nach den Auswirkungen von mütterlichen Ängsten und Depressionen während und nach der Schwangerschaft. »Jedes Gefühl der Mutter kommt beim Kind an«, fasst Mitho Müller die bisherigen Erkenntnisse der Heidelberger Mutter-Kind-Studien unter der Leitung von Corinna Reck zusammen. Von Anfang an bekommt ein Kind den ungefilterten Stress seiner Mutter ab, besonders stark im ersten Schwangerschaftsdrittel, denn es verfügt noch nicht über ein spezielles Enzym, das Stresshormone abbauen kann. Über die Auswirkungen dieser Stresserfahrungen im Mutterleib spekuliert die Wissenschaft kontrovers: Vermutet wird, dass Kinder von besonders ängstlichen oder depressiven Müttern in kindlichen Entwicklungstests zu ihren sprachlichen, kognitiven und adaptiven Fähigkeiten mit zwölf Monaten schlechter abschneiden. Wahrscheinlich prägt der vorgeburtliche Stress sogar bis ins Erwachsenenalter, vermutet Müller. Er rät Müttern, die zwei Wochen am Stück unter Ängsten oder Depressionen leiden, daher dringend, einen Experten aufzusuchen.

Allerdings legen aktuelle Befunde des Universitätsklinikums nahe, dass die Mutter-Kind-Interaktion nach der Entbindung solche Entwicklungsdefizite kompensieren kann. Außerdem bezieht Mitho Müller die Ergebnisse ausschließlich auf langfristige Ängste und Depressionen – und nicht auf den ganz normalen Alltagsstress. »In gewissem Maße ist es ja biologisch sinnvoll, dass Gefühle der Mutter beim Kind ankommen und seine Entwicklung beeinflussen. Auch negative Gefühle. Unser Alltag ist nun mal eben von Stresserfahrungen geprägt. Also muss auch das Stresssystem eines Kindes auf diese Erfahrungen vorbereitet sein und darauf reagieren können.«

Eine Prise Alltagsstress, ein Moment der Wut oder Angst gehören durchaus zum Leben dazu – auch zu einem glücklichen. Diese Neuronenverbindungen werden unsere Kinder in ihrem späteren Leben also genauso brauchen wie die Verschaltungen für Freude und Gelassenheit. »Eine Mutter, die sich erlaubt, die ganze Palette menschlicher Gefühle in sich zu fühlen, und sie in erwachsener Weise für sich nutzt, fördert sozusagen auf ganz grundlegender Ebene die emotionale Entwicklung ihres ungeborenen Kindes«, schreibt Hirnforscher Gerald Hüther in seinem Buch *Das Geheimnis der ersten neun Monate.*

Die ersten Erfahrungen im Mutterleib sind das Fundament für Gehirn und Gefühle unseres Kindes. Doch sie werden, sagt Hirnforscher Hüther, von den meisten Eltern unterschätzt. »Mit der Vermeidung von Risiken wird Eltern ein ruhiges Gewissen eingeredet, damit sie in Ruhe ihren Erwartungshaltungen an ihr Kind nachgehen können. Die hinterfragt keiner. Es gibt nur eine Minderheit an Müttern, die ihr Kind ernsten Risiken aussetzt. Erwartungshaltungen dagegen sind ein Massenphänomen.«

»Die Beziehung zum Kind beginnt vor der Geburt«, sagt auch der Pränatalpsychologe Ludwig Janus. Tatsächlich haben Untersuchungen gezeigt, dass unerwünschte Kinder, deren Mütter in der Schwangerschaft keine Beziehung zu ihnen aufbauen konnten, noch Jahre nach der Geburt einen deutlich geringeren Anteil des Bindungshormons Oxytocin im Körper hatten. Selbst wenn sie direkt nach der Geburt zu liebevollen Pflegeeltern gekommen waren. Janus rät daher werdenden Eltern: »Lassen Sie sich nicht verführen, sich hauptsächlich um äußerliche Dinge wie Wickeltisch oder Kinderwagen zu kümmern. Am wichtigsten ist, wie auch nach der Geburt, der gute Kontakt zum Kind. Damit regelt sich vieles von allein.«

»Aha«, sagte meine Frauenärztin. Sie klang, als hätte sie etwas entdeckt, und das war kein gutes Zeichen: Ich war etwa im fünften Monat schwanger und zum 3D-Ultraschall einbestellt worden. Ein schlechter Blutwert bei mir könnte etwas mit einem Herzproblem bei meinem Kind zu tun haben, hatte meine Ärztin gesagt.

»Was ist denn?«, fragte ich beklommen.

»Da, sehen Sie?«

Konzentriert schaute ich mir das blaue und rote Geflimmer auf dem Bildschirm ihres Ultraschallgerätes an. Aus dem blinkenden Pünktchen war ein Herz geworden, das mich an abstrakte Kunst erinnerte. »Nein«, sagte ich zögerlich, »ich sehe nichts. Ist wirklich was mit dem Herzen?«

Meine Ärztin sah mich verwirrt an. »Das Herz ist völlig in Ordnung, alles gut. Nein, ich meinte das hier.« Sie zeigte ein ganzes Stück unter das rot-blaue Geflimmer. »Sie bekommen einen Sohn.«

Ich löste meine Augen von dem Geflimmer und schaute mir zum ersten Mal an diesem Tag mein ganzes Kind an. Gemütlich lag er da, wie in einer Hängematte, die Augen geschlossen, einen Daumen im Mund, die Beine lässig übereinandergeschlagen. Er sah sehr entspannt aus, unser Sohn. Meine Ärztin auch. Aus ihrem vorfreudigen Lächeln war ein freudiges Lachen geworden.

Erst da wurde mir klar, dass sie mir von Anfang an neben ihrem resoluten Rauch- und Trinkverbot auch eine weitere Botschaft mit auf den Weg geben wollte: Freude.

Der Einfluss der Schwangerschaft:

Im Mutterleib entwickeln sich Körper, Gehirn, Stoffwechsel, Geschmacksvorlieben und die Gefühlswelt des Kindes, zum Teil auch durch das, was seine Mutter während dieser Zeit isst, trinkt, erlebt und fühlt.

Unsere Aufgaben:

- Nicht rauchen
- Nicht zu viel Alkohol trinken (uneinig sind sich die Ärzte noch, ob während der Schwangerschaft gar kein Alkohol oder bis zu zwei Gläsern Wein à 0,1 Liter pro Woche erlaubt sind)
- Auf ein gutes Maß an Folsäure achten, entweder in Tablettenform oder durch reichlich grünes Gemüse wie Brokkoli, Spinat oder Mangold
- Medikamente nur in Absprache mit dem Arzt nehmen
- Maßvolle Mahlzeiten (keine Diäten, aber auch keine Fressorgien)
- Und bloß nicht stressen lassen! Das ist der wohl wichtigste Ratschlag überhaupt, denn die Gefühle der Mutter während der Schwangerschaft prägen das Gefühlsleben ihres Kindes.

Zum Weiterlesen:

Klaus Heilmann: *Das Risiko-Barometer. Wie gefährlich ist unser Leben wirklich?* Heyne, München 2010

Renate Huch und Remo Largo: *Schwangerschaft, Geburt und erste Babymonate.* Trias, Stuttgart 2008

Gerald Hüther und Inge Krens: *Das Geheimnis der ersten neun Monate.* Beltz, Weinheim 2010

Leonie Jakobs: *Schön macht's nicht, aber glücklich. Ein ehrlicher Schwangerschaftsroman.* Kiepenheuer & Witsch, Köln 2008

Ludwig Janus: *Der Seelenraum des Ungeborenen. Pränatale Psychologie und Therapie.* Patmos, Ostfildern 2011

... durch die Namenswahl?

Den Namen für unseren Sohn fanden wir, noch bevor wir ihn überhaupt gezeugt hatten. Wir kreisten gewissermaßen um ihn, im Riesenrad auf dem Wiener Prater. Unter uns wurden die Baumkronen und die Dächer der Häuser immer kleiner, nur eine gelbliche Kirche ragte mit ihrem spitzen Kirchturm über sie hinaus und das war die Johann-Nepomuk-Kirche. »Nepomuk«, sagten wir, und der Name schlug in unseren Ohren einen guten Klang an. Wie ein Ohrwurm blieb er dort, das ganze Wochenende in Wien über und auch nach unserer Heimfahrt. Als wir überlegten, ob wir nun langsam bereit dafür sein könnten, Eltern zu werden, stand für uns zumindest eines fest: Wir wollten die Eltern eines Nepomuks werden.

Mein Mann, der in allen Dingen praktisch veranlagt ist, fand, dass ein Name reichte. Erst recht als klar geworden war, dass wir passenderweise einen Sohn erwarteten. Nepomuk – basta. Ich war mir dagegen nicht ganz so sicher, ob ein böhmischer Brückenheiliger aus dem 14. Jahrhundert meinem Sohn in der Gegenwart ein guter Pate sein könnte.

Vielleicht brach in diesem Moment plötzlich mein eigenes Namenstrauma auf. Den Namen Inka zu tragen, das war nicht die leichteste Übung in meiner Kindheit. Damals hießen die anderen Mädchen im Kindergarten oder in der Schule eigentlich ausschließlich Sabine, Birgit und vielleicht noch Anne, so wie die Jungen Andreas, Christian oder Markus hießen. Von Individualität wollte ich im Alter von sieben Jahren verständlicherweise noch nicht so viel wissen, als ein paar Jungs mich auf dem Schulhof »Inka-Stinker« nannten. Jahrelang hätte ich alles dafür gegeben, Annika heißen zu dürfen wie das unauffällige Mädchen neben der extravaganten Pippi Langstrumpf. Oder zur Not eben Sabine, Birgit, Anne.

Nepomuk klang zwar gut in unseren Ohren, aber gleichzeitig roch der Name auch nach neuen Schulhof-Schikanen. Denn auch wenn die Namensbandbreite sich seit meiner Kindheit vervielfältigt hat, so piesacken sich Kinder auch heute noch gern dafür, wenn ihre Eltern sich nicht an die Norm halten und aus der Reihe tanzen.

Mitgliedsausweise für den Eliteclub

Die Auswahl an Vornamen ist zwar heute um Längen größer als die Palette, auf die unsere Eltern zurückgreifen konnten. Dennoch bedienen sich zumindest die Mütter und Väter in meinem Umfeld derzeit nur aus ganz bestimmten Schubladen. Gerade für ihre Söhne stöbern sie gerne in der Schublade mit ernst klingenden Relikten aus der deutschen Vergangenheit à la Maximilian, Paul, Anton, Friedrich oder Ludwig. Für Mädchen darf es gerne etwas aus der romantischen französischen Ecke sein, etwa Marie, Sophie, Amelie. Oder Eltern werden in der Schublade mit den etwas frecheren Variationen nach skandinavischem Vorbild fündig, zum Beispiel bei Lotte, Lasse, Jule, Ida.

Nepomuk passte leider in keine der derzeit angesagten Schubladen und wir machten uns Sorgen, dass dieser Name unserem Sohn daher später mal schwer in die Quere kommen könnte. **Immerhin nutzen wir Vornamen heute wie Mitgliedsausweise für den Eliteclub. Eine Studie des Leiziger Kultursoziologen Jür-**

gen Gerhard zeigte bereits vor einigen Jahren, wie schichtenspezifisch die Namenswahl geworden ist. Wurde zu Beginn des 20. Jahrhunderts noch etwa die Hälfte der Namen von allen drei Bildungsschichten benutzt, so waren es am Ende des 20. Jahrhunderts nur noch rund ein Viertel.

Immer stärker kann also unsere Namenswahl den Lebensweg unserer Kinder beeinflussen. In den USA zeigte etwa eine Studie, wie der Vorname über die Berufschancen mitbestimmt. Dort hatten Wirtschaftswissenschaftler Bewerbungen auf 1300 Stellenanzeigen geschickt, je einmal mit einem typisch weißen oder einem typisch schwarzen Vornamen, aber stets mit der gleichen Qualifikation. Da in den USA Bewerbungen grundsätzlich kein Foto haben, war also der Vorname der einzige Unterschied zwischen den beiden fiktiven Lebensläufen. Er fiel jedoch erheblich ins Gewicht: Auf die Bewerbungen mit typisch weißem Vornamen bekamen die Wissenschaftler 50 Prozent mehr Einladungen zu einem Vorstellungsgespräch.

Selbst in Liebesdingen scheint sich der Name noch auf das Glück unserer Kinder auszuwirken. Eine Linguistin vom *Massachussetts Institute of Technology* bewies das, als sie Probanden die Fotos von 24 Frauen und Männer anschauen ließ. Per Zufallsgenerator war ihnen ein wechselnder Vorname zugeteilt worden. Dieser zufällige Name hatte jedoch einen großen Einfluss darauf, wie attraktiv die Person eingeschätzt wurde. Die Beobachtung der Linguistin: Setzte sich ein männlicher Vorname aus Vokalen zusammen, die vorne im Mund gebildet werden, also a, e, ei oder i, war er für Frauen attraktiver als ein Vornamen, der die Vokale o und u enthielt. Bei den weiblichen Vornamen war die Bewertung dagegen genau umgekehrt.

Es gibt Eltern, die sich aus dieser Klemme retten, indem sie die Flucht nach vorne antreten. Hollywoodstars machen uns schließlich gerne vor, dass man aus den gängigen Namensmustern ja durchaus auch austreten und für den Namen seiner Kinder einfach mal ganz andere Vorbilder nehmen kann. Obst etwa, beschlossen Gwyneth Paltrow und Claudia Schiffer und nannten ihre Töchter Apple beziehungsweise Clementine. Einen Schulranzen, dachte sich Woody Allen und gab seinem Sohn den Namen Satchel. Gerade erst griff David Beckham beim Zweitnamen für seine Tochter sogar schlicht auf die eigene Trikotnummer zurück und stellte sie der Welt als Harper Seven vor.

Auch weniger bekannte Eltern versuchen manchmal, mit dieser Mode Schritt zu halten. Ein Paar aus Israel etwa machte vor kurzem Schlagzeilen, weil sie nicht nur ihre älteren Töchter nach einem Kuchen (Pie) und nach Honig (Dvash) benannt hatten, sondern ihr drittes Kind nun nach dem Facebook-Button Like. In Deutschland versuchen die Standesämter zwar offiziell, den Schaden für die Kinder zu begrenzen, weswegen einer Mutter aus dem Rheinland verboten wurde, ihrem Sohn zwölf Vornamen zu verpassen. Fünf davon bekam die Mutter allerdings trotzdem durch: Chenekwahow Migiskau Kioma Ernesto Tecumseh.

So kreativ waren wir nicht. Wir blieben bei Nepomuk, als Zweit- und Kosenamen. Für den Kindergarten, den Schulhof und seine berufliche Zukunft suchten wir einen anderen Namen für unseren Sohn, und dabei bedienten wir uns brav an einer der Schubladen, die in unserem Umfeld als gesellschaftstauglich gelten. Weil wir uns dem 19. Jahrhundert nicht allzu sehr verbunden fühlten, entschieden wir uns schließlich für einen der frechen, kurzen, skandinavischen Namen, dem sich unser Sohn mit seinem Blondschopf und seinem Grübchengrinsen schon bald anpasste.

Namen machen Leute

Der Vorname, den wir auswählen, ist das Etikett, das wir unseren Kindern nach der Geburt aufkleben. Ähnlich wie das Etikett auf Lebensmitteln, das alle Zutaten und Zusatzstoffe anzeigt, verrät auch der Name eines Menschen viel darüber, was seine Eltern in ihn reingebuttert haben. Wir verdeutlichen damit, welche Hoffnungen wir für unser Kind hegen, welche Erwartungen wir in es setzen, welche Wertvorstellungen wir selbst haben und vorleben, was wir mit unserer Erziehung unterstützen oder unterdrücken wollen. Schließlich wählen wir Eltern einen Namen, der uns gefällt und den wir für die Zukunft unseres Kindes für vielversprechend halten. Zu einem gewissen Grad wird der Vorname, für den wir uns entscheiden, zu einer sich selbst erfüllenden Prophezeiung.

Wir ziehen einen Namen aus einer Schublade hervor und sorgen dabei immer auch dafür, dass unser Kind später in genau diese Schublade gesteckt wird. Eltern sollten sich also aus einer Schublade bedienen, die für ihr Kind möglichst vielversprechend und vielseitig ist. Es gibt Namen, die heute kein halbwegs klar denkender Mensch mehr seinem Kind aufstempeln würde. Der Name Kevin führt diese Riege mit großem Abstand an. »Kevin ist kein Name, sondern eine Diagnose«, schrieb etwa einer der 500 Grundschullehrer, die zwei Erziehungswissenschaftler der Universität Oldenburg vor Kurzem per Fragebogen zu ihren Vorurteilen über Vornamen befragt hatten. In der Kevin-Schublade landeten bei dieser Umfrage auch andere Vornamen, die von Hollywoodfilmen und -stars inspiriert wurden. Auch Kinder mit Namen wie Justin, Cindy oder Angelina haben es nicht gerade leicht. Diese Schublade wird allerdings Dank diverser Studien mit dem gleichen Tenor von den meisten Eltern seit Jahren peinlichst vermieden.

Mehr Kopfzerbrechen bereiten uns die Vornamen, die wir gestern noch schön und angesagt fanden. »Kevin heißt jetzt Leon« titelte etwa die Süddeutsche Zeitung 2009 über einem Artikel, der den Image-Verfall von Namen wie Leon oder Leonie beschrieb. Im Stern lästerte vor einiger Zeit der Kolumnist Jan Weiler nicht mehr nur über den Kevinismus der Unterschicht, sondern auch über den Emilismus der Akademiker. Wenn aus Kevin mittlerweile Leon geworden ist, dann müsste aus Leon in nächster Zeit Maximilian und aus Leonie müsste Marie oder Sophie werden. Diese Namen führen seit Jahren die Hitlisten der deutschen Vornamen an, was angesichts der derzeit kurzen Haltbarkeitsdauer unseres Geschmacks wohl nur bedeuten kann, dass sie bereits vom Aussterben bedroht sind.

Weniger ist mehr

Leicht haben Eltern es im 21. Jahrhundert bei dieser Entscheidung wirklich nicht. Das bestätigt die Gesellschaft für Deutsche Sprache, die aktuell etwa 33 000 von den Standesämtern genehmigte Vornamen verzeichnet hat. In der Gegenwart sind von 100 vergebenen Namen mehr als 80 Prozent unterschiedlich, hat der Kultursoziologe Jürgen Gerhards ermittelt. Ende des 19. Jahrhunderts waren dagegen gerade mal 38 Prozent verschieden, im 15. Jahrhundert hieß in Köln sogar jeder dritte Junge Hans und jedes dritte Mädchen Elisabeth.

Zumindest bei der Namenssuche hatten es die Eltern früher also leichter. Heute hat dagegen die Suche nach dem richtigen Namen etwas von der Nadel im Heuhaufen oder der Kontaktlinse im Spielplatzsand: Eltern müssen oft verdammt viel aussieben, bevor sie irgendwann auf einen Namen stoßen, den sie ihrem Kind gerne geben möchten.

Zum Glück haben einige Studien nicht nur gezeigt, wie belastend manche Vornamen für die Zukunft eines Menschen sein können, sondern auch, nach welchen Regeln Eltern nicht allzu viel falsch machen können. So stellten etwa zwei Wirtschaftswissenschaftler der Universität von Pennsylvania und der Stanford Universität, die die Häufigkeit von 2500 Namen in den USA und in Frankreich untersucht hatten, fest: **Je schneller ein Vorname in Mode gekommen ist, desto schneller verschwindet er auch wieder.** Es ist also eher keine gute Idee, sein Kind nach dem aktuell angesagtesten Schauspieler oder nach dem Helden eines laufenden Kinofilms zu benennen; Justins und Kevins sind die Folge. **Wer dagegen auf langfristigere Vorbilder setzt, zum Beispiel auf klassische Schriftsteller, Figuren aus der Bibel oder schlicht auf die eigenen Großeltern, der kann lange nicht so weit danebenliegen.**

Auch vor allzu überschäumender Fantasie ist eher abzuraten. Weniger ist bei der Namensmode mehr. Auch wenn die meisten Eltern ihr Kind nicht gerne in einer Schulklasse sehen, in der fünf Kinder den gleichen Vornamen tragen, ist die Gefahr so groß nun auch wieder nicht. Die Statistik beruhigt, dass eine Platzierung in der aktuellen Hit-Liste für einen Vornamen nicht zwangsläufig ein K. o.-Kriterium sein muss. So stellte die Gesellschaft für Deutsche Sprache bei einer Auswertung der Daten von 170 Standesämtern 2009 fest: Von den knapp 700 000 Kindern, die 2008 geboren worden waren, wurden nur 6500 Mädchen Sophie und 3800 Jungen Maximilian genannt. Insgesamt tragen nur drei Prozent eines Jahrgangs Top-Ten-Namen, so groß ist heute die Namensvielfalt. Wer wirklich kreativ sein möchte, der sollte laut dieser Untersuchung bei der Namenswahl eher nicht in die fernere, sondern in die nähere deutsche Vergangenheit schauen. Namen, die unter den 700 000 Kindern im Jahr 2008 nämlich nur jeweils einmal vergeben wurden, waren Petra und Lutz.

Der Einfluss des Namens:

Namen sind gewissermaßen das Etikett, das Eltern ihren Kindern nach der Geburt aufkleben. Mit ihrer Namenswahl zeigen Eltern, an welchen Vorbildern sie sich selbst orientieren, welche Wertvorstellungen sie haben und welche Erwartungen sie an ihr Kind hegen. Damit wird der Name zu einem Symbol für die Art, wie wir auf unser Kind Einfluss nehmen und somit auch ein Stück weit prägend.

Unsere Aufgaben:

Hunderte von Möglichkeiten gibt es in diversen aktuellen Namensbüchern. Während Eltern sich durch all die möglichen Namen blättern, sollten sie vor allem zwei Kriterien beherzigen:

Langfristige Namensvorbilder wählen: Je schneller ein Vorname in Mode kommt, desto schneller landet er auch auf der Abschussliste. Sich an angesagten Schauspielern oder den Figuren aus aktuellen Hollywood-Blockbustern zu orientieren, ist also nicht empfehlenswert.

Weniger ist mehr: Allerweltsnamen sind vielleicht nicht gerade prickelnd, aber allzu große elterliche Kreativität bei der Namenswahl macht es den Kindern auch nicht unbedingt leichter.

… durch die Geburt?

Jede Gruppe hat ihre Mutproben.

Bei der Bundeswehr müssen sie bis zum Erbrechen Rollmöpse, Frischhefe und rohe Schweineleber essen oder einem Kameraden Fischgedärme und faule Eier von den Zehen ablecken. Beim Dschungel-Camp legen sich die Kandidaten mit Ratten in einen Sarg oder essen einen Hirschpenis. Wer in eine der berüchtigten Maras-Banden Zentralamerikas aufgenommen werden will, wird erst einmal vom Rest der Bande verprügelt. Bei einigen Stämmen der australischen Aborigines werden Jungen nur dann zu Männern, wenn sie sich mit menschlichem Blut beschmieren, sich einen der vorderen Schneidezähne ausschlagen oder sich an Armen und Rücken schneiden lassen.

Ich dachte lange Zeit, die größte Mutprobe meines Lebens bereits im Grundschulalter hinter mich gebracht zu haben: Beim Supermarkt um die Ecke musste ich ein rotklebrigsüßes Bum-Bum-Eis mit Kaugummistiel klauen. Es war fürchterlich. Vor allem weil die Kassiererin so freundlich lächelte, dieses »Ach, wie süß!«-Lächeln der Erwachsenen. Schlimmer kann es nicht kommen, dachte ich lange. Bis ich an einem sehr heißen Sommertag mit sehr schmerzhaften Wehen von meinem Mann ins Krankenhaus gefahren wurde.

Die Geburt unseres Sohnes war bestens vorbereitet. Seit Wochen stand der gepackte Koffer in unserem Schlafzimmer. Stundenlang hatte ich mir auf meinem iPod eine Wiedergabeliste mit dem Titel »Kreißsaal« angelegt. Sogar an das Aufladekabel hatte ich gedacht und an ein paar Stullen für mich und meinen Mann. Und vor allem hatte ich mich in Ratgebern, im Geburtsvorbereitungskurs und bei anderen Müttern über die Gepflogenheiten im Kreißsaal informiert.

Ich schleppte also nicht nur meinen Koffer ins Krankenhaus, sondern in meinem Kopf außerdem die Zehn Gebote für moderne Gebärende:

1. Bloß kein Kaiserschnitt!
2. Möglichst keine Periduralanästhesie (PDA)!
3. Wehenschmerzen können weggeatmet werden!
4. Gegen Wehenschmerzen hilft Himbeerblättertee!
5. Rückenlage auf dem Krankenbett ist tabu!
6. Erlaubt ist das Gebären an der Sprossenwand, im Vierfüßlerstand, in der Badewanne oder der Hockstellung!
7. Der Vater sollte die Nabelschnur durchschneiden!
8. Gleich nach der Geburt muss das Kind an die Brust der Mutter!
9. Eine Geburt muss man nicht nur überleben, sondern unbedingt auch erleben – Mütter müssen daran wachsen!
10. Nach der Geburt müssen Mütter auf der Stelle alle Schmerzen vergessen!

Im ersten Moment klang das alles recht sinnvoll. Dass sich dahinter jedoch eine ausgefeilte Mutprobe für werdende Mütter verbirgt, dämmerte mir plötzlich in der Thriller-Abteilung einer Videothek. Alle zwei Minuten klammerte ich mich an eins der Regalbretter und schnaufte wie ein Nilpferd die gruseligen DVD-Hüllen an. Im Krankenhaus hatten sie uns kurz zuvor wieder weggeschickt, weil ich die Hebamme mit einem Lächeln begrüßt hatte. »Das sind noch keine Qualitätswehen«, sagte sie, »Sie lachen ja noch.« Einen längeren Spaziergang empfahl sie uns. Mir war mehr nach Ablenkung. Und da ich bei meiner Wiedergabeliste nicht beachtet hatte, dass sie weit über 12 Stunden gebraucht werden könnte, landeten wir in der Videothek. Dort, irgendwo zwischen *Der weiße Hai*, *Aliens* und *Psycho*, verging mir das Lachen.

Als wir wieder im Krankenhaus waren, wimmerte ich die nächstbeste Hebamme um Schmerzmittel an. Ich bin zu alt für Mutproben, hatte ich beschlossen. Ich klaue kein Eis mehr, lasse mir nicht die Zähne ausschlagen oder mich verprügeln. Und Himbeerblättertee mochte ich sowieso noch nie.

Verweichlichte Frauen

Die Mehrzahl der deutschen Mütter schafft es im Gegensatz zu mir bei der Mutprobe namens Wehenschmerzen aufs Siegertreppchen. Nicht einmal jede vierte Frau lässt sich hierzulande während der Geburt mit einer Periduralanästhesie (PDA) betäuben. Dagegen sind beispielsweise die Französinnen echte Weicheier: Dort lassen sich 60 Prozent gleich bei den ersten Wehen eine PDA setzen und fast alle Gebärenden bekommen sie irgendwann während der Geburt. Dank der örtlichen Betäubung, die in den Epiduralraum zwischen Rückenmark und Wirbelknochen gesetzt wird, fühlen sich über 90 Prozent der Frauen vollständig vom Wehenschmerz befreit. Trotzdem können sie in der Regel weiterlaufen (»walking PDA«) und vor allem pressen.

Ein befreundeter Anästhesist sagte einmal, er mache in seinem Job nichts lieber als gebärenden Frauen eine PDA zu legen. Keine anderen Patienten würden ihn nach seiner Arbeit so dankbar anschmachten. Vielleicht sollte er besser nach Frankreich auswandern.

In Frankreich sieht man vor allem die Vorteile der Betäubung: das Ende der Schmerzen und damit auch der Geburtsblockaden durch Verkrampfungen und Angst. Beim Kind selbst kommt der Wirkstoff kaum an. Meist kann er in seinem Blut und beim pH-Wert der Nabelschnur nicht einmal nachgewiesen werden. Auch beim sogenannten Apgar-Test gleich nach der Geburt erzielen PDA-Kinder die gleichen Werte in Sachen Herzfrequenz, Atemanstrengung, Reflexauslösbarkeit, Muskeltonus und Hautfarbe. Gegen eine PDA spricht – neben dem sehr kleinen Risiko einer Schädigung des Rückenmarks –, dass sie die natürlichen Helfer einer Geburt, Endorphine und das Hormon Oxytocin, etwas durcheinanderbringen kann. Außerdem verlängert die Betäubung eine Geburt im Schnitt um eine Stunde.

Bei uns nimmt man Geburten nun einmal sportlicher als bei unseren Nachbarinnen mit ihrem »savoir vivre«. Wir schätzen es in der Mehrzahl möglichst natürlich. So forderte vor einigen Jahren die damalige Präsidentin des Hebammenverbandes eine Rückkehr zu Geburten ohne jegliche Medikamente und medizinische Eingriffe. Das sollte mal jemand für Blinddarmoperationen, Wurzelbehandlungen oder Mandelentfernungen ins Gespräch bringen.

Starke Schmerzen sind kein Grund für eine PDA, findet auch die Hebamme Ingeborg Stadelmann. Und sie ist nicht irgendwer: Ihre »Hebammensprechstunde« ist in Deutschland mit rund 500 000 verkauften Büchern einer der meistgelesenen Ratgeber zu Schwangerschaft und Geburt. Stadelmann schwört auf Bäder in warmem Salzwasser, Heublumenwickel auf dem Rücken oder Bauch, auf Duftmischungen verschiedener Kräuter. Wer sich gegen ihre Massageöle und für eine Betäubung entscheidet, ist in ihren Augen verweichlicht. Viele Frauen würden erst bei der Geburt mit »körperlich anstrengender Arbeit« konfrontiert werden und seien kaum noch bereit, »Schmerzen auszuhalten«.

»Es stimmt nicht, dass Kinder, die unter Schmerzen auf die Welt kommen, gesünder sind – oder gar mehr geliebt werden«, wischt Walter Zieglgänsberger den deutschen Blut-Schweiß-Tränen-Mythos vom Tisch. Der Arzt und Hirnforscher vom Münchner Max-Planck-Institut für Psychiatrie ist Deutschlands renommiertester Schmerzexperte und plädiert dafür, während der Geburt die Schmerzen der Mutter durch eine PDA zu kontrollieren: **»Die Hormone, die eine Mutter unter großem Stress während der Geburt ausschüttet, kommen im Gegensatz zum Betäubungsmittel ganz sicher beim Kind an. Das Kind empfindet diesen Stress mit.«**

Hebammen bringen Frauen in ihren Geburtsvorbereitungskursen zu wenig von der »romantischen Vorstellung einer sanften Geburt« bei, wurde auch 2008 in einer Studie der britischen Universität Newcastle kritisiert. Viele Frauen würden ohne die Hilfe der PDA oder anderer Schmerzmittel gebären wollen – und dann von der schmerzhaften Realität mindestens enttäuscht, im schlimmsten Fall gar traumatisiert sein. Dabei sei etwas mehr Realismus durchaus im Sinne der Gebärenden. Vor der zweiten Geburt hätten Frauen deutlich mehr Angst als vor der ersten. Gerade deshalb verlaufe die zweite Geburt dann häufig jedoch deutlich besser.

Als Schreibtischtäter war ich körperliche Schmerzen tatsächlich nicht gewohnt. Ganz ohne Tee, Massage, Wickel oder gar Hitchcock lag ich irgendwann selig und schmerzfrei im Kreißsaal und lächelte meinen Mann und die Hebamme an. Gut, ich war weit entfernt von einem Geburts-Orgasmus, wie er in dem Dokumentarfilm »Orgasmic Birth« gezeigt wird. Als der Film 2008 erschien, schätzte ein deutscher Arzt, dass mehr als 20 Prozent der Geburten von sexuellen Gefühlen begleitet würden. Ich gehörte zu den restlichen 80 Prozent. Mein Glück beschränkte sich darauf, Qualitätswehen ohne Qualitätsschmerzen zu haben.

»Ihr Sohn hat sich verlaufen«, sagte die Hebamme da. Mein Mann und ich sahen sie verdattert an. Verlaufen, auf dem gerade mal zehn Zentimeter langen Weg durch mein Becken? Unser Sohn hatte während der Eröffnungswehen seinen Kopf so gedreht, dass er senkrecht auf meinem Becken stand und nicht mehr hindurchpasste. Hoher Gradstand hieß das in den Worten der Ärzte.

Die Hebamme rief eine Ärztin, um ihn wieder auf den richtigen Weg zu bringen. Die beiden sahen mir eine Zeit lang dabei zu, wie ich mich auf meiner Liege drehte und wendete wie ein Steak in der Pfanne. »Hm«, sagte die Hebamme. »Also«, fügte die Ärztin hinzu, »wir denken langsam an einen Kais…« »Au ja«, fiel ich ihr ins Wort. Nach etwa 20 Stunden Wehen fühlte sich das K-Wort wie ein wohlverdientes Feierabendbier an. »Das ist eine wirklich gute Idee.«

Klopperei im Kreißsaal

Was ich für eine gute Idee hielt, das bezeichnete eine der führenden Vertreterinnen des Deutschen Hebammenverbandes einmal als »Katastrophe«: die steigende Zahl der Kaiserschnitte. Fast jedes dritte Kind in Deutschland kommt mittlerweile nicht mehr im Kreißsaal, sondern im OP auf die Welt. Davon hat nach Schätzungen der Weltgesundheitsorganisation (WHO) nur etwa die Hälfte medizinische Gründe. Die andere Hälfte wird auf Wunsch der Mutter durchgeführt. In einigen asiatischen Ländern liegt die Kaiserschnitt-Quote bereits bei über 50 Prozent, in Brasilien bei über 80 Prozent.

»Wenn Gott wollte, dass die Frau durch den Kaiserschnitt gebärt, hätte er ihren Bauch mit einem Reißverschluss ausgestattet.« So wüten einige Natürlichkeits-Verfechter gegen diesen Trend.

Meist in Begleitung des Bibel-Zitats »Unter Schmerzen wirst du deine Kinder gebären.«

»Hebammen sind die größten Aushalter von Schmerzen anderer«, konterte vor einigen Jahren der damalige Präsident der Deutschen Gesellschaft für Gynäkologie und Geburtshilfe.

Fangen Geburtshelfer einmal an, über den Kaiserschnitt zu diskutieren, ganz besonders über den Wunschkaiserschnitt, stehen sie einander schnell mit geballten Fäusten gegenüber. Im italienischen Messina prügelten sich kürzlich sogar zwei Ärzte im Kreißsaal wegen der Frage, ob ihre Patientin einen Kaiserschnitt bräuchte. Als die OP mit anderthalb Stunden Verspätung durchgeführt wurde, hatte der neugeborene Junge bereits einen doppelten Herzstillstand erlitten und trug bleibende Schäden davon. Der Mutter musste die Gebärmutter entfernt werden. Sie wird nie ein gesundes Kind haben.

Zum Glück greifen die Verfechter beider Seiten in der Regel nicht auf ihre Fäuste, sondern auf medizinische Argumente zurück. Etliche Studien haben in den vergangenen Jahren zu untersuchen versucht, welche Auswirkungen die jeweiligen Geburtsformen auf Mutter und Kind haben.

Dank dieser Studien können die Befürworter der natürlichen Geburt heute nicht mehr nur auf Gott und die Bibel verweisen, sondern auch auf negative Folgen für die Gesundheit von Mutter und Kind durch einen Kaiserschnitt. Die Mütter leiden danach teilweise unter tagelangen Wundschmerzen, brauchen meist eine längere Heilungszeit und haben mehr Schwierigkeiten mit dem Stillen. Vor allem aber haben sie größere Probleme bei folgenden Schwangerschaften. Sie werden seltener erneut schwanger, haben öfter eine Fehl- oder Totgeburt und die Plazenta rutscht häufiger an eine unpassende Stelle in der Gebärmutter. Folgt dem Kaiserschnitt eine natürliche Geburt, kann es dabei eher zu einem gefährlichen Gebärmutterriss kommen. Auch Kinder starten durch den Kaiserschnitt mit einigen Nachteilen ins Leben: Sie leiden direkt nach der Geburt eher unter Atemproblemen und haben im späteren Leben ein größeres Risiko, an Diabetes zu erkranken.

Doch andererseits geben medizinische Studien über die Folgen für Mutter und Kind auch den Kaiserschnittbefürwortern Argumente an die Hand. Die Operation schützt den Geburtskanal und die Scheide und verhindert Geburtsschäden am Beckenboden, was der Hauptgrund für weibliche Inkontinenz ist. Auch das Verletzungsrisiko beim Kind, von Knochenbrüchen bis zu schweren Hirnschäden durch Sauerstoffmangel, ist geringer.

Einig sind sich die Geburtshelfer in der Regel alleine darin, dass die größte Verletzungsgefahr für Mutter und Kind bei natürlichen Geburten besteht, bei denen medizinisch durch eine Zange oder Saugglocke nachgeholfen werden muss. Seit rund drei Jahrzehnten gilt unter den meisten Medizinern das Credo, das damals der Direktor der Freiburger Universitätsfrauenklinik so formulierte: »Eine Zangen- oder Saugglockengeburt ist nichts anderes als die verpasste Chance, eine schwierige Vaginalgeburt rechtzeitig mittels Kaiserschnitt zu beenden.«

Ansonsten läuft es rein medizinisch auf ein Patt von Kreißsaal und OP hinaus. Beide Geburtsformen haben ihre Risiken. Doch, um hier zumindest eine gute Nachricht zu verkünden: Bei beiden sind die Risiken zum Glück äußerst gering. Im Kampf um die ideale Geburt werden Risiken im Promillebereich schnell zu Katastrophen aufgebauscht.

Die Gefahr einer Totgeburt sei bei der nächsten Schwangerschaft nach einem Kaiserschnitt »deutlich erhöht«, wurde kürzlich in einer Studie der Berliner Charité gewarnt. Liegt die Zahl perinataler Todesfälle, das heißt zwischen der 28. Schwangerschaftswoche und dem siebten Tag nach der Geburt, im Schnitt bei 47 Todesfällen unter 10 000 Neugeborenen, waren es nach einem Kaiserschnitt 65. Eine wirklich »deutlich erhöhte« Gefahr …

»Aufsehenerregende Forschungsergebnisse« wiesen darauf hin, dass sich Kaiserschnitt-Kinder »gravierend« von natürlich geborenen Kindern unterscheiden würden, schrieb Ende 2010 eine Autorin in der Zeitschrift Eltern. Der Grund für ihre Aufregung: Beträgt das Diabetes-Risiko von Neugeborenen sonst im Schnitt 0,2 Prozent, war es bei Kaiserschnittkindern auf unfassbare 0,24 Prozent angestiegen. Diese Differenz von 0,04 Prozent regte die Autorin zu dem Schlusssatz an: »Jede gesunde Schwangere ohne besondere Risiken, die versucht, ihr Baby auf natürlichem Weg zur Welt zu bringen, tut dem Kind, sich – und der Allgemeinheit – einen Gefallen.«

Es stimmt, wir haben keinen Reißverschluss fürs Kinderkriegen. Den hat die Evolution leider in Millionen von Jahren vergessen, obwohl das menschliche Becken wegen unseres aufrechten Ganges immer schmaler wurde und die Köpfe der Kinder wegen unseres wachsenden Gehirnumfangs immer größer. Wegen der typisch menschlichen – und für Mütter sehr ungünstigen – Konstellation aus aufrechtem Gang und großem Schädel sind wir eigentlich von Natur aus zu einer sehr schmerzhaften Geburtsform verdammt, die obendrein noch ganz schön gefährlich ist. Es gibt Länder, vor allem in Afrika, in denen 97 Prozent der Todesfälle auf das Konto von Geburten gehen. In Sierra Leone etwa, wo »Kaiserschnitt« ein Fremdwort ist und fast alle Frauen so natürlich gebären wie wir es im Mittelalter getan haben, stirbt eine von acht Frauen bei der Geburt ihres Kindes. In Deutschland starben vor rund 50 Jahren noch fünf von hundert Kindern kurz vor, während oder bald nach der Geburt. Heute sind es nur noch fünf von tausend. Vor 20 Jahren galten Frühgeborene in der 30. Schwangerschaftswoche als nicht überlebensfähig. Heute können Kinder mitunter schon ab der 22. Woche, wenn auch mit zum Teil gravierenden Folgeschäden, außerhalb des Mutterleibs überleben. Eigentlich müssten sich die deutschen Geburtshelfer allesamt in den Armen liegen vor Freude über solche Zahlen.

Neugeborene auf der Couch

Was medizinische Studien über den Einfluss der Geburtsform auf die Gesundheit von Mutter und Kind herausfanden, das bestätigen Psychologen weitestgehend auch für ihren Gefühlszustand. Seelische Probleme nach der Geburt, wie etwa eine Wochenbettdepression, sind sowohl nach einer natürlichen Geburt als auch nach einem Wunschkaiserschnitt ähnlich häufig. Nur Mütter, deren Geburt unerwartet mit einem Not-Kaiserschnitt endete, stecken diesen deutlich schlechter weg.

Innerhalb der Psychologie beschäftigen sich seit den 1970er-Jahren zunehmend auch sogenannte Perinatalpsychologen mit dem Seelenleben von Kindern vor und während der Geburt. Deren auf den ersten Blick erschreckende Beobachtung ist, dass nahezu alle Säuglinge von ihrer Geburt ein leichtes Trauma davontragen. Geschätzte 50 Prozent aller Babys tragen ein leichtes, weitere 45 Prozent sogar ein schweres Geburtstrauma aus dem Kreißsaal davon. Doch zum Glück sagen sie auch, dass Babys Geburtstraumen verarbeiten können. Die Geburt ist der Start ins Leben – nicht weniger, aber auch nicht mehr.

»Es ist wichtig, wie wir Kinder auf der Welt empfangen«, sagt Ludwig Janus, ehemaliger Präsident der Internationalen Studiengemeinschaft für Pränatale und Perinatale Psychologie und Medizin. Der Einsatz von Saugglocke, Zange oder Skalpell, ein Wehensturm oder ein Geburtsstillstand bereitet nicht nur Frauen Stress oder gar Angst, sondern auch ihren Kindern. Kein Wunder, während der Geburt sind beide ja weiterhin über die Nabelschnur miteinander verbunden. »Die Geburt entscheidet darüber, wie wir Veränderungen erfahren. Später im Leben kann an Wendepunkten das Geburtserlebnis wieder hochkommen.«

Ach ja? Vielleicht ist das ja eine Erklärung für das Verhalten, das ich in letzter Zeit manchmal an unserem Sohn beobachte. Könnte er sein Geburtstrauma noch immer nicht verarbeitet haben? In seinen ersten drei Lebensjahren waren mir die Folgen des Kaiserschnitts für seine Psyche noch nicht so sehr aufgefallen. Die böse Überraschung kam erst mit Beginn der Trotzphase. Unser Sohn blieb nämlich ein Querkopf. Selbst heute noch, im Alter von drei Jahren, will er in manchen Momenten partout nicht so, wie ich will. Ich möchte endlich in die Küche, um das Abendessen vorzubereiten, da zieht er mich ins Kinderzimmer zu seiner Holzeisenbahn. Und wenn ich ihn dann nach dem Abendessen sanft Richtung Bad schiebe, um ihn bettfertig zu machen, dreht er sich empört um und schimpft: »He, nicht schubsen!«.

Kein Wunder. Erst wurde er bei seiner Geburt von den Wehen in die eine Richtung geschubst, dann einfach so von zwei Händen in die andere Richtung gezerrt. Manchmal klopft er sich selbst gegen die Stirn und stellt stolz fest: »Ich bin ein Dickkopf!« Vielleicht spielt er auch deswegen mit einer seiner vielen Fingerpuppen am liebsten: nämlich mit der kleinen Stoff-Karikatur von Professor Sigmund Freud, Begründer der Psychoanalyse, Entdecker der frühkindlichen Traumata. Geburtstrauma – fantastisch, das klingt allemal aufregender als die schnöde Erklärung namens Trotzphase.

Bereits kurz nach der Geburt tut sich der ehemalige Chefarzt der Frauenklinik am Allgemeinen Krankenhaus Viersen, Wolf Lütje, schwer damit, die Kaiserschnittkinder von den anderen Neugeborenen auf seiner Station zu unterscheiden. »Sie sind etwas weniger verbeult als die Kinder, die durch den Geburtskanal gepresst wurden«, sagt er nach einigem Nachdenken. »Dafür kommen sie manchmal etwas verzögert im Leben an. Sie sind verschlafener, oft trinken sie etwas schlechter. Und sie neigen etwas mehr zu Blähungen oder Durchfallerkrankungen.«

Lütje rät werdenden Müttern eher zur spontanen Geburt. »Aber nicht allen Frauen«, setzt er nach. »Wer sich von Anfang an für einen Kaiserschnitt interessiert, hat dafür ernsthafte Gründe. Diese Frauen kläre ich über alle Risiken der Operation auf, aber ich stimme sie nicht um. Ich finde es unangemessen, in der Geburtshilfe zu viel festzulegen. Wir sollten auf jede Frau ganz individuell eingehen.«

Der Chefarzt plädiert dafür, bei Geburten lieber pragmatisch als ideologisch zu verfahren. Getreu dem Motto: **Entscheidend ist, was am Ende herauskommt. Das sollte ein gesundes Kind sein, aber eben auch eine gesunde, glückliche Mutter.** »Eine zufriedene Mutter ist für ihr Kind immer die beste Mutter. Ein geplanter Kaiserschnitt ist mir da allemal lieber als eine langwierige natürliche Geburt und eine dadurch traumatisierte Frau.«

Wenn die Fronten zwischen Kaiserschnitt und natürlicher Geburt aufweichen, dann profitieren nicht nur unsere Kinder, sondern auch wir Mütter. Gesünder und glücklicher sind wir, wenn sich die Ärzte nicht im Kreißsaal prügeln, sondern wenn alle Geburtshelfer zusammenarbeiten.

Gemeinsam kommen Hebammen und Ärzte oft auf die besten

Ideen, auf den »natürlichen Kaiserschnitt« zum Beispiel. Diesen hat kürzlich der Arzt Nicholas Fisk mit der Hebamme Jenny Smith, Autorin des Ratgebers mit dem wohltuenden Titel *Your Body, Your Baby, Your Birth,* in Großbritannien entwickelt. Fisk und Smith haben den Kaiserschnitt um einige natürliche Komponenten bereichert. Die Eltern werden mehr involviert und dürfen zuschauen, wie der Kopf des Kindes geboren wird. Das Baby wird so langsam geholt, dass es mit der Plazenta verbunden bleibt und ohne Hilfe anfangen kann zu atmen. Dann kommt es direkt auf die Brust der Mutter. Alle medizinischen Instrumente sind an ihrem Rücken angeschlossen, um die Brust für ihr Kind frei zu halten.

Auch Chefarzt Wolf Lütje bringt bei den geplanten Kaiserschnitten in seinem Haus so viel Natur wie möglich ins Spiel: »Die Natur ist ja nicht doof. Eine Geburt beginnt dann, wenn das Kind bereit dafür ist. So lange müssen wir eben warten«, sagt Lütje. Werden Kinder vor ihrer Zeit auf die Welt geholt, leiden sie stärker unter Anpassungsschwierigkeiten. »Das muss doch nicht sein.«

»In Zukunft wird es zwei positive Geburtsformen geben: die einfache vaginale Geburt und den vorab geplanten Kaiserschnitt«, sagte auch Peter Husslein von der Universitätsklinik für Frauenheilkunde in Wien, als er 2009 einen Vortrag beim Kaiserschnitt-Symposium in Berlin hielt. »Langwierige Geburtsverläufe und Akut-Kaiserschnitte müssen dagegen seltener sein.«

Welche der beiden Formen für uns persönlich die ideale ist, weiß niemand besser als wir selbst. Das hat unter anderem die bislang einzige deutsche Professorin für Hebammenwissenschaften, Claudia Hellmers von der FH Osnabrück, herausgefunden: Gut 60 Prozent der Frauen, die am liebsten per Kaiserschnitt entbinden würden, landeten am Ende tatsächlich auf dem OP-Tisch. Darunter hatten sich allerdings nur knapp neun Prozent der Frauen für einen Wunsch-Kaiserschnitt entschieden. Für die restlichen galt scheinbar die sich selbst erfüllende Prophezeiung.

Die Geburt sollte für unsere Kinder der bestmögliche Start ins Leben sein und für uns der Übergang, der uns am sanftesten in das neue Familienleben katapultiert. Das gelingt bei den wenigsten durch ein Maximum an Schmerz, sondern bei den meisten durch ein Minimum an Angst und Fremdbestimmtheit. Vielleicht gehören Geburten also zu der Sorte Mutprobe, bei denen der gewinnt, der seinen ganz persönlichen Weg geht. Bei einigen afrikanischen Stämmen soll es Mutproben dieser Art geben: Männer werden dort angeblich dazu aufgefordert, mit der Nase einen Acker zu pflügen, im Schlaf mit einem Satz über zehn Bullen zu springen und einen ganzen Baum aufzuessen. Frauen sollen einen Fluss austrinken, vier Nächte eingenäht in einer lebenden Kuh verbringen und aus den Knochen ihrer Großmutter Kochgeschirr schnitzen. Man muss aber dazu sagen, dass diejenigen, die diese Übungen bestehen, eben gerade nicht in die Welt der Erwachsenen aufgenommen werden, sondern als verrückt gelten.

Der Einfluss der Geburt:
Die Geburt bestimmt darüber, wie ein Kind im Leben ankommt; im besten Fall also unter möglichst wenig Risiken und Stress. Vor allem aber beeinflusst die Geburt, wie Mütter ins Wochenbett gehen. Da diese Zeit wichtig ist für den Aufbau der Bindung zum Kind, sollten auch Mütter während der Geburt nicht allzu vielen Risiken und Stress ausgesetzt sein.

Unsere Aufgaben:

... vor der Geburt: Beim Aufnahmegespräch in der Geburtsklinik können Frauen schon Wochen vor der Geburt zu Protokoll geben, wie sie sich ihre Geburt wünschen – ob und wann eine PDA gelegt werden soll etwa. Für besonders ängstliche Frauen oder für Frauen mit schlimmen Erfahrungen bei einer früheren Geburt kann es sehr hilfreich sein, sich zu Beginn der Schwangerschaft eine Beleghebamme zu suchen, die einen dann durch die Geburt begleitet.

... während der Geburt: Nicht die Übertapfere markieren! Lokale Schmerzmittel wie die PDA kommen kaum beim Kind an, nehmen der Mutter aber die Schmerzen – und damit auch die Angst.

... nach der Geburt: Wer sich von den Erfahrungen während der Geburt überrollt fühlt, sollte darüber mit der Hebamme oder dem Gynäkologen reden. Für Frauen mit einem schweren Geburtstrauma gibt es spezielle Hilfsangebote, etwa unter www.kaiserschnitt-netzwerk.de

Zum Weiterlesen:

Ludwig Janus: *Seelisches Erleben vor und während der Geburt.* LinguaMed-Verlags GmbH, Neu-Isenburg 1997

... beim Stillen?

Dass unsere Brüste durchaus auch uns gehören, nicht nur unserem Baby, wird Frauen etwa drei Tage nach der Geburt durch das ziemlich schmerzhafte Ereignis namens »Milcheinschuss« zum ersten Mal bewusst. Hebammen empfehlen gerne Weißkohlblätter aus dem Kühlschrank oder gleich Wickel aus tiefgekühlten Erbsen gegen pochende Betonbrüste und Ringelblumensalbe gegen wund genuckelte Brustwarzen. Pragmatikerinnen denken in diesen Tagen darüber nach, warum das Stillen in Zeiten industrieller Babynahrung und Plastikfläschchen überhaupt so wichtig ist.

Doch sie sind die Minderheit, ermittelte vor einigen Jahren die Studie »Stillen und Säuglingsnahrung« des Dortmunder Forschungsinstituts für Kinderernährung. Von den 91 Prozent der Frauen, die nach der Geburt ihre Babys anlegen, stillen bei der Entlassung aus der Klinik immerhin noch 86 Prozent.

Ich hatte unseren Sohn in einem »stillfreundlichen« Krankenhaus zur Welt gebracht und war daher bestens informiert, warum Stillen nicht nur wichtig, sondern schlicht geboten ist. Gestillte Babys sind angeblich intelligenter. Schlanker. Sie leiden in ihren ersten Lebensmonaten seltener unter Durchfall, Erbrechen oder Atemwegserkrankungen. Als Erwachsene haben sie ein geringeres Risiko, an Multipler Sklerose, Krebs oder Herzproblemen zu leiden. Sie entwickeln weniger Allergien und sind durch Abwehrstoffe in der Muttermilch besser vor allen möglichen Krankheiten geschützt. Gestillte Babys entwickeln eine engere Bindung an ihre

Mutter und bauen Stress leichter ab. Ach, und außerdem werden bestimmte epigenetische Weichen durch Botenstoffe in der Muttermilch fürs Leben gestellt – selbstverständlich nur in die richtige Richtung.

Die Süddeutsche Zeitung schrieb Anfang 2011 unter dem Titel »Mamas Wundercocktail«, dass Mütter beim Stillen vielleicht sogar den Charakter ihres Babys beeinflussen könnten – auch das selbstverständlich nur in die richtige Richtung. Zumindest bei den asiatischen Makaken-Affen sei das der Fall, denn Makaken-Mütter können ihren Söhnen über ihre Milch angeblich gezielte Dosen des Stresshormons Cortisol einflößen und sie so zu »Karriereaffen« machen.

Ich hatte mit Sicherheit jede Menge Stresshormone im Blut, als ich in den ersten Tagen nach der Geburt abwechselnd Weißkohlblätter, Ringelblumensalbe und mein Baby an meine Brüste ließ. Wahrscheinlich hatte ich auch die ein oder anderen Enttäuschungshormone im Blut, als mir klar wurde, dass nicht nur für die Schwangerschaft, sondern auch für die Stillzeit bestimmte Ess- und Trinkverbote gelten. Mein Regelbruch in Sachen grüne Bohnen führte prompt zur schlimmsten Nacht unserer gesamten Babyzeit. Aber ich biss die Zähne zusammen, verkniff mir weiter Wein und nun auch grüne Bohnen, und ließ meinen Wundercocktail fließen. Immerhin gab es zur Belohnung eine zusätzliche Körbchengröße obendrauf.

Die ersten Fragezeichen kamen erst, als unser Sohn etwa zwei Monate alt war. Ich saß mit meinem Mann und Freunden in einem Café am Alsterkanal und Nepomuk schlief in meinem Arm. Plötzlich steuerten vom Wasser her zwei Kanus voller Piraten auf unseren Tisch zu. Ich fand das ein wenig befremdlich. Erst als ich merkte, dass sie meinetwegen da waren, bekam ich Angst. Meine Freundinnen hatten sich als Piratinnen verkleidet, um mich vor meiner Hochzeit in wenigen Wochen zu einem Junggesellinnenabschied zu entführen – ohne meinen Sohn.

»Kein Problem«, sagte mein Mann, »ich kümmere mich schon um ihn.« »Und wie?«, fragte ich verwirrt und deutete auf seine flache, behaarte Brust. »So«, entgegnete er. Und stellte eine Packung Milchpulver und ein Plastikfläschchen auf den Tisch. Es brauchte eine Stillpause, zwei Kanus voller Piratinnen und die Versicherung meines Mannes, dass er mich anrufen würde, bevor unser Sohn verhungerte, bevor ich mich von ihm wegpaddeln ließ. Als etwa zweihundert Meter zwischen meinem Baby und meinen Brüsten lagen, drückten meine Freundinnen mir das erste volle Glas Sekt seit einem Jahr in die Hand. Von diesem Moment an war ich mir nicht mehr ganz so sicher, ob das mit dem Stillen nun eigentlich wirklich so wichtig und geboten sein konnte.

Die Zutaten des »Wundercocktails«

Das, was die Süddeutsche Zeitung »Mamas Wundercocktail« nennt, besteht zu etwa 90 Prozent aus Wasser und zu sechs Prozent aus dem Milchzucker Lactose. So weit kann die industrielle Babynahrung in der Regel noch folgen. Bislang noch nicht nachgeahmt sind dagegen die restlichen vier Prozent: weitere Zuckerverbindungen, Lipide und Proteine, die das Baby mit wichtigen Nährstoffen wie ungesättigten Fettsäuren, Eiweißen, Vitaminen, Mineralstoffen und Kohlenhydraten versorgen. Rund 200 verschiedene Inhaltsstoffe enthält die Muttermilch. Sie ernähren das Kind und beeinflussen zum Teil auch seine Gesundheit und sogar seine Gene.

In der Muttermilch sind verdauungsresistente Proteine, die im Darm des Kindes den pH-Wert einstellen und Krankheitserreger abfangen. Manche Proteine können angeblich sogar Krebszellen killen, andere wiederum regulieren den Stoffwechsel des kindlichen Körpers, vermutlich sogar fürs ganze Leben. Somit reduzieren diese Proteine das Risiko, später an Fettleibigkeit, Insulinresistenz oder Diabetes zu erkranken. Außerdem enthält die Muttermilch Immunzellen, die dem Kind wichtige Abwehrkräfte mit auf den Weg geben, denn im ersten Lebensjahr ist sein eigenes Immunsystem noch nicht vollständig ausgereift. Auch Zuckerverbindungen mit dem komplizierten Namen »Oligosaccharide«, die Durchfallerreger im Darm entsorgen, und mütterliche Duftstoffe, die das Kind bereits aus dem Fruchtwasser kennt, und die es daher bei Stress und Schmerz schnell beruhigen, sind im »Wundercocktail«.

Muttermilch scheint Kinder fürs Leben zu wappnen und sie gleichzeitig schon einmal darauf vorzubereiten. Forscher des Monell Chemical Senses Center in Philadelphia zeigten etwa, wie sehr Mütter beim Stillen die Geschmacksentwicklung ihrer Kinder beeinflussen. **Was die Mütter während der Stillzeit regelmäßig aßen, das mochten später in der Regel auch ihre Babys besonders gerne. Hatten die Mütter viele verschiedene Obst- und Gemüsesorten gegessen, ernährten sich später auch ihre Kinder abwechslungsreicher und gesünder.**

So wie sich der Geschmack der mütterlichen Ernährung während der Schwangerschaft in ihrem Fruchtwasser widerspiegelt (siehe Kapitel »... während der Schwangerschaft?«), so gibt er auch ihrer Milch eine persönliche Note. Nach jeder Mahlzeit gehen die Aromen der Lebensmittel in die Milch über – und zwar mit unterschiedlicher Geschwindigkeit. Der Geschmack von Bananen etwa findet sich besonders schnell in der Muttermilch wieder, zeigten Forscher der Universität Kopenhagen. Die Aromen von Lakritze, Kümmel oder Menthol brauchen dagegen länger. So bekommen Babys mit jedem Stillen immer auch einen etwas neuen Geschmack aufgetischt. Flaschenkinder hingegen nuckeln stets die gleich dosierte Milch und sind infolgedessen später auch beim Essen weniger experimentierfreudig.

So weit, so praktisch und gesund. Ob man allerdings wegen all dieser Proteine, Oligosaccharide und Lipide gleich die Muttermilch vom bioaktiven Gesundheitsdrink zum Heilsbringer verklären kann, zum »Wundercocktail« (Süddeutsche Zeitung), zur »Medizin im Stillen« (Frankfurter Allgemeine Zeitung) oder gar zur »Wunderwaffe« (Geo), ist unter Medizinern umstritten. In den Lobeshymnen wird nämlich selten erwähnt, dass nicht nur Aromen oder Nährstoffe ihren Weg von unserem Teller über unsere Brust in den Bauch unserer Babys finden. Auch Schadstoffe unserer Umwelt, vor denen wir unsere Kinder lieber bewahren würden, sind in der Muttermilch.

Der Bund für Umwelt und Naturschutz Deutschland fand über 300 Pestizide, Weichmacher und industrielle Duftstoffe in Muttermilchproben. Gerade der Dioxingehalt liegt vielfach über dem Grenzwert für Erwachsene – und dabei ist er in den vergangenen zwei Jahrzehnten schon um 80 Prozent gesunken. Kurz nachdem im Februar 2011 mehr als tausend Höfe in Deutschland gesperrt wurden, weil in Eiern und Tierfutter zu hohe Dioxinwerte gemessen worden waren, rechnete die tageszeitung vor: »Dioxineier sind gesünder als Muttermilch«.

Die teuerste Säuglingsnahrung überhaupt

Die geringe Menge Dioxin scheint zum Glück keine langfristigen Folgen für Säuglinge zu haben. Genauso wenig wie offensichtlich all die hochgelobten Proteine, Lipide, Oligosaccharide oder Immunzellen die Wunderwaffe schlechthin sind. Stillen oder nicht stillen – die Frage scheint doch nicht so lebensentscheidend zu sein.

Diesen Schluss legen gleich mehrere aktuelle Studien nahe. Bereits Ende der 1980er-Jahre wurden alle Studien der vorangegangenen 50 Jahre zum Einfluss des Stillens oder Nichtstillens auf die Allergieanfälligkeit von Kindern noch einmal analysiert. Ein Zusammenhang konnte nicht hergestellt werden. Forscher der University of Edinburgh gingen wiederum der Frage nach, ob an dem Gerücht etwas dran sei, dass Stillen Kinder schlau mache. Ihr Ergebnis: Die gestillten Kinder waren tatsächlich intelligenter. Der höhere IQ lag allerdings nicht an den ungesättigten Fettsäuren der Muttermilch, sondern am sozialen Status und der Bildung ihrer Mütter. Zu dem gleichen Schluss kam eine Studie an Geschwistern, die 2005 im amerikanischen Health Services Research Journal veröffentlicht wurde. Die Unterschiede zwischen den untersuchten Geschwistern in Sachen Intelligenz, Diabetes, Asthma und Allergien waren statistisch irrelevant und das, obwohl jeweils eines der Geschwisterkinder als Baby gestillt und das andere mit der Flasche großgezogen worden war.

Die meisten Studien über die »Segnungen der Muttermilch« (Spiegel Online) basieren nämlich auf einem großen Irrtum. Sie vergleichen nicht nur gestillte Kinder mit Kindern, die das Fläschchen bekommen, sondern immer auch stillende Mütter mit Müttern, die sich fürs Fläschchen entscheiden.

Diese Frage wird aber schon seit Jahrhunderten nur in den wenigsten Fällen von den Frauen selbst entschieden. Meist bestimmen Status, Bequemlichkeit, Arbeitszeiten oder Zeitgeist oder die Menge an Milch, die eine Frau in ihren Brüsten produzieren kann, darüber, ob Babys mit Muttermilch oder Ersatznahrung gefüttert werden. Schon im Alten Babylon, in Ägypten und in Rom sollen die Frauen der gehobenen Stände das Stillen lieber einer Amme überlassen haben. In Europa machten die Frauen es ihnen bald nach, und zwar durch alle Stände hindurch, wie die französische Feministin und Philosophin Elisabeth Badinter in ihrem Buch *Die Mutterliebe* beschreibt. Im Jahr 1780 wurden von den 21 000 Kindern, die in diesem Jahr in Paris geboren wurden, nicht einmal 1000 von ihren Müttern gestillt. Weitere 1000 wurden immerhin in ihrem Elternhaus von einer Amme ernährt. Der große Rest kam für Monate oder Jahre zu einer Amme in Pflege, die oft weit entfernt auf dem Land wohnte.

Erst mit der Aufklärung kippte im 18. Jahrhundert zumindest im Bürgertum das Bild. Philosophen wie Jean-Jacques Rousseau traten für mehr Mütterlichkeit bei den Frauen und für mehr Natürlichkeit bei der Kindererziehung ein. Was man bislang recht allgemein als »Frauenmilch« oder »Weibermilch« bezeichnet hatte, das wurde plötzlich als »Muttermilch« nur einer einzigen Frau zugebilligt, der leiblichen Mutter. In der Folge waren es gerade die gebildeten Frauen des Bürgertums, die ihre Babys selbst an die Brust legten. Der Trend verfestigte sich bis in die Gegenwart. **Heute stillen Frauen nicht mehr, weil sie sich keine Amme und kein Milchpulver leisten können, sondern weil sie es sich leisten können, monate- oder jahrelang kein eigenes Einkommen zu verdienen. Die Muttermilch ist von der günstigsten Alternative zur wahrscheinlich teuersten Säuglingsnahrung überhaupt geworden.** Zu stillen ist heute der Hauptgrund dafür, dass alleine die Mütter eine Zeit lang auf ihren Job und damit eventuell schnell auch dauerhaft auf ihre Karriere verzichten.

»Wie fern scheinen doch die Zeiten, in denen man das Fläschchen pries, weil es die gerechte Verteilung der elterlichen Rollen von der Geburt an versprach«, jammert die Feministin Elisabeth Badinter in ihrem Buch *Der Konflikt*. Nur in ihrem Heimatland verweigern sich viele Frauen dem Stillzwang und greifen stattdessen zum Fläschchen: »In Frankreich, wo 40 Prozent der Paare es weiterhin benutzen, symbolisiert es eine Art Widerstand gegen die neuen Normen.«

Piratenkanu statt Stillkissen

Mein Mann rief nicht an, während wir als Piratinnen verkleidet über die Kanäle paddelten. Auch nicht, als wir später im Restaurant saßen. Nicht einmal danach, als wir mit einem letzten Bier an der Elbe saßen und auf die beleuchteten Containerschiffe und Hafenkräne schauten, rief er an. Später erzählte er mir, dass unser Sohn begeistert seine Fläschchen weggenuckelt hatte. »Kein Problem«, sagte mein Mann. Ich radelte trotzdem heim. So gut unser Sohn auch ohne meine Brüste konnte – die konnten langsam nicht mehr ohne ihn. Oder zumindest ohne eine Milchpumpe.

Stillen wird schnell zu einer dieser Hundert-Prozent-Nummern. Von Anfang an heißt es alles oder nichts, denn wer sein Kind nicht innerhalb der ersten vier Tage nach der Geburt an die Brust legt, der bekommt keinen Milcheinschuss. Etwa so lange kreist das milchbildende Hormon Prolaktin in hoher Konzentration durch die Blutbahn unseres Körpers, danach sinkt der Prolaktinspiegel rapide ab. Wurde die Milchproduktion in den Drüsen unserer Brust aber einmal angekurbelt, sieht es die Natur von da an ein wenig gelassener als etwa die Weltgesundheitsorganisation (WHO). Die empfiehlt Müttern offiziell, ihre Babys sechs Monate lang ausschließlich zu stillen. Erst danach könnte unsere Brust durch die ersten Breimahlzeiten entlastet, allerdings noch nicht ersetzt werden. Diese Empfehlung kann für Babys tatsächlich lebensrettend sein – in Ländern etwa, wo aufgrund von mangelnder

Trinkwasserhygiene Milchfläschchen schlimme Krankheitserreger übertragen können. In Entwicklungsländern sterben schließlich nach Schätzungen des Kinderhilfswerkes UNICEF jedes Jahr etwa 1,3 Millionen Kinder, weil sie nicht gestillt werden.

Für die Industrieländer wurde die WHO-Empfehlung dagegen kürzlich von einem britischen Forscherteam angezweifelt. Die kamen nach der Analyse verschiedenster Untersuchungen an gestillten Babys zu dem Ergebnis, dass spätestens mit vier Monaten die Kleinen zusätzlich zur Muttermilch die ersten Löffel Brei bekommen sollten. Sonst könnten sie unter Eisenmangel leiden, würden später häufiger Allergien entwickeln und obendrein noch weniger aufgeschlossen sein gegenüber neuen Geschmacksrichtungen.

Ob vier oder sechs Monate, solch zeitgenaue Empfehlungen der Experten sind eine recht neue Sichtweise in der Geschichte der Menschheit. **Sowohl in der Vergangenheit als auch in der Gegenwart orientieren sich die meisten Mütter nicht an der WHO und dem Gregorianischen Kalender, sondern am Bedarf des Kindes und an den Möglichkeiten der Mutter.** Das Stillen ist meist ein Kompromiss zwischen mindestens zwei, oft genug sogar drei Menschen. Die Meinung des Vaters scheint überraschenderweise der größte Einfluss darauf zu sein, ob und wie lange sein Kind gestillt wird. Bestärkt er seine Partnerin darin, hält sie länger durch, als wenn er blöde Kommentare über Milchflecken oder Still-BHs von sich gibt. Es ist ein Kompromiss, der sich im Alltag ergibt. Kinderarzt Herbert Renz-Polster schreibt in seinem Buch *Kinder verstehen* sogar von einem Konflikt zwischen Mutter und Kind, und zwar bei fast allen Säugetierarten, »Die Fronten verlaufen bei den meisten Arten ähnlich: Das Kind will die Vorteile des Stillens länger genießen als die Mutter bereit ist, dessen Nachteile zu ertragen.«

Der Kompromiss oder Konflikt geht überall unterschiedlich

aus, eine Patentlösung scheint es für Menschenbabys und ihre Mütter nicht zu geben. Renz-Polster erzählt von einer Gruppe in Zentralafrika, die als nomadische Sammler lebt. Babys werden dort zwischen 36 und 53 Monate lang gestillt. Ihre unmittelbaren Nachbarn dagegen, die sesshaft geworden sind und vom Landbau leben, stillen ihre Kinder nur 18 bis 27 Monate. In manchen Gesellschaften machen es sich die Mütter sogar noch leichter. Bei den Efe, die ebenfalls in Zentralafrika leben, werden schon wenige Wochen alte Säuglinge von Dutzenden anderer Frauen betreut und teilweise auch gestillt.

Wir Mütter dürfen durchaus ein kleines Wörtchen mitreden, wie oft wir uns nun mit unserem Baby im Stillkissen aufs Sofa kuscheln wollen. Wir können entscheiden, wann wir die Ernährung unseres Kindes vielleicht mal lieber unserem Mann und einem Fläschchen überlassen – und dafür selbst mit ein paar Freundinnen und einer Flasche Sekt in ein Piratenkanu steigen.

Der Muttermilch-Fanclub beschwört immer wieder die bei jedem Stillen ganz individuelle Zusammensetzung unserer Milch. Je nach äußeren Bedingungen wie der Jahreszeit und nach kindlichen Bedürfnissen wie dessen Alter und Appetit sind die Zutaten immer ein wenig anders dosiert. Was der Fanclub aber gerne verheimlicht: Nicht nur unsere Milch, sondern die ganze Stillnummer darf individuell zusammengesetzt sein und auch mal durch das Fläschchen ergänzt werden.

Wir haben heute den Luxus, uns entscheiden zu können, ob wir stillen wollen – und in welchem Maße. Wir können Milch abpumpen oder einfrieren, können Pulvermilch anrühren. In Dritte-Welt-Ländern kann es für Kinder lebensbedrohlich sein, wenn ihre Mütter sie eine Zeit lang nicht stillen wollen oder können. Bei uns dagegen sind Pausen nicht ausgeschlossen. Dafür müssen wir nicht einmal so rigoros ans Werk gehen wie etwa die Mütter in der Kalahari-Wüste, die sich einen Brei aus bitteren Kräutern auf ihre Brüste schmieren, wenn sie ihr Kind nicht (mehr) anlegen wollen. In Südafrika nehmen sie zerriebene Fliegen, anderswo lassen sie zur Abschreckung Raupen über ihre Brust krabbeln oder malen sich ihre Brustwarzen mit rotem Nagellack an. Wir haben es da etwas leichter. Wir können unseren Kindern hin und wieder eine Alternative anbieten. Auch wenn die industriellen Babymilch-Hersteller es bis heute nicht geschafft haben, alle Inhaltsstoffe der Muttermilch in pulverisierter Form zu kopieren – im Vergleich zu zerriebenen Fliegen ist das Zeug so schlecht nun auch wieder nicht.

Der Einfluss des Stillens:

Kindern tut sowohl die Muttermilch als auch die körperliche Nähe beim Stillen gut. Wer jedoch nicht stillen will oder kann, braucht trotzdem kein schlechtes Gewissen zu haben. Denn selbst wenn sich Babys an der Brust schneller beruhigen, selbst wenn sie über die Muttermilch neben der reinen Nahrung auch eine Vielzahl an Abwehrkräften aufnehmen, sind die langfristigen Folgen des Stillens gegenüber dem Fläschchen eher zu vernachlässigen. Studien fanden kaum Unterschiede beim Vergleich der Intelligenz oder des Risikos für Diabetes, Asthma und Allergien.

Unsere Aufgaben:

... beim Stillen: Während der Stillzeit sollte Alkohol weiterhin nur in sehr geringem Maße getrunken werden; auch Medikamente oder Impfungen müssen wie in der Schwangerschaft mit dem Arzt abgesprochen werden. Lebensmittel, die über die Muttermilch das Kind gefährden, gibt es nicht. Viele Babys vertragen allerdings einige blähende Lebensmittel nicht so gut; Klassiker, die mit Bauchschmerzgebrüll quittiert werden, sind etwa grüne Bohnen, Zwiebeln, Linsen, Kohl. Was genau dem eigenen Kind nicht so liegt, erfährt man leider nur durch ausprobieren – und beobachten.

… beim Nicht-Stillen: Kinderärzte empfehlen, Babys in den ersten Monaten nur mit Pre-Milch zu füttern, die der Muttermilch am stärksten nachempfunden wurde. Andere Milchpulver enthalten zu viele Sättigungsstoffe. Für besonders allergiegefährdete Babys gibt es in Apotheken ganz spezielles Milchpulver.

Zum Weiterlesen:

Márta Guóth-Gumberger und Elizabeth Hormann: *Stillen.* Graefe und Unzer Verlag, München 2008

… mit ihrer Erziehung?

Eigentlich mögen wir einander. Wir, das sind vier Paare, nur eines ist noch kinderlos. Wir mögen uns so sehr, dass wir jedes Jahr über Ostern zusammen in ein Ferienhaus fahren. Früher, ohne Kinder, an die wilde Nordsee. Heute an die zahmere Ostsee. Damals, als zum ersten Mal ein Kind mit auf unsere Osterreise kam, haben wir zwar noch überlegt, ob wir von nun an zwei getrennte Häuser mieten sollten, eins für die neuen Frühaufsteher unter uns und eins für die, die immer noch bis tief in die Nacht eine Flasche Tequila kreisen lassen und auf Autodächer steigen konnten. Hat es alles gegeben. Früher, als wir noch an die Nordsee fuhren.

Aber das mit den zwei Häusern haben wir gelassen. Wie gesagt, wir mögen uns. Manchmal in den vorfreudigen Vorbereitungsmails sogar so sehr, dass wir uns gegenseitig »Haserl« nennen. Und das will was heißen, denn wir sind sonst alle nicht so die Hutschigutschi-Typen. Immerhin nennt ein Paar seine beiden Töchter mit Kosenamen »Tante Hilde« und »Tante Frieda«.

Sollte sich allerdings einmal ein Fremder in unsere Runde verirren, könnte er auf den merkwürdigen Gedanken kommen, dass wir uns nicht ausstehen können. Nach außen mag das, was wir da jedes Jahr wieder aufs Neue veranstalten, so wirken. Es ist eine Art Olympische Spiele in der Disziplin Lebensentwürfe. Mit dem Unterschied, dass es kein Regelwerk gibt und keinen Schiedsrichter, sondern nur vier Paare, die alle für ihren eigenen Lebensentwurf nach der Goldmedaille greifen. Die jeweils aktuellen Themen ändern sich natürlich. Sie folgen der klassischen Paarbiografie: Zusammenziehen oder nicht? Heiraten oder nicht? Kinder jetzt oder später (keine Kinder zu bekommen wurde irgendwie nie ernsthaft in Erwägung gezogen)? Eine Wohnung kaufen oder weiter mieten? Wahrscheinlich werden wir so weitermachen, bis wir eines Tages bei Stützstrümpfen und Beerdigungsversicherungen angekommen sind.

Mein Mann und ich machen uns in dieser Runde regelmäßig zum Außenseiterteam. Zum Beispiel mit der Theorie, dass Ehen völlig überbewertet, wenn nicht gar überflüssig sind – unsere Freunde erinnerten uns auf unserer Hochzeit noch einmal per PowerPoint-Präsentation an diese Theorie. Ganz schön nachtragend. Man kann doch mal vor lauter Romantik seine Meinung ändern. Außerdem waren wir in diesem Kreis nicht einmal die Letzten, die Ringe tauschten.

Um genau solche Superlative geht es uns allen nun einmal. Der Superlativ in diesem Jahr war: Welche Eltern sind mit ihren Kindern am strengsten? Prompt landeten mein Mann und ich schon wieder auf dem letzten Platz.

Preußentum im Pippi-Langstrumpf-Kinderzimmer

Widerspruch war zwecklos. Dabei habe ich an manchen Tagen das Gefühl, mein Wortschatz habe sich auf dieses eine große Elternwort reduziert: Nein. In bisweilen sturen Wiederholungsschleifen, gespickt mit Erklärungsversuchen. Nein, du darfst kein Essen auf den Boden werfen, weil ich dann heute zum dritten Mal den Boden sauber machen muss und keine Lust mehr habe, weil man mit Essen so nicht umgeht und weil, äh, weil das eben so ist (das Argument mit den hungernden Kindern in Afrika zieht bei einem Dreijährigen einfach noch nicht). Nein, du darfst nicht im Winter mit

Nackedei-Füßen aus dem Haus gehen, zu kalt. Nein, du kommst jetzt bitte nicht in die Küche. Erst fege ich die Scherben von dem Glas zusammen, das du gerade vom Tisch gepfeffert hast. Na, weil Scherben scharf sind und fürchterlich wehtun. Aua, verstehst du? Egal, draußen bleiben! Nein, nein, nein.

Doch an diesem Osterwochenende wurde mir klar, dass ich mit meinen Neins noch lange nicht am Ende der Fahnenstange angekommen war. Da ging noch was. Da ging sogar noch deutlich mehr. Irgendwann wedelte sogar die Tochter unserer Freunde mit ihrem Zeigefinger vor der Nase unseres Sohnes herum. Er hatte beim Essen gekleckert. Verwirrt sah Nepomuk zwischen dem Wackelfinger seiner Spielfreundin und mir hin und her. »Nicht schlimm«, sagte ich zu ihm und gleichzeitig auch zu seiner Freundin. »Das kann doch mal passieren.«

»Permissiv«, seufzten die Eltern um uns herum recht einstimmig, »antiautoritär«. Nur eine Mutter zuckte dazu mit den Achseln. Aber sie ist auch gebürtige Südamerikanerin, und wenn sie trotzdem einmal mit ihrem Sohn schimpft, macht sie das nicht in ihrer Muttersprache, also auf Spanisch, sondern auf Deutsch. So fremd klingt das in ihren Ohren. Ansonsten aber waren sich alle einig: Wir sind die Eltern mit der laxesten Erziehung.

Leider schmeckte der Satz sehr nach »Wir sind die Eltern mit der schlechtesten Erziehung«. Damit hatten wir beide ein Problem. Mein Mann, weil er ehrgeizig ist und sich bei keinem Thema mit dem letzten Platz begnügt. Ich, weil ich unter der typischen Mutterkrankheit leide, dem schlechten Gewissen. Auf der Rückfahrt von der Ostsee stürzten wir uns in das Gespräch, das wohl der Klassiker unter den Elterngesprächen ist und in etwa so ablief:

»Du, ich glaube, wir haben alles falsch gemacht.« (Ich, in besorgtem Ton.)

»Quatsch. Aber vielleicht sollten wir wirklich etwas strenger werden.« (Mein Mann, ein leichtes Zögern in der Stimme.)

»Oje. Meinst du, wir haben ihm geschadet?« (Ich, in noch besorgterem Ton.)

Ich warf einen Blick nach hinten. Auf der Rückbank schlummerte unser Sohn friedlich in seinem Autositz und trug das Unschuldsgesicht schlafender Kinder. Tyrann im Schafspelz, dachte ich plötzlich. Vor meinen Augen setzte sich das Klischee eines verwöhnten Kindes zusammen: fett, blass, Markenklamotten, schmollend vorgeschobene Unterlippe. Eben genau so, wie Zeitschriften gerne ihre Artikel über die vielen Erziehungsmängel bei uns Eltern karikieren. Ich fackelte noch ein kleines Sorgen-Feuerwerk ab, also viele Sätze, die anfingen mit »Was, wenn …?« oder »Nicht, dass …!«

Von da an waren wir strenger. Zumindest gaben wir unser Bestes. Einmal versuchte mein Mann sogar, lauter zu brüllen als unser Sohn, und das will wirklich was heißen. Wir gaben uns also redlich Mühe. Ich habe es sogar bis zum Stubenarrest gebracht, als unser Sohn sich morgens mal wieder partout weigerte, den Schlafanzug gegen Schneeanzug und Mütze einzutauschen. Mit zackigen Schritten ging ich aus dem Kinderzimmer und knallte die Tür hinter mir zu. Ganz prima schaffte ich das – bis Nepomuk nach zehn Sekunden anfing zu weinen. Ich zählte weitere zehn Sekunden runter, länger ging einfach nicht, dann kehrte ich zu ihm zurück. Wir schauten uns an. Nepomuk war verwirrt, ich noch verwirrter.

Schauspielern konnte ich noch nie. Nicht auf der Bühne unserer Schulaula, nicht bei Telefonstreichen oder bei gefälschten Entschuldigungen für die Schule und auch nicht beim Am-Sektglasnippen-ohne-zu-trinken-Spiel in den ersten drei Monaten meiner Schwangerschaft. Andere werden in solchen Momenten rot, ich muss kichern. Ich kicherte auch jetzt bei dem Versuch, etwas Preußentum in unser kunterbuntes Pippi-Langstrumpf-Kinderzimmer zu bringen. Meine ganze Mühe endete damit, dass Nepomuk und ich kicherten, kuschelten und ein Buch nach dem anderen lasen, während ich ihm Kleidungsstück für Kleidungsstück an den Leib mogelte. Wir zwei sind morgens eigentlich immer mit einigen Minuten Verspätung im Kindergarten, und an diesem Morgen waren es sogar 20 Minuten.

Erziehungskatastrophen

Am nächsten Tag ging ich in die Buchhandlung, die das größtmögliche Regal an Erziehungsratgebern hat. Mit weniger wollte ich mich nicht zufriedengeben, weil mir klar geworden war, dass ich offensichtlich Hilfe beim Erziehen unseres Sohnes brauchte. Die fand ich in der Buchhandlung. Ich fand sogar gefühlte fünf Tonnen Hilfe. Tief beeindruckt ließ ich meinen Finger über die Buchrücken gleiten, Theorie für Theorie. Von *Erziehungsirrtümern,* der *Verwöhnungsfalle,* gar von *Erziehungskatastrophen* war da die Rede. Von »Grenzen«, »Tyrannen«, »Pflicht«, »Disziplin« und »führen«. Gut, zwischendurch gab es auch mal Buchtitel, die verheißungsvoll die Wort »glücklich«, »gelassen« und »verständnisvoll« mit Erziehung in Verbindung brachten. Der aktuelle Trend in Sachen Erziehung scheint aber doch, da hatten unsere Freunde offensichtlich recht, ganz klar zurück in Richtung Wilhelminisches Zeitalter zu gehen: Erziehung ist mindestens Konsequenz und bestenfalls Strafe. Das 19. Jahrhundert liegt nicht nur bei der Namensgebung à la Paul, Friedrich oder Karl wieder voll im Trend.

Damals hat man sich übrigens auch schon Gedanken zu dem Thema gemacht. Ach was, sogar noch viel früher. Im Jahr 1790 gab es in Deutschland etwa 400 Autoren, die sich über ihre Erziehungstheorien ausließen. In mehr als 1000 verschiedenen Buchtiteln verbreiteten sie ihre Tipps. Kinder sollten mit kalten Bädern abgehärtet oder so lange an einer Stuhllehne festgezurrt werden, bis sie eine gerade Haltung hatten. Jungs wurden vom Onanieren abgehalten, indem man ihnen einen Draht durch die Vorhaut stach und über den Penis zog.

Im Vergleich zum 18. Jahrhundert ist die Zahl der Kinder in Deutschland heute zwar gewaltig in den Keller gesunken, aber dafür vermehrten sich die Erziehungsratgeber seitdem wie die Karnickel. Mittlerweile werden jedes Jahr 2000 neue Titel an die Buchhandlungen ausgeliefert. Wenn man bedenkt, dass man im Schnitt ein bis zwei Minuten pro Seite braucht und so ein Buch in der Regel 200 Seiten wenn nicht weit mehr hat, ist das Ergebnis dieser Textaufgabe: Es ist schlicht menschenunmöglich, sich in einem Jahr durch alle neuen Erziehungstheorien zu ackern, selbst wenn man auf Essen und Schlafen verzichtet, von Familienleben oder Erziehung der Kinder ganz zu schweigen.

»Kwatsch!«

Zugegeben, unser Sohn ist die dreijährige Reinkarnation von Astrid Lindgrens Michel aus Lönneberga. Hellblonde Haare, Zahnlücke, Lachgrübchen, Unsinn im Kopf und Schalk in den Augen. Eine klare Sache also. Er gibt es ja auch selbst zu. Wenn es mal wieder auf diese verdächtige Art ruhig ist im Kinderzimmer, dann rufe ich ihm zu: »Sag mal, was machst du gerade?« Darauf kennt er eigentlich nur zwei Antworten und beide beginnen mit K. Entweder hat er was in die Windel gedrückt oder er gibt grinsend zurück: »Kwatsch!«

Unser Sohn hat also durchaus Erziehungspotenzial. Nur leider haben wir keinen Tischlerschuppen zu Hause, in den wir unseren Mini-Michel sperren könnten. Ein Schnitzmesser für seine Holzfiguren würde ich ihm in diesem Alter auch nur ungerne in die Hand drücken. Dafür denken sich die heutigen Erziehungsbesserwisser jedes Jahr aufs Neue Tausende von Alternativen für uns Eltern aus. Die Palette reicht von Klassikern wie Strafbank und Stubenarrest über neuere pädagogische Tricks wie Verträge mit dem Kind über korrektes Verhalten bis hin zur Kuscheltierverbrennung für Fehler beim Klavierspielen (Amy Chua alias *Die Mutter des Erfolgs*). Kein Wunder also, dass angesichts des dargebotenen Strafkatalogs mindestens die Hälfte der Eltern heute in Umfragen sagt, sie seien unsicher, wie sie ihre Kinder erziehen sollen.

Wenn ich Unübersichtliches sortieren muss, ordne ich es am liebsten erst einmal auf zwei Häufchen. In unserer Wohnung, die sehr häufig sehr unübersichtlich ist, liegen meine Doppelhäufchen in jedem Zimmer: im Bad vor der Waschmaschine türmt sich die Schmutzwäsche, am Ausgang Richtung Trockner die saubere, auf meinem Nachttisch liegt ein Stapel Romane, auf dem Fußboden neben dem Bett türmen sich die Sachbücher für meine Arbeit.

Auch die Erziehungsberater kann man auf zwei Häufchen vorsortieren. Dieses ganze überdimensionierte »Wie« teilt sich nämlich an der grundsätzlichen Frage »Wozu die Mühe?«, denn dass ein umfangreicher Strafkatalog für die Eltern genauso wenig ein Spaziergang ist wie für ihre Kinder, gibt sogar die berühmte Tiger-Mutter Amy Chua gegenüber Journalisten zu: »Es ist schmerzhaft und anstrengend, immer dagegenhalten zu müssen.« Wozu also der Schmerz und die Anstrengung?

Führung oder wachsen lassen – in diese zwei Pole unterteilt der Pädagoge Bernhard Bueb die vielen verschiedenen Arten der Erziehung. Der eine Erziehungstyp wolle wie ein Töpfer »den jungen Menschen formen, er greift ein, steuert, fordert heraus, diszipliniert, schafft Freiräume, um ihn auf die Selbstständigkeit vorzubereiten, ja er wird ihn in die Selbstständigkeit und Freiheit zwingen«. Der andere Erziehungstyp ähnele dagegen eher einem Gärtner. Dieser Typ »wird eher darauf achten, dass der junge Mensch gute Bedingungen des Aufwachsens vorfindet, er wird ihn mehr fördern als fordern, weniger eingreifen, aber darauf vertrauen, dass er sich selbst diszipliniert, also wenig Zwang und Autorität braucht«.

Bueb selbst kennt beide Seiten: In seinem Buch *Lob der Disziplin* beschreibt er, wie er vom Gärtner zum Töpfer wurde, vom Lehrer an der reformpädagogischen Odenwaldschule zum strengen Leiter des Internats Salem. **Die Töpfer halten Kinder für reichlich unfertig und uns Eltern als ihre Erzieher damit für höchst einflussreich.** Wir seien es, die unsere Kinder modellieren, die sie durch Konsequenz, Regeln und zur Not auch Strafen in unsere Welt eingliedern: »Da Kinder nicht gehorsam geboren werden, ignorieren sie Anweisungen, rebellieren gegen Erziehungsmaßnahmen, missachten Gebote und wenden alle Mittel an, um ihren eigenen Willen durchzusetzen«, schreibt Bernhard Bueb in seiner selbst deklarierten »Streitschrift«.

Kinder seien »psychisch unreif«, schreibt auch Michael Winterhoff, in Erziehungsfragen ebenfalls ein Töpfer. Der Kinder- und Jugendpsychiater wurde bekannt durch diverse Bücher, von denen fast alle das Wort »Tyrannen« im Titel und auf reichlich vielen Seiten im Buch haben: »Eltern reagieren nicht mehr auf Dinge, die ihr Kind tut, sondern versuchen zu verstehen, was es tut, und anschließend zu erklären, was es eventuell besser hätte tun können. Die verbesserte Handlungsweise des Kindes soll über die Einsicht und das Verstehen der Erklärung zustande kommen; wohin das führt, sehen wir an all den kleinen Monstern und Tyrannen, die uns heute umgeben.«

Die Autorin des Weltbestsellers *Die Mutter des Erfolgs* brachte ihr Credo so auf den Punkt: »Zwingt die Kinder zu ihrem Glück, sie werden es euch danken!«

Die Gärtner sehen mehr in unseren Kindern als die Töpfer: mehr soziale Fähigkeiten und mehr Bereitschaft zur Kooperation beispielsweise. Einige unter ihnen gehen sogar so weit zu behaupten, Kinder würden sich von sich aus in die Welt einfügen wollen und freiwillig von ihren Eltern lernen.

»Kinder sind nicht von Natur aus unsozial, sie sind nur unerfahren«, schreibt etwa der dänische Familientherapeut Jesper Juul so oder in anderen Worten in jedem seiner Bücher. Er wehrt sich gegen Wertvorstellungen aus Zeiten, zu denen man »in vollem Ernst glaubte, Kinder würden ›richtig‹ werden, wenn man sie davon überzeugen könnte, dass sie verkehrt seien.« Stattdessen fordert er, alle Mitglieder einer Familie seien »gleichwürdig«. Nicht gleich und nicht ebenbürtig also, sie sollten aber durchaus gleichermaßen ernst genommen, gesehen und gehört werden.

»Ein Kind braucht nicht zum Gehorsam gezwungen werden. Es ist biologisch darauf angelegt, zu gehorchen«, findet auch ein weiterer großer Gärtner: der Züricher Kinderarzt Remo Largo, dessen Bücher *Babyjahre* und *Kinderjahre* heute Klassiker in den Bücherregalen von Eltern sind. Seine Grundlinie: »Wenn seine Grundbedürfnisse ausreichend befriedigt werden, kann ein Kind – nicht ganz, aber weitgehend – ohne Zwang und Druck erzogen werden. Je vertrauensvoller die Beziehung zum Kind ist, desto weniger sind sie auf autoritäre Erziehungsmaßnahmen angewiesen.«

»Mein Buch widerspricht solcher lieblosen Bequemlichkeit«, schrieb auch der 2011 verstorbene Familientherapeut Wolfgang Bergmann in seiner Antwort auf Winterhoffs Tyrannen-Litanei. Ursprünglich hatte Bergmann den Titel *Wie unsere Kinder keine Tyrannen werden* geplant, beließ es aber bei *Warum unsere Kinder ein Glück sind.* Darin wollte er Eltern zeigen: Kinder großzuziehen und zu erziehen »geht auch viel freudiger, viel vergnügter«.

Nach Erscheinen von Bergmanns Buch weigerte sich sein Kontrahent Winterhoff, sich gemeinsam für die Süddeutsche Zeitung interviewen zu lassen. Das sollte man als besorgte Eltern durchaus im Kopf haben, bevor man dem vorgeschlagenen Weg der Disziplin folgt. Man sieht ja, was dabei herauskommt.

Unser Sohn dagegen, nur um hier auch mal die stolze Mama raushängen zu lassen, hat kürzlich von seiner Kindergärtnerin sogar ein dickes Lob zu seinem Sozialverhalten bekommen. Er würde sich immer aufrichtig bemühen, seine Schubser oder Keilereien wiedergutzumachen – im Gegensatz zu anderen Kindern, die das »katholischer« sähen und nach einem schnellen »Entschuldigung« als Ablass gleich wieder weitermachten. Vielleicht ganz gut, dass ich mich nicht an den Regeln von Bergmanns Ratgeber *Geheimnisvoll wie der Himmel sind Kinder: Was Eltern von Jesus lernen können* orientiert habe.

Wenn sich aber nun selbst Erziehungswissenschaftler kindischer aufführen als unsere Kinder, warum sollten wir erst Geld für ihre Bücher ausgeben, dann kostbare Zeit aufbringen, sie zu lesen, und schließlich auch noch uns selbst und unseren Kindern die Laune vermiesen?

Aus sauren Zitronen wird süße Zitronenlimonade

Wir Eltern sind nichts als »austauschbare Fabrikarbeiter mit Wartungsfunktion«, erklärte um die Jahrtausendwende die US-Psychologin Judith Rich Harris. In ihrem Buch *Ist Erziehung sinnlos? Warum Kinder so werden, wie sie sind* schrieb sie, unser elterlicher Einfluss werde »bei Weitem überschätzt«. Kinder würden sich nicht anders entwickeln, »wenn man sämtliche Eltern vertauscht«. Deutlich einflussreicher als Mutter oder Vater seien, so die Psychologin, die Gene, die gleichaltrigen Freunde der Kinder und der Wohnort. Harris rät in ihrem Buch Eltern, bei der Erziehung ihrer Kinder weder Gärtner noch Töpfer sein zu wollen, sondern einfach einen guten Wohnort auszuwählen und die Persönlichkeit der Kinder dann draufloswuchern zu lassen. Jeder Versuch zu begradigen, zu wässern und zu düngen sei schlicht vergebene Liebesmühe.

Selbst die Psychologen, Verhaltensgenetiker oder Sozialisationsforscher, die Erziehung grundsätzlich für einen durchaus starken Einfluss auf Kinder halten, können der Idee heute nicht mehr so viel abgewinnen, wir könnten mit einem bestimmten Erziehungsstil unsere Kinder so formen, wie wir uns das wünschen. Er könne aus jedem x-beliebigen Kleinkind wahlweise einen Arzt, einen Rechtsanwalt, einen Künstler oder einen Dieb formen, hatte zu Beginn des 20. Jahrhunderts noch der amerikanische Psychologe John Watson behauptet. Daran glauben heute nicht einmal mehr die größten Optimisten in der Kindererziehung.

Studien mit Adoptivkindern zeigen, dass diese ihren leiblichen Eltern mit zunehmendem Alter immer ähnlicher würden als ihren erziehenden Adoptiveltern. Eigenschaften wie etwa Gutmütigkeit, Risikofreude oder Scheu sollen zu 40 bis 55 Prozent von unseren Genen vorgegeben sein. Die Gene sollen sogar zu 75 Prozent unsere Intelligenz festlegen. Selbst die 25 bis 60 Prozent, zu denen ein Mensch von seiner Umwelt geprägt wird, fallen bei Weitem nicht alleine auf die direkte Erziehung durch die Eltern zurück, also auf deren Regeln, Verbote, Strafen oder ihr Lob. Im Gegenteil: **Eltern können froh sein, wenn sie mit ihren direkten Erziehungsmaßnahmen noch etwa zwei Prozent des Cha-**

rakters ihres Kindes beeinflussen können, so der Großteil der Wissenschaftler zu diesem Thema.

»Aus einer sauren Zitrone kann ich niemals Himbeersaft herstellen«, sagte einmal Samy Molcho, Experte für Körpersprache und Vater von vier Söhnen. Damit fasste er sehr gut die aktuelle Forschungslage zur Erziehbarkeit unserer Kinder zusammen. Vor allem tat er dies mit dem Satz, den er nach einer kurzen Pause noch hinzufügte: »Wohl aber süße Zitronenlimonade.«

Wenn unsere Kinder zur Welt kommen, sind sie kein unbeschriebenes Blatt. Wir wissen heute sehr gut, wie stark wir sie durch unsere Gene (siehe Kapitel »… durch ihre Gene?«) und während der Schwangerschaft (siehe Kapitel »… durch ihre Schwangerschaft?«) bereits geprägt haben. Unsere Kinder haben ein angeborenes, wenn man so will, festgelegtes Temperament. Doch was sie aus ihren vorgegebenen Eigenschaften machen und wie sie mit ihnen umgehen, das entscheidet sich erst nach der Geburt. Psychologen unterscheiden gerne zwischen dem Temperament, das vor allem durch die Gene und die Bedingungen im Mutterleib geformt wird, und der Persönlichkeit.

Persönlichkeit ist das, was ein Mensch aus seinem Temperament, seiner Intelligenz und seinen Gefühlen macht. Persönlichkeit ist also etwas, was jeder Mensch nach seiner Geburt erst einmal entwickeln muss.

»Wie stark die Eigenschaften sich tatsächlich ausprägen, entscheiden vor allem die Erfahrungen der ersten drei Lebensjahre«, schreibt Gerhard Roth, Direktor am Institut für Hirnforschung der Universität Bremen, in seinem Buch *Persönlichkeit, Entscheidung und Verhalten*. »In dieser Phase ist das limbische System, der Hauptsitz der Gefühle und des emotionalen Gedächtnisses, noch stark formbar. Danach werden die Strukturen immer unflexibler – das innere Kind bleibt uns mit unbewussten Verhaltens- und

Denkmustern lebenslang erhalten und bildet so eine besonders schwer überwindbare Hürde für Veränderung.«

In Molchos Worten würde das in etwa bedeuten: Aus unserem Michel-Sohn können wir niemals einen brav gescheitelten Jungen machen. Wohl aber einen, der irgendwann weiß, dass er seine Schwester nicht am Fahnenmast hochziehen darf. Ich muss gestehen, dass mir dieser Ansatz gefällt. Immerhin habe ich Michel aus Lönneberga unter allen Figuren von Astrid Lindgren schon als Kind am meisten geliebt, dicht gefolgt von Ronja Räubertochter und Pippi Langstrumpf. Sie alle lagen weit vor so brav-heroischen Typen wie Bo aus »Mio mein Mio« oder den Brüdern Löwenherz.

Warum Eltern vor ihren Kindern auf die Knie gehen sollten

Wie sehr Eltern zwar nicht die Eigenschaften ihres Kindes, wohl aber sein Verhalten prägen können, hat eine Studie des »Oregon Social Learning Center« besonders deutlich gezeigt. Kurz nachdem die Psychologin Judith Rich Harris sich darangemacht hatte, »mit der Allmacht der Erziehenden aufzuräumen«, bewiesen die amerikanischen Erziehungswissenschaftler, dass Eltern mit ihrer Erziehung durchaus einen enormen Einfluss auf das Verhalten ihrer Kinder haben.

Es kommt sogar noch besser. Sie haben herausgefunden, mit welchem Erziehungsstil Mütter und Väter ihre Kinder am besten zu glücklichen, erfolgreichen und sozial gut integrierten Menschen heranziehen. **Das Erfolgsgeheimnis ist eine positive Erziehung.**

Diese positive Erziehung, die von allen Studien und in allen Kulturen der Welt als die mit großem Abstand erfolgversprechendste gekürt wird, hat ein auf den ersten Blick ziemlich schlichtes Konzept. Vorbildliches Verhalten soll durch ein schnelles, konkretes, ernst gemeintes Lob verstärkt werden. Macht ein Kind dagegen etwas, das seine Eltern völlig daneben finden, sollten sie auf die Knie gehen und auf Augenhöhe mit ihrem Kind sprechen, mit etwa einer Armlänge Abstand und in ruhigen, klaren, ernst gemeinten Worten. Reicht das noch nicht, sollten kleine Konsequenzen folgen, zum Beispiel das umstrittene Spielzeug wegnehmen, den Fernseher ausschalten oder den Besuch beim Spielkameraden abbrechen. Was Eltern auf keinen Fall tun sollten, ist das ungewollte Verhalten im Affekt auch noch zu verstärken, indem sie ihr Kind anbrüllen, kränken oder gar schlagen.

Aufmerksamkeit, auch negative Aufmerksamkeit, ist nämlich der größte Verstärker überhaupt. Kinder sind schließlich nicht dumm, sie lernen schnell: Wenn ich jetzt dem Baby da drüben das Matchbox-Auto auf den Kopf donnere, hört Mama endlich mit dem Kaffeeklatsch auf und kümmert sich wieder um mich. Wenn ich hier auf dem Spielplatz einen ordentlichen Streit um einen Sandbagger lostrete und dazu kräftig flenne, bekomme ich vielleicht doch auch draußen ausnahmsweise meinen Schnuller. Vertreter der positiven Erziehung empfehlen Eltern eine gewisse Teflonschicht gegenüber den Ausfälligkeiten ihres Nachwuchses, an der einiges abperlen kann und uns nicht im Innersten selbst aufwühlt. **Reagieren sollen Eltern, nicht überreagieren.**

Diese Grundregeln hatten die Erziehungswissenschaftler aus Oregon in den 1990er-Jahren etwa 120 alleinerziehenden Müttern von oft verhaltensauffälligen Söhnen beigebracht. An einem Abend pro Woche, 14 Mal in Folge, wurden die Mütter in effektiveren Erziehungstechniken geschult. Eine weitere Gruppe von ebenfalls knapp 120 Müttern mit schwierigen Söhnen wurde beobachtet, jedoch nicht geschult. In den folgenden sieben Jahren beobachteten die Forscher des »Social Learning Center« bei beiden Gruppen, wie sich die Erziehung der Mütter, vor allem aber das Verhalten der Kinder veränderte. Ihr Ergebnis: Die Jungen der geschulten Mütter waren noch Jahre später weniger aggressiv, depressiv oder straffällig, dafür gehorsamer und erfolgreicher in der Schule. 14 Abende hatten ihr Leben auf Jahre hin verändert, weil sich der Erziehungsstil ihrer Mütter verändert hatte.

Die richtige Mischung aus viel Liebe, klaren Regeln und einem genauen Gespür für die Wünsche und Bedürfnisse des Kindes scheint das Erfolgsrezept schlechthin zu sein. Kinder, die so erzogen werden – Erziehungsexperten nennen es den ›autoritativen‹ Stil – entwickeln sich gut. Sie sind später selbstbewusster, glücklicher, lernwilliger, optimistischer und weniger aggressiv als Kinder, die autoritär mit viel Disziplin und wenig Verständnis, permissiv ohne klare Regeln und Konsequenzen, oder vernachlässigend, also gar nicht, erzogen wurden.

Warum Eltern ihren Hintern hoch kriegen müssen

In Deutschland wird, das schätzen zumindest Erziehungswissenschaftler, vor allem permissiv erzogen. Die 68er nannten es antiautoritär, viel Liebe doch wenige bis gar keine Regeln. Vor dem Weg des geringsten Widerstands warnt jedoch der Psychologe Thomas Dirscherl: »Eltern sollten rechtzeitig reagieren. Wenn ein Problem auftritt, müssen Sie sich in diesem Moment die Zeit einräumen, es zu lösen. Oft kostet das Selbstdisziplin und ist anstrengend. Aber wenn Sie einfach abwarten, dass Probleme von selbst verschwinden, wird es auf lange Sicht nur stressiger und schwieriger.«

Der Psychologe ist Leiter der Elternkurse »Triple P«: Das dreifache P steht für »Positive Parenting Program«, ein positives Erziehungsprogramm also. Die Kursleiter versuchen mit Eltern in ganz Deutschland zu erarbeiten, wie sie ihren Kindern das vermitteln können, was ihnen wichtig ist. Und wie sie gleichzeitig dabei Freude an der Erziehung haben. »Es geht um die richtige Balance aus Liebe und Grenzen, Verständnis und Konsequenz. Diese Dosis zu finden, das ist die Kunst der Eltern«, erklärt Triple P-Leiter Thomas Dirscherl. Nur in einem Umfeld, das von Liebe und Verständnis geprägt ist, könnten Kinder überhaupt etwas lernen. Nur durch Grenzen und Konsequenz entwickeln Kinder die Fähigkeit zur Selbststeuerung, sprich, erst wenn sie nicht immer auf der Stelle ihre Wünsche erfüllt bekommen, lernen sie mit der Zeit Geduld, Kompromisse und auch mal Verzicht.

Stubenarrest für das morgendliche Anziehgerangel? »Das halte ich in dieser Situation für wenig hilfreich«, winkt Dirscherl freundlich ab. Er empfiehlt, es lieber mal mit ein paar positiven Tricks zu versuchen:

▸ Mit frühzeitigen Ablenkungen und nicht erst als Antwort auf den Zwergenprotest. Sonst wird die Bespaßung zur unbeabsichtigten Belohnung des ungewollten Verhaltens.

▸ Mit belohnenden Zwischenschritten wie einem kurzen Hüpfspiel, nachdem die Hose hochgezogen ist.

▸ Mit Belohnungen für schnelles Anziehen wie einem kurzen Besuch auf dem Spielplatz um die Ecke (»Ein Privileg gewähren statt etwas wegzunehmen«).

▸ Dem Kind mehr Raum für Selbstständigkeit und Unabhängigkeit geben, indem es etwa selbst eine Mütze aussuchen oder sich alleine die Socken anziehen darf (»Selbst handeln können ist oft attraktiver als ›behandelt‹ zu werden.«)

Allerdings warnt Thomas Dirscherl Eltern davor, sich ihre Regeln aus Ratgebern, vom Deutschen Knigge-Rat oder von anderen Eltern diktieren zu lassen. Ob Kinder etwa nachts im Bett der Eltern schlafen oder in ihrem eigenen, ob sie lange aufbleiben, mit den Händen essen oder mit ihren neuen Stiefeln durch die dreckigste Pfütze stapfen dürfen, das entscheiden die Eltern. »Nur, wenn etwas für Sie wirklich nicht in Ordnung ist«, so Dirscherl, »werden Sie es Ihrem Kind mit Erfolg verbieten können.«

Authentisch bleiben, nennt der dänische Familientherapeut Jesper Juul dieses Prinzip. Er unterscheidet zwei Arten von Grenzen, die im Familienleben gelten: die generellen und die persönlichen Grenzen. Bei der Auswahl der generellen Grenzen können wir nur in Maßen mitreden. Sie gelten für alle Mitglieder einer bestimmten Gruppe – für den gesamten Kindergarten etwa oder den Sportverein, für dieses Wohnviertel, dieses Haus oder diese Gesellschaft. **Unsere persönlichen Regeln aber bestimmen wir Eltern, jeder für sich. Wir entscheiden darüber, wie wir mit uns reden lassen, wie dreckig unsere Wohnung werden darf, wann wir als Klettergerüst für unsere Kinder herhalten und wann nicht.**

Unsere Kinder, sagt Jesper Juul, bringen uns wie kein anderer Mensch bei, unsere persönlichen Grenzen kennenzulernen. Doch für ihn ist das kein Konflikt à la »Kinder testen Grenzen«, der von Eltern niedergebrüllt werden müsste, sondern eine Chance, ins Gespräch miteinander zu kommen (siehe Kapitel »Und wie beeinflussen unsere Kinder uns?«). Die gemeinsame Sprache und Respekt, also eine echte Beziehung zueinander, sollte seiner Ansicht nach das wichtigste Ziel der elterlichen Erziehung sein. Auf lange Sicht bringt es Eltern nämlich weder etwas, allen Wünschen ihrer Kinder nachzugeben, noch ihre eigenen Wünsche über einen Strafkatalog durchzusetzen. Sind die Kinder erst einmal zwölf, könnten ihre Eltern eh nicht mehr mitbestimmen oder erziehen, erklärt Juul in seinem Ratgeber *Pubertät: Wenn Erziehen nicht mehr geht*. Wer es bis dahin nicht geschafft habe, mit seinen Kindern ins Gespräch zu kommen, der habe verloren.

Vor allem aber sei unsere Beziehung zueinander, unser Familienleben, die wichtigste erzieherische Maßnahme überhaupt: »Das allermeiste, was wir unter Erziehung verstehen, erzieht in der Tat kaum«, erzählte Juul 2011 in einem Interview mit der Süddeutschen Zeitung. »Wie sich unsere Kinder als 20-Jährige verhalten, ist nicht die Folge der Erziehung, sondern unseres Zusammenlebens in der Familie. Wir sind Vorbilder, gute und schlechte, 24 Stunden am Tag.« **Erziehung prägt also kaum den Charakter unserer Kinder. Dafür aber in hohem Maße den Charakter unserer Beziehung zu unseren Kindern.**

Goldmedaillen für alle

Wenn es nach Jesper Juul geht, würden die Debatten, die wir mit unseren Freunden an Ostern jedes Jahr aufs Neue vom Zaun brechen, ganz schön mau werden. So unterschiedlich die Zahl unserer Erziehungsziele auch ist, liebevoll sind wir alle. Gleichermaßen. Geht es um die Liebe für unsere Kinder, könnten wir uns alle gleich drei Dutzend Goldmedaillen um den Hals hängen.

Der Psychologe Thomas Dirscherl geht sogar noch einen Schritt weiter. Er sagt: »Trotz ihrer Unsicherheit machen Eltern intuitiv vieles richtig.« Und die aktuellste Shell-Jugendstudie gibt ihm auf voller Linie recht. Noch nie wollten so viele Jugendlichen ihre eigenen Kinder später genauso erziehen, wie sie selbst von ihren Eltern erzogen wurden – nämlich satte 70 Prozent. Die Autoren der Studie urteilten über die Jugend von heute: »Man sieht eine Generation, die alle Erwartungen der Gesellschaft nach Verantwortung, Leistungsbereitschaft und Familiensinn erfüllt.«

Es scheint, als führten mehrere Wege zu unserem Ziel: zu glücklichen, selbstbewussten, hilfsbereiten, netten und auch neugierigen Kindern. Wir erziehen unsere Kinder um genau die Nuance anders, um die wir uns auch verschiedene Vorhänge vors Fenster hängen oder unsere Suppen mehr oder weniger scharf würzen, also je nach unserem persönlichen Geschmack – sowohl auf Seiten der Eltern wie auch der Kinder. Denn die Kinder selbst scheinen ihre Erziehung stärker zu beeinflussen, als es den Befürwortern der Disziplin-Doktrin lieb sein dürfte. Die einen Kinder können die Strenge ihrer Eltern beiseitelächeln. Die anderen reizen ihre Eltern über die Grenzen ihrer Gutmütigkeit hinaus.

Ihr Erziehungsstil spiegelt das Temperament ihres Kindes wider, stellten auch zwei Entwicklungspsychologen aus London und Jerusalem 2006 in einer gemeinsamen Studie fest. Diese Wechselwirkung machte es ihnen schwer, die Frage ihrer Studie genau zu beantworten: Wie groß ist in den frühen Entwicklungsjahren der Einfluss der Erziehung auf die Kinder? Ein positiver Erziehungsstil fördert prosoziales Verhalten, so ihr Ergebnis. Ob die Eltern jedoch dieses Verhalten verursacht oder eben nur weiterentwickelt haben, konnten sie nicht mit Gewissheit sagen.

Bei Untersuchungen, in denen Geschwisterkinder zum Erziehungsstil ihrer Eltern befragt wurden, stimmten die Antworten der Kinder gerade mal zu zehn Prozent überein. Und das ist genau richtig so. Eltern halten auf dem Spielplatz mit der einen Hand ihr Draufgängerkind davon ab, sich in Harakiri-Manier vom Klettergerüst zu stürzen, und ermuntern gleichzeitig ihr hasenfüßigeres Kind mit der anderen Hand, sich doch auch mal dort hoch zu trauen. Ob das nun schizophren ist oder lupenreines Multitasking, wir stellen uns auf jedes Kind ganz neu und individuell ein.

Erziehung kann nur von alternden Internatsleitern felsenfest definiert werden. Von uns Eltern wird sie gelebt. Für uns ist Erziehung die Beziehung zu unserem Kind, und damit, wie alle anderen Beziehungen auch, kompliziert. Eben eine Frage der Tagesform und dabei dennoch einzigartig, auf uns maßgeschneidert.

Das Schöne am Erziehen ist, dass wir im Affekt lernen, was uns wirklich wichtig ist und was uns kalt lässt. Der Gedanke kommt mir abends, als ich unserem Sohn vor der Wohnungstür die Schuhe ausziehe. Sie sind voller Schlamm, denn Nepomuk kann einfach keine Pfütze umgehen. Ich aber auch nicht. An manchen Nachmittagen streunen wir durchs ganze Viertel, um die breiteste, tiefste, längste und dreckigste Pfütze der Gegend zu finden. Wahrscheinlich haben wir nicht nur einen Michel-Sohn. Wir sind auch Michel-Eltern.

Beim Abendessen kullern die Erbsen auf den Küchenfußboden. Vielleicht werden sie auch gekullert, ich bin mir da nicht so sicher. Ich ziehe die Augenbrauen hoch, doch mein Mann schaut nicht einmal von seinem Teller hoch. »Das habe ich nicht extra gemacht«, versichert unser Sohn. Ich muss an die Tochter unserer Osterfreunde denken, an ›Tante Hilde‹ und ihren wedelnden Zeigefinger. Vielleicht morgen, denke ich.

Heute bin ich zu müde. Mein Bett ist mir als Ziel gerade näher als ein sauberer Küchenfußboden und ordentliche Tischmanieren.

»O nein!« Beim Abräumen des Tisches ist mir der Lieblingsteller unseres Sohnes aus der Hand gerutscht. Überall Scherben, Erbsen und Reste von Fischstäbchen. Zerknirscht schaue ich Nepomuk an. »Das tut mir leid«, sage ich. Er schaut vom Küchenboden zu mir auf, kratzt sich etwas unentschlossen am Ohr und sagt dann: »Ist nicht schlimm, Mama. Das kann doch mal passieren.«

Der Einfluss der Erziehung:
Dachten Psychologen Anfang des 20. Jahrhunderts noch, ein Kleinkind durch Erziehung in jede Richtung formen zu können, gehen sie heute davon aus, dass die Erziehung der Eltern kaum den Charakter eines Kindes prägt. Worauf die Erziehung dagegen sogar einen großen Einfluss hat, ist das Verhalten der Kinder sowie die Beziehung zwischen Kindern und Eltern. Sinnlos, wie die Psychologin Judith Rich Harris um die Jahrtausendwende behauptet hat, ist Erziehung daher nicht.

Unsere Aufgaben:
Der auf der ganzen Welt erfolgversprechendste Erziehungsstil ist die sogenannte ›autoritative Erziehung‹. Wer seine Kinder so erziehen möchte, sollte:

- Positives Verhalten verstärken. Wenn ihre Kinder etwas gut gemacht haben, sollten ihre Eltern es ihnen auch zeigen, etwa durch ein möglichst konkretes und ernst gemeintes Lob.
- Negatives Verhalten abschwächen. Im ersten Schritt reicht es oft, auf Augenhöhe mit dem Kind (meist müssen Eltern dafür auf die Knie) in ruhigen, klaren, ernst gemeinten Worten mit ihm zu sprechen. Bessert sich das Verhalten dadurch nicht, müssen Eltern direkt kleine Konsequenzen folgen lassen: etwa den Fernseher ausschalten oder das umstrittene Spielzeug wegnehmen. Eltern sollten sich jedoch nicht dazu hinreißen lassen, ihr Kind anzubrüllen, zu kränken oder gar zu schlagen. Das verstärkt negatives Verhalten nur noch.

- Sofort auf Probleme reagieren. Auch wenn Eltern es gerade fürchterlich eilig haben oder der halbe Supermarkt zuschaut, empfehlen Erziehungsberater, auf der Stelle auf ein Problem zu reagieren. Geben sie in diesem Moment nach, um ihre Ruhe zu haben, hat das Kind gelernt, dass es mit seinem Verhalten durchkommt.
- Grenzen setzen. Allerdings macht es wenig Sinn, wenn Eltern sich bei ihren Grenzen zu sehr an Erziehungsratgebern, Freunden, Eltern oder Konventionen orientieren. Eltern sollten ihre persönlichen Grenzen erkennen und wahren.
- Tricksen. Wenn Eltern ein Ziel durchsetzen wollen, können sie es auch mal auf die lustige statt auf die harte Tour probieren. Also etwa beim morgendlichen Anziehen zur Ablenkung ein Buch lesen oder ein kleines Hüpfspiel erlauben, sobald die Hose hochgezogen ist. Das Spaßprogramm sollte allerdings möglichst früh angefangen und nicht als Belohnung für Protest der Kinder eingesetzt werden.
- Ins Gespräch kommen. Auch wenn Eltern mit ihrer Erziehung kaum den Charakter ihres Kindes prägen, so haben sie doch großen Einfluss auf die Beziehung zu ihren Kindern. Wer es in den ersten Jahren schafft, vernünftig und fair mit seinen Kindern über Tobsuchtsanfälle an der Supermarktkasse oder den Baggerstreit auf dem Spielplatz zu reden, der ist bestens gerüstet für die Zeit, wenn Kinder wirklich anfangen, die Grenzen ihrer Eltern zu testen – in der Pubertät.

Zum Weiterlesen:

Wolfgang Bergmann: *Warum unsere Kinder ein Glück sind: So gelingt Erziehung heute.* Beltz, Weinheim 2009

Jesper Juul: *Nein aus Liebe: Klare Eltern – starke Kinder.* Kösel, München 2008

Jesper Juul: *Grenzen, Nähe, Respekt: Auf dem Weg zur kompetenten Eltern-Kind-Beziehung.* rororo, Reinbek 2009

Jesper Juul: *Pubertät – wenn Erziehen nicht mehr geht: Gelassen durch stürmische Zeiten.* Kösel, München 2010

Jesper Juul: *Elterncoaching: Gelassen erziehen.* Beltz, Weinheim 2011

Jesper Juul: *Was Familien trägt: Werte in Erziehung und Partnerschaft. Ein Orientierungsbuch.* Beltz, Weinheim 2011

Remo Largo: *Babyjahre: Entwicklung und Erziehung in den ersten vier Jahren.* Piper, München 2010

Remo Largo: *Kinderjahre: Die Individualität des Kindes als erzieherische Herausforderung.* Piper, München 2000

Remo Largo: *Jugendjahre: Kinder durch die Pubertät begleiten.* Piper, München 2011

Judith Rich Harris: *Ist Erziehung sinnlos? Warum Kinder so werden, wie sie sind.* Rowohlt, Reinbek 2002

Judith Rich Harris: *Jeder ist anders: Das Rätsel der Individualität.* DVA, München 2007

Gerhard Roth: *Persönlichkeit, Entscheidung und Verhalten: Warum es so schwierig ist, sich und andere zu ändern.* Klett-Cotta, Stuttgart 2008

… durch ihre Wahl der Betreuung?

Mein persönlicher Triathlon beginnt mittags um 13 Uhr, und zwar jeden Montag, Dienstag und Mittwoch. An diesen Tagen habe ich nachmittags Kinderdienst und nicht mein Mann. Kinderdienst, nur um das zu erklären, bedeutet für meinen Mann, unseren Sohn gegen 15 Uhr von der Kita abzuholen, inklusive Verlängerung um ein akademisches Viertel. Für mich dagegen bedeutet Kinderdienst, unseren Sohn um Punkt 15 Uhr abzuholen, keine Minute später.

Also steige ich bereits zwei Stunden vorher in den Countdown ein. Wenn die Kirchturmuhr vor meinem Büro 13 Uhr schlägt, springe ich vom Schreibtisch auf und haste in die Küche. Wasser aufsetzen, Salz und Nudeln rein, zwischendurch schnell Mails checken, Wasser abgießen, einen Löffel Pesto unterrühren, zurück zum Schreibtisch. Montags, dienstags und mittwochs findet mein Mittagessen einhändig und nebenbei statt, mit Blick auf den Bildschirm und ohne Gesellschaft.

Nach dem einhändigen Mittagessen in Rekordzeit setze ich zum letzten Arbeits-Endspurt an, um dann, zwanzig vor drei, zur Vollbremsung anzusetzen. Mitten im Satz fahre ich den Computer runter, denn jetzt kommt Teil zwei des Triathlons: zweihändiges Turbo-Packen. Laptop runterfahren, in der Zwischenzeit schnell einen Apfel schälen und klein schneiden, Rechercheunterlagen einpacken, Trinkfläschchen mit frischem Wasser auffüllen und dann ein kurzer Sprint zu Teil drei des Triathlons: die Fahrradfahrt zur Kita, ohne Gejubel, dafür mit klarem Ziel und dem

Herzschlag in den Ohren. Mich treiben kein Pokal und kein gelbes Trikot, und wenn ich ehrlich bin auch nicht nur die Liebe zu meinem Sohn. Mein größter Motor für diesen Etappensieg ist mein schlechtes Gewissen.

Ein schlechtes Gewissen zu haben, ist eine Mütterkrankheit. Es ist sogar die Mütterkrankheit schlechthin. Bei Google finden sich zu dem Schlagwort »das schlechte Gewissen« gut viermal mehr Artikel als zum Thema »Schwangerschaftsstreifen«, fast zwanzigmal mehr als zur »Wochenbettdepression« und über dreiunddreißigmal mehr Artikel als zur »Schwangerschaftsübelkeit«. Kein Wunder. Fast jede dritte Frau leidet zwar in den Wochen und Monaten nach der Geburt an einer Wochenbettdepression, drei von vier Frauen ist es in den ersten drei Monaten der Schwangerschaft regelmäßig übel, doch ich bin mir sicher, das schlechte Gewissen ist unter Müttern noch am stärksten verbreitet.

Genitalverstümmelung und Gebärmaschinen

Diese Epidemie ist flächendeckend, nervenaufwühlend und unerträglich. **Kaum ein Thema löste in den vergangenen Jahren so regelmäßig das schlechte Gewissen bei uns aus wie die Betreuung unserer Kleinkinder.** Die gilt – im Westen Deutschlands – traditionell eigentlich als Privatsache. Genauer gesagt als Mütter-, Großmütter-, vielleicht noch Kinderfrau- oder Tagesmuttersache. Aber auf jeden Fall nicht als Thema, mit dem Väter oder Politiker etwas zu schaffen hätten.

Beim Fall der Mauer 1989 wurden in der damaligen DDR etwa 65 Prozent der Zwei- bis Dreijährigen in einer Krippe betreut, in der alten Bundesrepublik waren es gerade mal um die drei Prozent. Seitdem haben sich die Tendenzen in beiden Teilen des Landes nicht allzu sehr verändert. Sachsen-Anhalt hat bis heute die höchste Betreuungsquote bei den Unter-Dreijährigen, wenn auch gegenüber DDR-Zeiten nur noch mit gut 50 Prozent. Niedersachsen kommt auf die niedrigste Quote an Krippenplätzen – in einigen Landkreisen werden nicht einmal vier Prozent der Kleinkinder außerhalb ihrer Familien betreut.

Das soll sich ändern, deshalb beschloss der Bundestag im Herbst 2008 ein Gesetz zum Ausbau der Kleinkindbetreuung. Bis 2013 soll immerhin jedes dritte Kind unter drei einen Betreuungsplatz haben, auch in Niedersachsen. Seit dem Gesetzbeschluss wird das Thema Kleinkindbetreuung alle paar Wochen in Zeitungen, Talkshows oder Büchern hochgekocht, selten jedoch ernsthaft und mit dem nötigen Elan, sondern meist in echter Splatter-Manier: mit gruseligen Bilder, düsteren Zahlen und blutigen Vergleichen.

Mit der Genitalverstümmelung von Mädchen – an der übrigens jedes Jahr etwa 700 000 Mädchen sterben – verglich etwa die Ehefrau von Oskar Lafontaine, Christa Müller, die Krippenbetreuung.

Depression, Alkoholismus, Drogensucht, Bulimie, Magersucht oder Raubkriminalität sind laut der Kinderpsychotherapeutin Christa Meves wahrscheinliche Folgen einer Trennung von der Mutter in den ersten drei Lebensjahren. Schließlich hätten Tierversuche an Ratten und Affen bewiesen, dass diese im Erwachsenenalter krankhafte Gehirne haben, wenn man sie als Jungtiere auch nur eine Stunde pro Tag von ihrer Mutter getrennt hatte.

Eine Zerschlagung der Gesellschaft und die Ausrottung der Deutschen bis zum Jahr 2107 fürchtete die ehemalige Tagesschau-Sprecherin Eva Herman, als sie bei einer Pressekonferenz auf den geplanten Krippenausbau angesprochen wurde. Das Krippensystem in der DDR, so der Beweis von Herman, habe zu einer höheren Gewaltbereitschaft bei den Menschen in Ostdeutschland geführt. Wahrscheinlich hat Eva Herman längst die Filmrechte verkauft – Science Fiction-Filme mit Katastrophenszenarien machen ja in der Regel gut Kasse.

Walter Mixa wiederum, früher mal Bischof in Augsburg, pöbelte, der Krippenausbau degradiere Frauen zu »Gebärmaschinen«. Außerdem würden Kleinkinder »geschädigt«, wenn ihre Mütter in den ersten Jahren nach ihrer Geburt arbeiten gingen. Und das sagt einer, der jahrelang Kinder mit dem Stock oder seinem Gürtel geprügelt haben soll.

Bei dem Gedanken an Mixa trete ich noch einen Gang stärker in die Pedale. Ich hetze den Radweg entlang, erst an der roten Ampel halte ich mit quietschenden Reifen. Wahrscheinlich sind selbst Müller, Meves und Mixa der Meinung, dass überfahrene Mütter für Kinder noch schädlicher sind als arbeitende Mütter. Mein Blick fliegt zwischen Ampel und Uhr hin und her. Erst beim fünften Blick auf das Ziffernblatt fällt mir wieder ein, dass Nepomuk mit seinen drei Jahren noch gar nicht die Uhr lesen kann.

Kaum in der Kita angekommen, stellt unser Sohn meine Welt auf den Kopf, wieder einmal. Vielleicht sind es seine rheinländisch-karnevalistischen Wurzeln, vielleicht auch eine alterstypische Begeisterung für Rollenspiele, auf jeden Fall verpasst er sich und mir zurzeit ständig neue Identitäten. »Meine Giraffenmama!«, hat er am Tag zuvor gerufen, als er mich durch die Fensterscheibe heranradeln sah. Den restlichen Nachmittag waren wir Eisbären, Pferde, Fische oder Maulwürfe. Morgens hatte er mich noch in eine Kamelmama verwandelt und nun bei meiner Ankunft in der Kita macht er aus seiner verschwitzten, leicht verspäteten Mutter eine Vielzufrühabholerin. Eine Spaßverderberin. Streng schaut er mich an: »Aber wir wollen doch noch spielen«, sagt er enttäuscht. Sein Kitakumpel schiebt schmollend seine Unterlippe vor.

»Ist gut«, seufze ich. Im Schneidersitz auf dem Boden sehe ich

Nepomuk und seinem Freund dabei zu, wie sie als Müllmänner den gesamten Krippenraum aufräumen. Rollenspiele sind eine lehrreiche Angelegenheit, vielleicht ja nicht nur für Kinder, sondern auch für ihre Eltern.

Rollenspiele für Erwachsene

Heidi Keller hat Rollenspiele quasi zu ihrem Beruf gemacht. Die Entwicklungspsychologin am Niedersächsischen Institut für Frühkindliche Bildung und Entwicklung beobachtet seit Jahren Eltern und Kinder in aller Welt: in Deutschland und Griechenland, über China und Indien bis Costa Rica oder Mexiko. Sie wird sehr ungeduldig, wenn man sie fragt, wo und wie Kinder am besten betreut werden. In ihrer Weltsicht gibt es keine Bestnoten, sondern nur gute Alternativen. **»Auf der Welt gibt es unzählige Betreuungsmodelle und die allermeisten bringen glückliche, gesunde Erwachsene hervor. Wir müssen lernen: Es gibt für die Betreuung von Kindern nicht den einen richtigen Weg«**, fordert Heidi Keller.

Die!Kung-Frauen im südlichen Afrika tragen ihre Kinder in den ersten drei Jahren für den Großteil des Tages eng am Körper. Dagegen verbringen schon die Babys der Efe in Zentralafrika nur einen Bruchteil ihrer Zeit mit ihren Müttern. Oft werden sie innerhalb einer Stunde von mehr als einem Dutzend verschiedener Erwachsenen getragen, zum Teil stillen sogar andere Frauen die Säuglinge.

Kellers Kollege, der US-Evolutionsbiologe Jared Diamond, sagte es in einem Interview einmal sehr drastisch: »Wenn sich nur Kinder gut entwickeln würden, die in den ersten Jahren an ihrer Mutter kleben, dann wären die Kinder der Hausfrauen in den reichen Industrienationen die ersten und einzigen normalen Menschen auf der Erde.«

Tatsächlich zeigen die Forschungen von Anthropologen, dass unsere affenhaften Vorfahren zwar nach dem Modell gelebt haben und dass während der ersten sechs Jahre alleine die Mutter verantwortlich war für ihr Junges, doch vor rund zwei Millionen Jahren haben wir Menschen damit begonnen, unsere Kinder gemeinsam großzuziehen (siehe Kapitel » … als Mutter und als Vater?«). Die Arbeitsteilung war ein Erfolg auf ganzer Linie. Die gemeinsame Verantwortung steigerte die Überlebenschancen der Kinder, sie verringerte den Abstand zwischen den Geburten und erhöhte so die Zahl der Nachkommen deutlich.

In den meisten traditionellen Kulturen sind selbst Neugeborene nur etwa die Hälfte des Tages bei ihrer Mutter. »Die Mütter wissen oft gar nicht, wo ihre Kinder sind«, sagt die Entwicklungspsychologin Heidi Keller. »Und weil sie sich darauf verlassen können, dass ihr Kind von der Gemeinschaft gut versorgt wird, machen sie sich darüber auch überhaupt keine Gedanken.«

Wir wollen uns nicht darauf verlassen, dass unsere Kinder von der Gesellschaft gut betreut werden. Nur acht Prozent der 18- bis 44-Jährigen waren in einer Umfrage des Instituts für Demoskopie Allensbach der Ansicht, junge Mütter sollten weiterhin voll berufstätig sein. Laut einem Report des Familienministeriums meinen 70 Prozent der Männer und 56 Prozent der Frauen in den westlichen Bundesländern, dass ein Kleinkind sicherlich darunter leiden wird, wenn die Mutter berufstätig ist. In Dänemark hingegen gehen etwa 80 Prozent der Ein- bis Zweijährigen in eine Krippe, in den Niederlanden knapp die Hälfte. Aber bei uns ist der geplante Ausbau von Krippenplätzen für 35 Prozent der Kinder unter drei bis heute umstritten.

Der Krippenausbau war in der Bundesregierung sogar so umstritten, dass dort prompt entschlossen wurde, ihm durch die Förderung des gegenteiligen Lebensmodells Konkurrenz zu machen: Ebenfalls ab 2013 sollen Eltern innerhalb der ersten drei Lebensjahre ihres Kindes ein Betreuungsgeld von 150 Euro im Monat bekommen, wenn sie es selbst zu Hause betreuen. Dafür hatte sich die CSU in den Koalitionsverhandlungen ausgesprochen, begeistert sekundiert von den rechtsextremen Republikanern und der Partei der Bibeltreuen Christen. Das Geld sei »die schlimmste Verschwendung von öffentlichen Geldern, seit Kaiser Caligula sein Pferd zum Consul ernannt hat«, schimpfte Kolumnist Harald Martenstein im Tagesspiegel. Gemäßigtere Kritiker nennen das Betreuungsgeld gerne »Herdprämie«, doch Martenstein setzt noch einen drauf und tauft sie »Anti-Bildungs-Prämie«.

Kinderkrippen sind schließlich nicht nur Einrichtungen zur Betreuung von Kindern, sondern auch für ihre Bildung. Das zeigen etwa die Ergebnisse der bislang größten Untersuchung zur weltweiten Betreuung von Kleinkindern, der amerikanischen Studie »National Investigation on Child Development« (NICHD). Im Rahmen dieser Untersuchung hatten Wissenschaftler von 1991 bis 2006 über 1000 Krippenkinder regelmäßig untersucht, um herauszufinden, wie groß der Einfluss der Betreuungsform auf ihre geistige, körperliche und soziale Entwicklung war. **Es zeigte sich, dass Kinder, die schon früh in guten Tageseinrichtungen betreut wurden, in den Entwicklungstests der NICHD-Studie alle Altersgenossen abhängten. Sie hatten mit viereinhalb Jahren einen größeren Wortschatz und ein besseres Gedächtnis, sie waren kreativer, fein- und grobmotorisch geschickter. Bei ihrer Einschulung waren sie den anderen Kindern in ihrer geistigen Entwicklung um etwa ein Jahr voraus.**

Es gab sogar einen klaren Gewinner: Kinder aus schwierigen familiären Verhältnissen profitierten besonders stark von dem

Besuch einer Tageseinrichtung. Das zeigte neben der NICHD-Studie auch Ende 2009 eine Studie der Bertelsmann-Stiftung für Deutschland. Die Chance, aufs Gymnasium zu gehen, stieg schon bei Kindern aus nichtbenachteiligten Familien um immerhin fast zwei Fünftel, wenn sie als Kleinkinder eine Krippe besucht hatten. Noch größer war die Erfolgsquote bei Kindern aus benachteiligten Familien. Hatten sie eine Krippe besucht, lag die Wahrscheinlichkeit aufs Gymnasium zu gehen, um zwei Drittel über dem Durchschnitt.

Nach Krippe und Kindergarten geht es mit der Dauer der täglichen Kinderbetreuung hierzulande nicht einmal zwingend bergauf. In den westlichen Bundesländern gehen mehr als drei Viertel der Acht- bis Neunjährigen ausschließlich vormittags in die Schule. Eine Ganztagsgrundschule besucht nur jedes siebte Kind in diesem Alter. In Ostdeutschland gehen dagegen etwa zwei Drittel der Drittklässler entweder in eine Ganztagsgrundschule oder nachmittags in einen Hort.

In Sachen Kinderbetreuung ist Deutschland im europäischen Vergleich ein »Dritte-Welt-Land«, urteilt entsprechend die Literaturwissenschaftlerin Barbara Vinken in ihrem Buch *Die deutsche Mutter. Der lange Schatten eines Mythos.* Darin beschreibt sie »den deutschen Sonderweg«: Unser Dogma, Kinder könnten von niemandem, erst recht nicht vom Staat, so gut erzogen werden wie von ihrer Mutter. In den vergangenen Jahrzehnten haben wir eine evolutionäre Rückwärtsrolle gemacht, Millionen von Jahre zurück, in eine Zeit, als Mütter sich über Jahre alleine um ein einziges Kind kümmern konnten und daher nur halb so viele Nachkommen zur Welt brachten. Der Effekt scheint auch heute wieder zu wirken. Hinter Nachbarländern wie Frankreich, Dänemark, Schweden oder den Niederlanden, wo Kinder früher, länger, oft qualitativ besser und vor allem ohne Mütterschelte außer

Haus betreut werden, hängt Deutschland bei der Geburtenrate weit abgeschlagen zurück.

Es ist ein hoher Preis, den wir für unser Dogma zahlen, beklagt Barbara Vinken: »überflüssige Märtyrerinnen auf der einen Seite, die alles um der Kinder willen aufgeben, überflüssiger Verzicht auf Kinder auf der anderen Seite, den die meisten Frauen schweren Herzens auf sich nehmen.«

Kaffee oder Kita?

Wie überflüssig unser Mutter-Mythos ist, fällt mir eine Dreiviertelstunde nach meiner Ankunft in der Kita auf. Mein rechtes Bein ist mir längst im Schneidersitz eingeschlafen, Nepomuk und sein Kumpel hingegen sind immer noch Müllmänner.

Mehr als eine Stunde nach meiner Ankunft verlassen wir die Kita gemeinsam mit seinem Kumpel und dessen Vater – die Jungs konnten sich einfach nicht trennen. »Wenig Milch«, bitte ich, als ich mit Nepomuk und seinem Zwergenpendant in dessen Kinderzimmer sitze und sein Vater in der Küche mit der Kaffeemaschine hantiert. »Ich brauche meinen Kaffee heute besonders stark«, rufe ich noch hinterher. Der Abend wird lang werden, daher habe ich meinen Laptop aus dem Büro mitgenommen. Sobald unser Sohn schläft, werde ich den Satz zu Ende führen müssen, den ich nachmittags im Büro mittendrin abgebrochen habe. Vielleicht schaffe ich es sogar, noch drei, vier Sätze hinzuzufügen.

»Leg doch ein halbes Stündchen deinen Kopf auf den Schreibtisch«, riet mir eine Kollegin einmal. Sie ist selbst Mutter von zwei Kindern und meinte diesen Ratschlag kein Stück ironisch. Auch sie steht pünktlich um 15 Uhr vor der Kita ihrer Söhne, auch sie arbeitet ungerne aber regelmäßig in den Abend hinein. An manchen Tagen holt sie im Büro Schlaf nach und dann am Abend die Arbeit.

Nun sind eigentlich weder meine Kollegin noch ich Masochistinnen. Unser Gehetze, unser schlechtes Gewissen, die Müdigkeit haben einen einzigen Grund: Wir wollen, dass unsere Kinder glücklich sind.

Mit diesem Wunsch werden wir von der Psychologie prompt zurück in die 1960er-Jahre und zu dem britischen Kinderpsychiater John Bowlby und seiner Bindungstheorie (siehe Kapitel »... als Mutter und als Vater?«) katapultiert. Um die Bindung zwischen Mutter und Kind möglichst stabil aufzubauen, empfahl Bowlby Müttern von Kleinkindern, die sichere Dosis an zumutbaren Trennungen sei »die Null-Dosis«. Moderne Bindungsforscher haben seine Theorie der engen Mutter-Kind-Bindung jedoch um gleich mehrere Erwachsene erweitert. »Helfer am Nest« nennen Bowlbys Nachfolger diese zusätzlichen Bezugspersonen wie etwa den Vater, die Großeltern, eine Tagesmutter, Kinderfrau oder Krippen-Erzieherin. Das kreischt doch gleich deutlich weniger in den Ohren als Genitalverstümmelung und Gebärmaschinen. »Helfer am Nest« bedeutet, dass wir Eltern für unsere Kinder das Nest sein können, ein sicherer Hafen, und uns dennoch helfen lassen.

Bereits 1988 sagte der weltbekannte, mittlerweile leider verstorbene Kinderpsychologe Bruno Bettelheim in einem Interview mit dem Magazin Stern: »Es ist ein großer Irrtum zu glauben, dass die Qualität der Beziehung zwischen Mutter und Kind etwas mit Stunden und Minuten zu tun hat. Wichtig für das Kind ist, ob die Mutter, wenn sie nach Hause kommt, todmüde ist und nur noch ihre Ruhe haben will. Oder ob sie sich freut, dass sie sich jetzt ihrem Kind – oder ihren Kindern – widmen kann. Das ist der Unterschied, auf den es ankommt. Die Tatsache, dass eine Frau berufstätig ist, sagt nichts aus. Das ist etwas Äußerliches. Mich interessieren ihre inneren Beziehungen.«

Genau das haben seit den 1980er-Jahren Studien aus aller Welt bestätigt, die den Einfluss von außerfamiliärer Betreuung auf Kleinkinder untersucht haben. **Der Besuch oder Nichtbesuch einer Krippe prägt Kinder zwar, doch deutlich stärker ist der Einfluss von uns Eltern. Unser Einkommen, unsere Ausbildung und vor allem unsere Beziehung zu unserem Kind bestimmen dessen Schicksal weitaus stärker als die Krippe.** Zu diesem Ergebnis kam etwa die amerikanische NICHD-Studie. Sie zeigte, dass die Qualität dieser Beziehung weder von der grundsätzlichen Entscheidung für oder gegen eine Betreuung beeinflusst wird, noch von deren Qualität, ihrem Startpunkt oder der täglichen Dauer. Keine dieser Entscheidungen kann scheinbar die Beziehung zwischen Kindern und ihren Eltern beeinflussen. Das tut alleine unsere Feinfühligkeit für die Gefühle und Wünsche unseres Kindes.

Bindungstheorie und Betreuung schließen sich nicht aus. Das stellt auch die Entwicklungspsychologin Lieselotte Ahnert fest, die seit Langem den Einfluss von Krippenbetreuung auf die Entwicklung von Kindern untersucht. In ihrem Buch *Wieviel Mutter braucht ein Kind?* beschreibt sie einerseits Mutterliebe als lebenswichtig und lebensprägend. Andererseits weist sie auch immer wieder darauf hin, dass Mütter in der Regel humorvoller, kreativer und vor allem feinfühliger mit ihren Kindern sind, wenn sie ihr Kind auch mal in eine zuverlässige Betreuung geben können.

Im Gegensatz zu Bowlbys Forderung nach einer Null-Dosis an Trennung wies Ahnert 2010 in einem Spiegel-Interview pragmatisch darauf hin, »dass ein Säugling oder Kleinkind nicht die Stunden ihrer An- oder Abwesenheit zählt«. Das Interview trug den Titel: »Mütter, entspannt euch!«

»Wir haben in Deutschland die Tendenz, Diskussionen ideologisch zu führen«, meint Fabienne Becker-Stoll, Leiterin des Staatsinstituts für Frühpädagogik. Sie bevorzugt die goldene Mitte gegenüber der Schwarz-Weiß-Sicht. »Mehrere vertrauensvolle Bezugspersonen schaden auch im ersten Jahr nicht, wenn sie kontinuierlich da sind, feinfühlig mit dem Kind umgehen, wenn die Trennung zu den Eltern gut vorbereitet wird und die Betreuung möglichst nur halbtags ist.«

Sie rät wie die meisten Frühpädagogen von einer zu frühen Ganztagsbetreuung ab, aber auch davon, Kinder überhaupt nicht von anderen Erwachsenen betreuen zu lassen. »Es geht nicht um ganz oder gar nicht, sondern um die richtige Dosis. Es bekommt Mutter und Kind meist schlecht, wenn sie zu sehr isoliert sind. Gerade für Mütter mit einem akademischen Hintergrund ist es oft die beste Lösung, berufstätig sein zu können und trotzdem Zeit für ihr Kind zu haben.« Fabienne Becker-Stoll denkt dabei an das Wohl der Mütter und ihrer Kinder. **»Wir wissen aus unserer Forschung: Wenn eine Mutter sehr zufrieden ist mit ihrem Leben, dann entwickelt sich ihr Kind besonders gut.«**

Es ist in unseren Breitengeraden ungewöhnlich, beim Thema Kinderbetreuung nicht alleine an das Wohl des Kindes, sondern auch an das der Mutter zu denken. Wenn man sich jedoch anschaut, was Kinderpsychologen in den vergangenen Jahrzehnten zu diesem Thema zusammengetragen haben, dann scheint dies der entscheidende Gedanke zu sein. Das Gerangel darum, ob eine außerfamiliäre Betreuung Kindern nun nützt oder schadet, endet mit einem Unentschieden. Zu geringfügig sind die Punktsiege von Befürwortern und Gegnern auf den entscheidenden Feldern.

Intelligenz: Die NICHD-Studie zeigte zwar, dass Krippenkinder bei ihrer Einschulung ihren Altersgenossen in ihrer geistigen Entwicklung um ein Jahr voraus sind, doch bei den Kindern aus gebildeten Elternhäusern verschwand dieser Unterschied nach kurzer Zeit. Gegen Ende der ersten Schulklasse, wenn also alle Kinder gleichermaßen außer Haus betreut wurden, lagen sie wieder gleichauf. Eine wirkliche Verbesserung sowohl in Intelligenztests wie auch in der Bildungskarriere scheint es langfristig vor allem für Kinder aus sozial schwächeren Elternhäusern zu geben.

Krankheiten: In Sachen Erkältungen, Mittelohrentzündungen, Bronchitis oder sonstigen Kinderkrankheiten hatten Krippenkinder eindeutig die Nase vorne. Allerdings änderte sich auch dieser Vorsprung mit dem Schulbeginn. Da holten die Kinder, die zuvor zu Hause oder bei der Tagesmutter vor Bakterien und Viren besser geschützt waren, schnell ihr Soll an Krankheitstagen nach.

Problemverhalten: Kinder, die sehr früh und sehr lange in Krippen betreut worden waren, zeigten sich im Schulalter eine Spur aufsässiger als Kinder, die vorher bei ihrer Mutter, einer Tagesmutter oder einer Kinderfrau waren. Diese Beobachtung war das wohl markanteste Ergebnis der NICHD-Studie, die Schlussfolgerung daraus ist jedoch bis heute umstritten. »Fremdbetreuung macht Kinder aggressiver«, titelte etwa die Frankfurter Allgemeine Zeitung. Krippenbefürworter hielten dagegen: Kitakinder seien bloß durchsetzungsstärker als Mamasöhnchen.

Sozialverhalten: Schon vor ihrem ersten Geburtstag nehmen Babys Kontakt zu anderen Kindern auf, beobachteten Psychologen vom Marie Meierhofer-Institut für das Kind in Zürich. Sie ahmen andere Babys nach, helfen und trösten sich gegenseitig und oft genug versuchen sie sogar, Konflikte ohne Keile zu lösen. »Ich gehöre zu denen, die den frühen Kontakt zu anderen Kindern lange unterschätzt haben«, sagt etwa die Verhaltensbiologin Gabriele Haug-Schnabel. »Dabei lernen Kinder in unglaublichem

Maße voneinander; von Gleichaltrigen, aber auch von älteren und jüngeren Kindern.«

Die Leiterin der Forschungsgruppe Verhaltensbiologie des Menschen arbeitet derzeit an der ersten gesamtdeutschen Studie zur Bildung, Betreuung und Erziehung von Kindern unter drei Jahren mit. Bereits jetzt sagt sie: »Schon in den ersten drei Jahren ist eine gute Halbtagsbetreuung eine Bereicherung des Lebensumfeldes. Es tut Kindern gut, wenn sie von klein auf positive Erfahrungen auch außerhalb ihres Elternhauses machen. Das zeigt ihnen: Es lohnt sich, rauszugehen. Es gibt auch über meinen Familienkreis hinaus Menschen, die sich für mich interessieren, die mir helfen, die mich unterstützen, die mich trösten.«

Die große amerikanische NICHD-Studie, die jahrelang an Tausenden Kleinkindern den Einfluss von Krippenbetreuung untersucht hat, bemerkte zwar deutliche Vorteile für Kinder aus benachteiligten Familien, wenn diese in einer Krippe betreut wurden. Bei Kindern aus der Mittelschicht machte es dagegen einen nur recht geringen Unterschied, ob sie in ihren ersten drei Lebensjahren tagsüber zu Hause oder in einer Betreuungseinrichtung spielten. In der Mitte der Gesellschaft kommt es weniger auf das ›Ob‹ an, als vielmehr auf das ›Wie‹. Wie groß sind die Kindergruppen? Wie viele Erzieher oder Erzieherinnen gibt es? Wie gut ausgebildet und wie feinfühlig sind sie? Wie oft wechseln sie? Wie wird die Eingewöhnung gestaltet? **In der idealen Krippe muss es weder Yoga, noch Sauna, noch Bio-Essen geben. Dafür sollten es nicht mehr als sechs bis acht Kinder in einer Gruppe sein, auf eine Erzieherin sollten drei bis maximal vier Kinder kommen und für die Eingewöhnung sollte etwa ein Monat eingeplant werden.** All das wissen Entwicklungspsychologen, Bindungsforscher und Pädagogen aus etlichen Beobachtungsstudien. Sie wissen aber auch, dass es in Deutschland nicht viele derartige Krippen gibt.

Die Suche nach der richtigen Krippe für ihr Kind treibt gerade Mütter manchmal mehr um als die Suche nach dem richtigen Partner, mit dem sie überhaupt ein Kind bekommen möchten. Zu Recht, zeigt eine Studie der Entwicklungspsychologin Lieselotte Ahnert an Berliner Familien. Denn neben allen formalen Qualitätskriterien müssen wir Eltern schließlich bereits im Vorfeld eine Antwort auf die wichtigste Frage überhaupt finden: Wird sich unser Kind hier wohlfühlen? Noch wichtiger, zumindest für die Mutter-Kind-Beziehung, scheint zu sein, wie wohl sich die Mutter mit der Betreuung ihres Kindes fühlt. Und es scheint tatsächlich einen Faktor bei der Betreuung unserer Kinder zu geben, der sich sehr nachteilig auf sie und vor allem auf unsere Beziehung zu ihnen auswirken kann: unser schlechtes Gewissen.

Während einer Studie an Berliner Familien beobachtete Lieselotte Ahnert, wie verunsichert viele Mütter waren, wenn sie morgens ihre Kinder in die Krippe brachten. Einerseits wollten sie berufstätig sein, andererseits hatten sie Sorge, die Trennung von ihnen könnte ihrem Kind schaden. Schädlich war jedoch vor allem ihre Ambivalenz. Die Kinder spürten sie und entwickelten oft aus diesem einen Grund eine etwas schlechtere Beziehung zu ihren Müttern. »Das hatte mit den Kitas selbst nichts zu tun«, stellte sie in einem Interview mit der tageszeitung klar. **»Die Beziehung zur Mutter wird von ihr selbst bestimmt.«**

Lieselotte Ahnert hat einen sehr schlechten Einfluss auf mich. Meine Zeit im nachmittäglichen Triathlon hat unter ihren Arbeiten und Thesen deutlich gelitten. Immer häufiger schreibe ich in letzter Zeit den Satz, an dem ich sitze, doch noch zu Ende. Mittags setze ich mich hin und wieder zum Essen in die Küche statt an meinen Schreibtisch. Ich halte an jeder Ampel und es kommt in letzter Zeit vor, dass ich langsam genug in die Pedale trete, um noch einem Vogel zuzuhören oder einen Blick in die Schaufenster auf meinem Weg zu werfen. Auch zu der Disziplin Auf-dem-Schreibtisch-schlafen habe ich es leider nie gebracht. Stattdessen hole ich unseren Sohn jetzt um die gleiche Zeit ab wie mein Mann: gegen 15 Uhr. Inklusive Verlängerung um ein akademisches Viertel, nein, seien wir ehrlich, um eine akademische Dreiviertelstunde.

Der Einfluss der Betreuung:

Kinder aus benachteiligten Familien profitieren stark vom möglichst frühen Beginn einer Betreuung außerhalb ihres Elternhauses. Ihre Chancen für die Zukunft, etwa später aufs Gymnasium zu gehen, steigen durch den Besuch einer Krippe stark an.

Auf Kinder aus der gesellschaftlichen Mitte hat es dagegen langfristig nur wenig Einfluss, ab wann sie außerfamiliär betreut werden. Zwar sind auch hier Krippenkinder bei der Einschulung ihren Altersgenossen in ihrer geistigen Entwicklung deutlich voraus, der Unterschied nivelliert sich jedoch bald. Auf die Beziehung zwischen einem Kind und seinen Eltern wirkt sich ein früher Krippenstart ebenfalls nicht aus. Entscheidend dafür ist, wie die Eltern in der gemeinsamen Zeit auf ihr Kind eingehen – und ob sie mit der Betreuungslösung zufrieden sind.

Unsere Aufgaben:

Die Entscheidung, ab wann wir unsere Kinder außer Haus betreuen lassen wollen (oder müssen), prägt sie in der Regel nur wenig und bleibt damit uns überlassen.

Entscheidend ist jedoch die Qualität der Einrichtung oder der Tagesmutter bzw. Kinderfrau, von der wir unser Kind betreuen lassen. Experten empfehlen, auf diese Qualitätsmerkmale besonders zu achten:

- Eingewöhnungszeit: Eine sanfte Eingewöhnung in die neue Betreuungssituation kann entscheidend dafür sein, wie wohl sich ein Kind und auch seine Eltern dort fühlen. Der Übergang sollte langsam und vor allem ganz individuell gestaltet werden, mindestens einen Monat sollten Eltern und Betreuer dafür einplanen.
- Betreuungsschlüssel: In der idealen Krippe kommen auf eine Erzieherin drei bis maximal vier Kinder, die Gruppe sollte insgesamt nicht größer als sechs bis acht Kinder sein. Etwas anders ist der Schlüssel bei altersgemischten Gruppen, in denen ein Teil der Kinder schon älter als drei Jahre ist.
- Feste Bezugspersonen: Gerade Kinder unter drei Jahren müssen von ein bis zwei vertrauten Menschen betreut werden. Ein bis zwei Erzieherinnen sollten daher für eine Krippengruppe verantwortlich sein. Eine wichtige Nachfrage beim Infotermin in der Krippe: Was geschieht, wenn eine Erzieherin krank ist? Gerade staatliche Einrichtungen verzichten dann oft auf Ersatz, so dass eine Erzieherin plötzlich schnell auf eine unzumutbare Zahl von einem Dutzend Krippenkinder kommt. Vorbildliche Einrichtungen gewöhnen dagegen ein bis zwei feste Aushilfserzieher in der Krippengruppe ein, die dann bei Bedarf einspringen können.
- Entscheidung mit Bauchgefühl: Am Ende sollten Eltern sich für eine Einrichtung oder Person entscheiden,

mit der sie persönlich sich wohlfühlen und in der sie ihr Kind gerne lassen. Das eigene Bauchgefühl entscheidet meist noch stärker über den Erfolg der Betreuung als alle pädagogischen Konzepte.

Zum Weiterlesen:

Lieselotte Ahnert: *Wieviel Mutter braucht ein Kind? Bindung – Bildung – Betreuung: öffentlich und privat.* Spektrum Akademischer Verlag, Heidelberg 2010

Jörg Maywald und Bernhard Schön (Herausgeber): *Krippen: Wie frühe Betreuung gelingt. Fundierter Rat zu einem umstrittenen Thema.* Beltz, Weinheim 2008

Jörg Maywald: *Die beste Frühbetreuung: Krippe, Tagesmutter, Kinderfrau.* Beltz, Weinheim 2010

Barbara Vinken: *Die deutsche Mutter. Der lange Schatten eines Mythos.* Fischer, Frankfurt 2007

... durch die Wahl ihres Wohnortes?

Wenn Reisende in Filmen oder Büchern besonders verwegen sind, dann suchen sie sich ihr Reiseziel so aus: Sie stupsen einen Globus an, schauen einen Moment lang zu, wie sich die kleinformatige Erdkugel dreht und dreht, schließen dann die Augen und tippen mit ihrem Zeigefinger auf irgendeine Stelle. Auf Turkmenistan oder Thailand etwa, auf Italien oder Indien, der Zufall bestimmt das Ziel ihrer Reise.

Dieses Spiel kennt jeder, nicht nur aus Filmen und Büchern, denn mit jedem Menschen wurde es schon einmal gespielt, und zwar gleich zu Beginn unseres Lebens. Zwar werden sich die Gelehrten aus aller Welt wohl niemals darüber einigen, wer – Zufall? Schicksal? Gott? – nun darüber entscheidet, in welchem Land wir geboren werden, aufwachsen und leben. **Einig sind sie sich dennoch darin, dass kein Faktor einen Menschen nach seiner Geburt so entscheidend prägt wie das Land und damit der Kulturkreis, in dem er aufwächst.**

»Es gibt keinen größeren Einfluss in den ersten Lebensjahren als die soziale Gruppe, der man angehört«, sagt etwa Heidi Keller, Entwicklungspsychologin an der Universität Osnabrück. Sie untersucht seit Jahren, wie unterschiedlich Kinder in den Kulturen dieser Welt aufwachsen und wie sehr sie dadurch fürs Leben geprägt werden. Sie sagt: »Die Kultur bestimmt alles: Was wir als lecker oder eklig empfinden, als schön oder hässlich, richtig oder falsch. Kultur ist die Grundlage von allem anderen.«

Kein Wunder also, dass der Begriff »Vaterland« schon im

11. Jahrhundert in einem Wörterbuch auftauchte. Tatsächlich prägt das Land, in dem unsere Kinder aufwachsen, sie wohl stärker als so mancher Vater. Es beeinflusst ihren Geschmack und ihre Gedankenwelt, ihre Religion, Sprache und Riten. Selbst die Körpergröße wird nicht allein durch die Gene, sondern auch von der Ernährung und den Lichtverhältnissen bestimmt, mit denen es aufwächst.

Trotzdem stellen Eltern keine Visumsanträge für Länder, in denen es mehr Licht oder eine gesündere Ernährung gibt als bei uns. Wir lassen uns vielleicht vom Job ans andere Ende der Welt versetzen oder von der Liebe dorthin locken. In Büchern oder Filmen spielen wir immer wieder fasziniert das gleiche Spiel: Was wäre, wenn … ein Junge im indischen Dschungel bei Wölfen aufwächst wie Mowgli im »Dschungelbuch«? … ein Mädchen seine Kindheit auf einer Farm in Kenia verbringt wie die Bestsellerautorin Stefanie Zweig? … Kinder gefährliche Floßfahrten, Höhlenerkundungen und sonstige Abenteuer erleben wie Huckleberry Finn am Mississippi?

Doch wir ziehen nicht für unsere Kinder nach Indien, Kenia oder Schweden. Die Auswahl des Heimatlandes unserer Kinder überlassen wir dem Zufall, Schicksal, Gott oder dem Job. Genauso wie die Wahl der Stadt, in der wir unsere Kinder großziehen.

Eigentlich müsste sich die Einwohnerzahl von Stuttgart oder Ulm seit 2007 mindestens verdoppelt haben. Immerhin hat in diesem Jahr der »Gesundheitsatlas Deutschland« gezeigt, wie stark die Wahl einer Stadt oder Region unsere Gesundheit und Lebenserwartung beeinflussen kann. So wurde beispielsweise vorgerechnet, dass ein neugeborenes Mädchen in Stuttgart ganze 2,6 Jahre länger lebt als ein gleichaltriges Mädchen in Saarbrücken. Und Stuttgart wurde in der Vergleichsstudie noch nicht einmal zur gesündesten Stadt des Landes gewählt. Das war Ulm.

Zum Vergleich: Der Medizinprofessor Klaus Heilmann hat in seinem Buch *Das Risikobarometer* ausgerechnet, dass die Entscheidung, Motorrad zu fahren, das Leben statistisch gesehen gerade mal um 207 Tage verkürzt. Für unsere Kinder ist es also laut Statistik gefährlicher, wenn wir mit ihnen für einen neuen Job nach Saarbrücken ziehen, als wenn sie selbst eines Tages den Motorrad-Führerschein machen.

Das Unternehmen, das seine Mitarbeiter aus gesundheitsstatistischen Gründen nur in ausgewählten Regionen einsetzt, muss jedoch erst noch gegründet werden. Daher liegt die Wahl der Stadt, in der unsere Kinder aufwachsen, in der Regel in der Fügung unseres Arbeitgebers.

Raus ins Grüne?

Der Job oder die Ausbildung ist der Pflock im Boden, der uns an einem Ort hält. Gut, für manche ist es auch das Eigenheim, die Nähe zu den eigenen Eltern, die Mitgliedschaft in der freiwilligen Feuerwehr oder schlicht eine annehmbare Dichte an ordentlichen Krippen und Kindergärten. Auf jeden Fall sind wir aus irgendeinem Grund an irgendeinen Ort gebunden, und das Einzige, worüber wir noch frei entscheiden können, ist der Radius zwischen diesem Pflock und dem Ende unserer Leine. Im Schnitt ist diese Leine gut 20 Kilometer lang, denn so weit pendeln deutsche Arbeitnehmer statistisch gesehen jeden Tag zwischen Job und Wohnung oder Haus.

20 Kilometer, das ist nicht gerade wenig. Von meinem Büro und dem meines Mannes aus gesehen, könnten wir also mitten in der Stadt oder draußen im Speckgürtel unserer Stadt wohnen, in Vierteln voller verwunschener Altbauten und gläserner Hochhäuser

oder geräumiger Einfamilienhäuser, in der Nachbarschaft von Cafés und Kneipen oder von Wiesen und Wäldern.

Wir haben uns für die Variante mit Altbauten und Cafés vor der Tür entschieden, aber leicht war es nicht, in genau diesem Viertel eine Wohnung zu finden. Schließlich sind wir in unserer Generation nicht die Einzigen, die eine Kindheit in der Stadt für machbar halten. Familientaugliche Wohnungen, die groß genug sind für drei und vielleicht irgendwann auch mal vier, die Balkon und Badewanne haben, hohe Decken und Dielenboden und dann trotzdem noch eine bezahlbare Miete, solche Wohnungen sind das ganz große Los in unserem Viertel.

Wir hatten es gezogen, doch unsere Vormieter kündigten uns schon beim Einzug an, dass unser Glück hier von kurzer Dauer sein würde. »Wenn ihr mal ein Kind habt«, prophezeiten sie uns, »dann werdet ihr auch rausziehen. Ins Grüne.« Sie sagten das, nachdem sie mit mehr als einer Stunde Verspätung zur Wohnungsübergabe gekommen waren, denn sie hatten mit ihrer gut einjährigen Tochter im Stau auf den Elbbrücken gestanden, mitten im Strom der Autos, die aus dem grünen Umland in die Stadt fuhren. Ich schwieg zu ihrer Prophezeiung – aus Angst, bei Widerspruch die Wohnung im letzten Moment doch nicht mehr zu bekommen. Doch hinter ihrem Rücken schauten mein Mann und ich uns entsetzt an. Raus ins Grüne?

Keine Frage, ich bin selbst in einer Reihenhaussiedlung mit vielen Gärten, niedrigen Zäunen, kaum Straßen, Vogelgezwitscher, Schaukeln im Garten, Bäumen zum Klettern und einer Horde Nachbarskinder aufgewachsen. Als Kind ein Traum, aber aus meiner heutigen Muttersicht der schiere Albtraum: kein Café, kein Kino und kein Klamottenladen an der nächsten Straßenecke. Meine Mutter kam aus dem Auto quasi nicht mehr raus, fuhr ins Büro und zum Einkaufen, kutschierte meinen Bruder und mich zu Malkursen, Freunden, Fußballturnieren oder zum Ballettunterricht. Vormittags ging sie ins Büro, nachmittags und am Wochenende fuhr sie Auto.

Autofahren gehört aber nun einmal nicht zu meinen Lieblingsbeschäftigungen, erst recht nicht im Berufsverkehr auf den Elbbrücken. Daher hielt ich unsere Vormieter für liebenswürdige Spinner und richtete in aller Ruhe mit meinem Mann unsere Stadtwohnung ein. Vor der Geburt unseres Sohnes erkundeten wir die Tapas-Bars, Kneipen und Frühstücks-Cafés unseres Viertels, nach seiner Geburt die Bio-Supermärkte, Kinderklamotten-Läden und Spielplätze. Doch in letzter Zeit, keine vier Jahre nach der Prophezeiung unserer Vormieter, ertappe ich mich manchmal mitten in einem Landidylle-Traum voller blühender Obstbäume, selbst gebackener Apfelkuchen, dreckbespritzter rotwangiger Kindergesichter, einer knarzenden Holzschaukel und einem wild wuchernden Garten.

»Der Trend geht dahin, dass jeder am Hackeschen Markt wohnen, aber seinen eigenen kleinen Gemüsegarten haben will«, beschrieb ein Architekt in der Berliner Zeitung, was moderne Familien sich über ihre Wohnsituation so alles zurechtträumen. Tatsächlich zeigen Studien wie »Zurück in die Innenstadt?« des Instituts für Soziale Stadtentwicklung oder »Stadt als Wohnort für Familien« des Bundesbauministeriums, dass gerade Familien sich in ihrem Stadtviertel besonders verwurzelt fühlen. Durch die Kinder haben sie deutlich mehr und engere Kontakte zu ihrer Nachbarschaft. So eng sind sonst nur noch Rentner an ihr Viertel gebunden.

Trotz dieser »Renaissance der Innenstädte«, von der in den letzten Jahren die Feuilletons berichtet haben, bleibt jedoch auch die Sehnsucht nach Landidylle groß. Die Studie »Leben in deutschen Städten« des Bundesamts für Bauwesen und Raumordnung stellte im Jahr 2007 überrascht fest: Noch nie waren zwar die Befragten so zufrieden mit ihrem Leben in der Stadt. Doch noch nie gaben gleichzeitig so viele Menschen auf die Frage nach ihrem Wunschwohnort die Antwort »auf dem Land«.

Wir wollen Garten und Großstadt, ruhige Straßen und quirlige Kneipen; wir wollen morgens mit dem Rad zur Arbeit fahren und gleichzeitig in einer ruhigen Sackgasse leben, in der unsere Kinder gefahrlos selbst Radfahren lernen können. Wir wollen die Quadratur des Kreises oder eben das Einfamilienhaus möglichst im Stadtzentrum mit Gemüsegarten.

Schließlich wollen wir das Beste für uns und erst recht das Beste für unsere Kinder. Also zerbrechen wir uns den Kopf darüber, was sie denn nun glücklicher machen wird, die Vielzahl an Pflanzen und Tieren auf dem Land oder die Vielfalt an Kindergärten, Schulen, Musikschulen und Sportvereinen in der Stadt? Der eigene Garten oder der Spielplatz um die Ecke? Lauern in den Städten zu viele Gefahren für Kleinkinder? Bietet das Landleben zu wenige Anregungen für Jugendliche?

Unsere Kinder selbst scheint die Frage »Stadt oder Land?« nicht ganz so stark zu bewegen wie viele Eltern. Bei Umfragen zu ihren Wohnorten ist die Mehrheit der Kinder und Jugendlichen stets zufrieden mit dem Ort, an dem sie aufwachsen.

Je nach Alter schlägt das Pendel allerdings durchaus mal mehr zur Stadt, mal mehr zum Land hin aus. Eine Umfrage des Instituts für Demoskopie Allensbach im Auftrag von »Ein Herz für Kinder« unter Sechs- bis Zwölfjährigen ergab vor einigen Jahren, dass Landkinder ihre Kindheit durchaus öfter (67 Prozent) als Großstadtkinder (56 Prozent) genossen. Doch schon bald darauf, in der Pubertät, wendet sich das Blatt. Bei einer vergleichbaren Umfrage unter Neuntklässlern des »Landjugendverbandes Schleswig-Holstein« fühlten sich 66 Prozent der Jugendlichen auf dem Land wohl und 68 Prozent in der Stadt, tatsächlich lieber woanders leben würden zehn Prozent der Land-Jugendlichen und nur fünf Prozent der Stadt-Jugendlichen. Was die Eltern kleiner Kinder als »Bewegungsfreiheit« auf dem Land loben, das zeigt sich nun einmal für Jugendliche von seiner Kehrseite. Ihr Radius ist oft deutlich eingeschränkter, denn nur mit elterlichen Chauffeursdiensten können sie Freunde besuchen, zum Fußballtraining gelangen oder abends in die Disko gehen.

Schiedsrichter würden an dieser Stelle ein ziemlich zufriedenes Unentschieden pfeifen, schließlich fühlt sich die Mehrheit der Kinder und Jugendlichen ja an ihrem Wohnort, egal ob Stadt oder Land, offensichtlich sehr wohl.

Wir Eltern aber grübeln dennoch. Wenn wir schon nicht den Pflock verpflanzen können, der uns an einem Ort hält, dann wollen wir wenigstens im Radius unserer Leine den besten Ort für unsere Familie finden.

Warum Eltern in der Schule schwindeln

Bei dieser Suche geht es leider nicht zu wie beim Topfschlagen an Kindergeburtstagen, keine Studie und kein Experte können uns mit »heiß!«– oder »kalt!«-Rufen in das eine optimale Zuhause lenken. Immerhin haben sie aber mittlerweile so viel herausgefunden, dass ihre Ergebnisse den immensen 20-Kilometer-Radius wenigstens ein klein wenig eingrenzen.

Kinder profitieren von Grünflächen: Diverse Studien bestätigen, wer in unmittelbarer Nähe zu einem Garten, Park, Spiel- oder Sportplatz wohnt, ist seltener übergewichtig als Kinder aus reinen Wohnhaussiedlungen, so das Ergebnis einer US-Studie an fast 4000 Kindern zwischen drei und 16 Jahren. Eine kanadische Studie bestätigte ebenfalls, dass viel Grün in der Nachbarschaft Kinder bewegungsfreudiger macht.

Aber nicht nur Gesundheits-, sondern auch Gehirnforscher halten die Natur für kaum ersetzbar in der Entwicklung von Kindern (siehe auch Kapitel »Frühförderung«). Alleine der Blick ins Grüne aus dem Kinder- oder Klassenzimmer scheint schon Wunder zu wirken. Eine Studie der amerikanischen Cornell Universität zeigte, dass sich sieben- bis zwölfjährige Kinder in Aufmerksamkeitstests verbessert hatten, wenn sie in ein Zimmer mit Blick ins Grüne gezogen waren. In einer Studie an der Universität von Illinois wurde dieser Effekt auch an Kindern mit Aufmerksamkeitsdefizitstörung nachgewiesen, während eine weitere Studie an der Universität von Georgia zu einem ähnlichen Ergebnis kam. Wenn Schüler aus ihrem Klassenzimmer auf Bäume oder Gärten schauen können, schneidet gleich die ganze Klasse in Vokabel-, Sprach- und Mathematiktests um einige Punkte besser ab.

Kinder müssen die Welt erkunden können: »Ein schlechtes Wohnumfeld für Kinder führt zu einer Verhäuslichung mit negativen Konsequenzen für die Entwicklung«, warnt die Studie »Stadt als Wohnort für Familien« des Bundesbauministeriums. Unter »schlechtem Wohnumfeld« verstehen sie etwa Gegenden, in denen Kinder nur unter Aufsicht ihrer Eltern spielen können, sprich in der Nähe von zu stark befahrenen Straßen. »Das unbeaufsichtigte Spielen ist neben der Entlastung für die Eltern auch ein wichtiger Baustein in der Entwicklung der Kinder. Es fördert die Selbstständigkeit und Eigeninitiative. Gleichzeitig wird der Fernseh- und Computerkonsum vermindert und die durchschnittlichen Aufenthaltszeiten im Freien steigen«, heißt es in der Studie.

Kinder brauchen Anregungen: Wenn Eltern keine Lust darauf haben, zu Taxifahrern zu mutieren, sollten Sportvereine, Musikschulen, Theatergruppen, Kunstschulen oder Pfadfindergruppen für Kinder gut zu Fuß, mit dem Rad oder mit öffentlichen Verkehrsmitteln erreichbar sein, empfiehlt die Studie »Stadt als Wohnort für Familien« ebenfalls. »Solche Angebote zur ›sinnvollen‹ Freizeitgestaltung beeinflussen die (Aus-)Bildung von Kindern und ihre Integrationsfähigkeit in bestehenden Gruppen maßgeblich mit.«

Das Bildungsniveau des Viertels färbt ab: Wenn Eltern heute nach einem »guten« Wohnviertel suchen, dann meinen sie damit ein Viertel, in dem die Bewohner überdurchschnittlich gut gebildet sind. Diese Suche ist Gold wert, sekundiert die US-Psychologin Judith Rich Harris. In ihrem Buch *Ist Erziehung sinnlos? Warum Kinder so werden, wie sie sind,* schreibt sie: »Das ist das Einzige, was in der Macht fast aller Eltern steht – die einzige Art und Weise, wie sie auf den Lebensverlauf ihres Kindes Einfluss nehmen können.« Auch wenn sie den Einfluss von Eltern auf ihre Kinder ansonsten für sehr beschränkt hält, sagt sie doch: »Einfach durch Umziehen in ein anderes Viertel, durch die Wahl der Schule können Sie in den Verlauf eines Lebens eingreifen.«

Niemand prägt unsere Kinder so sehr wie die gleichaltrigen Freunde. Unsere einzige Möglichkeit, diese Freunde wenigstens ein Stück weit mit auszuwählen, ist durch das Lebensumfeld, in dem wir unsere Kinder großziehen. Denn, so Harris: »Dass Einstellungen ansteckend sind, hat auch seine Schattenseite: Eine schlechte Einstellung wird genauso leicht übertragen wie eine gute.« Der Effekt, den die amerikanische Psychologin da beschreibt, gilt nicht nur für Problemschulen in Harlem oder der Bronx, sondern scheinbar auch in Deutschland, und zwar im Guten wie im Schlechten.

In einem Problemviertel zu leben, wirkt sich – unabhängig von der sozialen Schicht der Eltern – negativ auf die Gesundheit von Kindern aus. Eine Studie des Robert-Koch-Instituts, der Bertelsmann-Stiftung und des Beratungsunternehmens Empirica hat nachgewiesen, dass Kinder aus Problemvierteln häufiger übergewichtig sind als ihre Altersgenossen, ihre Mütter haben während der Schwangerschaft deutlich öfter geraucht.

Andererseits kann eine gute Nachbarschaft den Bildungserfolg von Kindern positiv beeinflussen, und auch das geschieht unabhängig vom Elternhaus. Während Grundschüler aus Wohnvierteln mit einer hohen Arbeitslosen- und Sozialhilfequote ebenso gute – oder schlechte – Schulergebnisse nach Hause brachten wie Kinder aus völlig durchschnittlichen Vierteln, hatten Kinder aus überdurchschnittlich gebildeten Wohnvierteln die Nase deutlich vorn. Das zeigte eine Studie des Wissenschaftszentrums Berlin für Sozialforschung. Die Autoren der Studie vermuten, dass neben der gezielten Förderung aus dem Elternhaus Kinder in diesen Vierteln auch durch das Vorbild anderer Erwachsener gepusht werden. Gleichzeitig ist die soziale Kontrolle in solchen Nachbarschaften stärker.

Solche Ergebnisse veranlassen Großstadteltern zu schwindeln. Eine Freundin von mir lebt offiziell mit zwei weiteren Familien in ihrer Wohnung zusammen: Weil Kinder, die unter dieser Adresse gemeldet sind, bessere Grundschulen zugeteilt bekommen. Weltoffene und sympathische Mütter und Väter nehmen plötzlich Wörter wie »Ausländeranteil« oder »Kopftuchdichte« in den Mund. Das ist nicht erst seit Sarrazins umstrittenem Bestseller *Deutschland schafft sich ab* so. Familien ziehen aus ihren einst heiß geliebten Vierteln weg, formal oder sogar real, wegen des Images. Grunewald statt Kreuzberg.

Bullerbü oder Straßenmusikanten?

»Fürs Kind ins Grüne ziehen? Niemals«, warnt Fabienne Becker-Stoll, Leiterin des Bayerischen Staatsinstituts für Frühpädagogik. Wobei sie nicht vor den Vororten oder dem Land warnt, sondern vor dem Motiv »fürs Kind«. **»Wenn die Eltern selbst gerne rausziehen, weil sie unter dem Verkehrslärm in der Stadt leiden oder Lust auf einen Garten haben, ist das gut so. Aber nicht, wenn die Eltern sich unwohl dabei fühlen. Dann ist die neue Heimat auch für die Kinder nicht schön. Kinder fügen sich überall ein. Es geht also darum: Wie gut geht es den Eltern mit ihrem Wohnort?«**

Wir waren kurz davor, nach Bullerbü zu ziehen, nun gut, in die norddeutsche Variante von Bullerbü: Eine Gruppe von alten Backsteinhäusern rund um einen gemeinsamen Innenhof, bewohnt von jungen Familien, umringt von einem Park, Friedhöfen und einem Altenheim, etwas außerhalb der Stadt aber gerade noch in Fahrraddistanz zur Arbeit.

»Meerschweinchen«, jubelte Nepomuk dort vor einem Außengehege, und wir fütterten sie mit Löwenzahn. Als wir wieder zu Hause waren, in der Stadt, liefen wir zur Eisdiele an der nächsten Straßenecke, schleckten unser Eis und schauten dem Trubel auf den Straßen zu. »Ein Feuerwehrauto, ein Müllwagen, ein Hubschrauber«, zählte Nepomuk alles auf, was da so vor unserer Nase geschah, »oh, Straßenmusikanten!«

Vielleicht haben wir alle in unserer Kindheit selbst ein bisschen zu viel in Astrid Lindgrens Büchern gelesen. Die haben uns nicht nur diese Sehnsucht nach Bullerbü eingepflanzt, nach Platz für Kinder, nach Lämmchen, Pferden, Hühnern, nach Wald und Wiese und Blaubeerpfannkuchen. Sie haben uns auch das Gefühl gegeben, wir könnten uns unsere kleine Welt machen, widdewidde wie sie uns gefällt.

Zwar hat kaum einer von uns einen Heißluftballon auf dem Dachboden, eine Tasche voller Goldstücke unterm Sofa und ein Pferd auf der Veranda stehen wie Pippi Langstrumpf in ihrer Villa Kunterbunt, trotzdem bemüht sich unsere Generation nach Kräften darum, unsere Wohnwelt zumindest ein bisschen kunterbunter zu machen als es die Reihenhauswelt war, in der wir aufgewachsen sind.

In unserem Viertel kräht der Hahn aus dem Hühnerstall eines Kinderhorts manchmal so laut, dass er den Straßenlärm glatt übertönt. Am Wochenende werden dort Eier verkauft, die die Kinder selbst im Stall einsammeln dürfen. Auf dem Bauspielplatz um die Ecke hämmern sich größere Kinder ihre Baumhäuser zusammen. Die Cafés haben fast alle Kindertische oder zumindest Kinderbücher. Selbst in meinem liebsten Klamottenladen gibt es einen Spielteppich mit einer Parkgarage und zum Abschied einen Lolli. Nepomuk zerrt mich mittlerweile öfter dorthin als ich ihn.

Bullerbü und Großstadt, in immer mehr Vierteln ist das kein Gegensatz mehr, sondern ein und die gleiche Welt. Widdewidde wie sie Kindern und Eltern gefällt.

Der Einfluss des Wohnortes:
Über die Wahl unseres Wohnortes entscheiden wir, in welchem Lebensumfeld unser Kind aufwächst – und damit auch, durch welche äußeren Einflüsse es geprägt wird. Tatsächlich färbt die Umgebung während der ersten Lebensjahre stark auf ein Kind ab. Wo dieser Einfluss besonders vorteilhaft für Kinder ist, haben Frühpädagogen zum Glück auch herausgefunden: Dort, wo ihre Eltern sich wohlfühlen.

Unsere Aufgaben:

Verschiedene Studien über Wohnorte für Familien haben einige Kriterien herausgestellt, die Eltern bei der Wahl für ein neues Wohnviertel Orientierung geben können:

- Nähe zu Grünflächen: Wachsen Kinder und Jugendliche in unmittelbarer Nähe zu einem Garten, Park, Spiel- oder Sportplatz auf, sind sie bewegungsfreudiger, seltener übergewichtig und sollen sich obendrein noch besser konzentrieren können.
- Kindersicheres Umfeld: Wählen Eltern eine Wohnung an einer größeren Straße oder gar Kreuzung, haben sie neben dem Verkehrslärm gleich noch ein Problem: Sie können ihr Kind sehr lange nicht unbeaufsichtigt aus dem Haus gehen lassen. Genau das brauchen jedoch Kinder zur Förderung von Selbstständigkeit und Eigeninitiative.
- Nähe zu Freizeitvereinen: Kinder profitieren sowohl in ihrer Bildung als auch in ihrer Integrationsfähigkeit von Sportvereinen, Musikschulen, Theatergruppen & Co. Wenn Eltern nicht nachmittags regelmäßig ihre Kinder dorthin fahren wollen, sollten sie darauf achten, dass solche Angebote zu Fuß, mit dem Rad oder mit öffentlichen Verkehrsmitteln erreichbar sind.
- Gute Nachbarschaft: Die Bildung der Nachbarn färbt auf Kinder ab, haben diverse Studien auch für Deutschland bewiesen. Das Vorbild der anderen Erwachsenen treibt auch sie an, außerdem ist in solchen Vierteln die Sozialkontrolle größer.

... mit ihrer Entscheidung für weitere Kinder?

»Deinem Kind ein Geschwisterchen zu geben bedeutet, ihm oder ihr einen Freund zu schenken. Es ist eine Tat der Liebe«, schwärmt die schwedische Bestsellerautorin Anna Wahlgren in ihrem *KinderBuch*. Wahlgren ist selbst neunfache Mutter und war siebenmal verheiratet. Sie hat also reichlich Liebestaten begangen und ihren Kindern dabei sehr viele Freunde geschenkt. Als »Astrid Lindgren der Elternratgeber« wird Anna Wahlgren gerne bezeichnet, weil sie in ihren Büchern eine Kindheit à la Bullerbü fordert: keine Krippenbetreuung für Unter-Dreijährige, dafür viele Geschwister und stapelweise selbst gebackene Blaubeerpfannkuchen. Süß und saftig für Kinder also und für uns Eltern arbeitsreich und häuslich.

Mir persönlich schmeckt Arbeit und Häuslichkeit nicht so sehr, weswegen mein Mann, der Preuße unserer Familie, mich je nach Stimmungslage als »Rheinländerin« oder schlicht als »genusssüchtig« bezeichnet. Ich backe sehr gerne mit meinem Sohn Blaubeerpfannkuchen, aber noch lieber esse ich sie. Und weil ich nun einmal lieber den leichteren Weg gehe, bringe ich meinen Sohn morgens in die Krippe und lasse ihn dort seine Freunde selbst suchen.

In der Theorie haben mein Mann und ich natürlich längst ein zweites Kind, in äußerst familienromantischen Momenten reden wir sogar von einem dritten. Wir wollen doch unseren Erstgeborenen nicht zu einem verwöhnten, egozentrischen, einsamen, unselbstständigen, konfliktscheuen Einzelkind heranziehen. Also muss ein Bruder oder eine Schwester her – als Freund, wie Anna Wahlgren sagt. Ich würde eher sagen als Sparringspartner. Denn mal unter uns: Es kann ja durchaus passieren, dass Geschwister keine Freunde werden.

In Bullerbü veranstalten die älteren Kinder einen lustigen Kindertag für Kerstin, die Kleinste, inklusive Ponyreiten, Schaukeln, Bollerwagen-Fahren und einem Besuch bei den Kaninchen. Ich muss zugeben, dass ich als ältere Schwester für meinen jüngeren Bruder nie einen Kindertag organisiert habe. Stattdessen haben wir in stetem Wechsel miteinander gespielt oder uns gegenseitig gepiesackt. Mal haben wir inmitten der Kisten, Schränke und ausgedienten Skier auf unserem Dachboden eine neue Welt erfunden, dann haben wir uns im Streit die Haare ausgerissen und eine Glastür zertreten. »Indianer sind entweder auf dem Kriegspfad oder rauchen die Friedenspfeife. Geschwister können beides«, schrieb der Schriftsteller Kurt Tucholsky. Ich glaube, wir waren recht normale Geschwister.

Die Erinnerung an meine eigene Kindheit als ältere Schwester ist – neben dem alltäglichen Hamsterrad als double-income-plus-kid-Familie – der Grund, warum unsere Theorie noch nicht in die Praxis umgesetzt wurde. Aufgeschoben wegen einer zersplitterten Glastür. Ähnliche Erinnerungen mögen ein Grund dafür sein, warum heute jedes vierte Kind in Deutschland, in den Großstädten ist es jedes dritte, als Einzelkind aufwächst. Aufgehoben der Wunsch nach mehr Kindern wegen der elterlichen Sehnsucht nach Ruhe, oder zumindest nach der Beschränkung auf eine einzige Lärmquelle.

Geschwisterlosigkeit könnte in Zukunft der Grund für etliche gesellschaftliche Probleme sein, unken Soziologen bereits. Unter Schwerverbrechern gibt es überdurchschnittlich viele Einzelkinder, warnten Psychologen schon in den 1950er-Jahren. Weitere

Studien haben in den vergangenen Jahren bestätigt, dass Einzelkinder mehr Zeit vor dem Fernseher verbringen, öfter Beruhigungsmittel bekommen, als Erwachsene schlechtere Beziehungen führen und stärker unter Einsamkeit leiden als Menschen, die mit Geschwistern groß wurden.

Mindestens ein weiteres Kind scheint für uns Eltern also zwar nicht der leichteste und leiseste, aber doch der sicherste Weg zu sein, um all unsere Kinder zu glücklichen, sozialen, klugen und gesunden Erwachsenen heranzuziehen.

Bruce Willis, Tom Hanks – oder Astronaut?

Vor allem Erstgeborene profitieren scheinbar von jüngeren Geschwistern. Die Großen übernehmen auch später als Erwachsene besonders häufig Führungsaufgaben. Bei einer Umfrage im Business-Netzwerk Xing outeten sich fast 80 Prozent der dort registrierten Führungskräfte als älteste Schwester oder Bruder. Erstgeborene sind überdurchschnittlich intelligent, ehrgeizig und verantwortungsbewusst, zeigen auch die Untersuchungen des amerikanischen Geschwisterforschers Frank Sulloway. Er hat mehr als 6500 Lebensläufe aus den vergangenen 500 Jahren studiert und am Computer ausgewertet.

Sein Ergebnis war eindeutig: Ältere Kinder orientieren sich ihr Leben lang stark an ihren Eltern, sind dominant, konservativ, diszipliniert und erfolgreich. Jüngere Geschwisterkinder dagegen, die von uns Eltern auffällig nachsichtiger aber leider auch unaufmerksamer erzogen werden, nehmen sich später mehr Freiheiten heraus, sind kreativer, anpassungsfähiger, aber auch unsicherer. Sandwich-Kinder scheinen es in ihren Familien am schwersten zu haben. Sie gelten zwar als besonders diplomatisch und kommunikativ – immerhin mussten sie sich stets mit älteren und jüngeren Geschwistern auseinandersetzen –, doch sie scheinen auch am stärksten aus ihren Familien auszuscheren, werden am häufigsten kriminell und suchen sich besonders früh und intensiv Orientierung außerhalb ihres Elternhauses.

Kinder konkurrieren um die Liebe, die Aufmerksamkeit und um die materiellen Zuwendungen ihrer Eltern, so Sulloways Interpretation dieser Unterschiede. Sie haben nur dann eine Chance, einen komfortablen Platz in der Familie zu finden, wenn sie sich von ihren älteren oder jüngeren Geschwistern unterscheiden. »Entwicklung in Nischen« nennt Sulloway diesen geschwisterlichen Wettstreit in Anlehnung an Charles Darwins Evolutionstheorie. Es gibt einige prominente Beispiele für diese Nischenentwicklung. Erstgeborene spielen, so Sulloway, dramatische Rollen wie etwa Hollywoods Helden John Wayne, Bruce Willis oder Humphrey Bogart. Die Jüngeren spezialisieren sich eher auf Komödien, so wie Charlie Chaplin, jüngstes von drei Kindern, oder Tom Hanks und Danny DeVito, die das vierte beziehungsweise jüngste von fünf Geschwistern waren. Soweit die Theorie.

Das wahre Leben ist weniger eindeutig. Tom Hanks hat immerhin auch schon Aids-Kranke und sterbende Offiziere gespielt, Bruce Willis war in »Pulp Fiction« nicht immer ganz so bierernst, und überhaupt scheinen die Untersuchungen zu Einzelkindern und Geschwisterkindern etwas verstaubt zu sein. Viele Geschwisterforscher kritisieren ihren Kollegen Sulloway, seine Untersuchungen seien veraltet. Seine Ergebnisse mögen für die vergangenen Jahrhunderte durchaus richtig gewesen sein, doch für moderne Familien des 21. Jahrhunderts ist ihr Haltbarkeitsdatum schon lange überschritten.

Unsere Kinder wachsen heute in völlig anderen Familien und Gesellschaften heran als die von Sulloway zitierten historischen

Beispiele. Seit dem rationalen Erstgeborenen Sigmund Freud und dem rebellischen jüngeren Bruder Charles Darwin gab es gesellschaftliche Umbrüche im Dutzend. Das Erbrecht, die Kinderzahl, Verantwortungen und vor allem wir Eltern haben uns verändert. Wir ziehen heute unsere ältesten Kinder nicht mehr zu den Stammhaltern heran, die eines Tages den Hof, den Betrieb oder das Amt ihres Vaters übernehmen sollen. Die Nesthäkchen schicken wir nicht mehr fort ins Kloster, weil für sie eh kein Platz im Familienbetrieb wäre. **Unsere Kinder müssen sich heute nicht mehr in solch starre Rollen einfügen, sie können sich vielmehr so individuell entwickeln wie wohl niemals zuvor in der Menschheitsgeschichte. Auch die Geburtsfolge ist heute nicht mehr ganz so starr wie zu anderen Zeiten.** Heute bekommen unsere Kinder manchmal in kürzester Zeit in Patchworkfamilien ältere oder jüngere Zusatz-Geschwister vor die Nase gesetzt.

Einzelkinder bleiben heute aus ganz anderen Gründen ohne Geschwister als noch vor wenigen Jahrzehnten. In Zeiten mangelnder Verhütungsmethoden waren sie die Ausnahme. Entweder waren ihre Eltern unverheiratet, schwer krank, im Krieg oder bereits verstorben. In der Regel wuchsen sie arm, sozial geächtet und isoliert auf. Heute entscheiden sich vor allem Paare, die beruflich sehr erfolgreich und eingebunden sind, für nur ein einziges Kind. Meist werden diese Kinder besonders früh und besonders lange in außerfamiliäre Betreuung und somit auch zu Gleichaltrigen gegeben. Sie lernen heute in der Regel von Anfang an genauso wie Geschwisterkinder zu teilen, Kompromisse zu finden und Freundschaften zu schließen.

Heute werden Einzelkinder nicht mehr überdurchschnittlich oft Schwerverbrecher, sondern eher Aufsichtsrat oder Astronaut. Von den 23 Astronauten der Apollo-Missionen waren 21 als Einzelkind aufgewachsen. Bereits bei der ersten bemannten Mondmission »Apollo 8« – von den drei Astronauten hatte keiner Geschwister – titelte die New York Times 1968: »Jeder Astronaut ist ein Einzelkind«.

Die erste große deutsche Einzelkindstudie drehte in den 1980er-Jahren den Spieß um. Im Durchschnitt sind Kinder ohne Geschwister sozialer, optimistischer, leistungsbewusster und erfolgreicher, so das Ergebnis. Wobei Studienleiter Thomas von Kürthy ausdrücklich davor warnte, nun alte durch neue Vorurteile zu ersetzen. Grund für die gute Entwicklung der Kinder sei deren gute Beziehung zu ihren Eltern gewesen, nicht das Fehlen von Geschwistern.

Geschwister: Spielkameraden oder Streithähne?

»Der Einfluss, den Geschwister auf die Persönlichkeit eines Kindes einnehmen, hat über die letzten Generationen immer mehr an Bedeutung verloren«, schlussfolgert der Münchner Entwicklungspsychologe Hartmut Kasten, der am Staatsinstitut für Frühpädagogik und der Universität München forscht und lehrt. Kein anderer Pädagoge ist hierzulande so intensiv der Frage nachgegangen, wie sehr Geschwister, die Geburtenfolge oder auch Geschwisterlosigkeit das Leben prägen. »Der Einfluss dieser Variablen ist verschwindend gering«, fasst Kasten das Ergebnis seiner zahlreichen Querschnittstudien zusammen. »Weniger als fünf Prozent der Persönlichkeit werden dadurch geprägt.«

Sollten Geschwister im Einzelfall doch einen größeren Einfluss auf die Persönlichkeit haben, dann sei das in aller Regel nicht den Geschwistern selbst – oder ihrem Fehlen – anzulasten, sondern uns Eltern. **Behandeln wir unsere Kinder sehr unterschiedlich, züchten wir gewissermaßen die angeblich so typischen Cha-**

raktereigenschaften eines Erstgeborenen oder eines Nesthäkchens. Bringen wir unsere Einzelkinder allzu spät und allzu selten mit anderen Kindern zusammen, ob in der Krabbelgruppe oder der Kinderkrippe, können sie auch heute noch zu kleinen Egoisten heranwachsen. Doch beide Szenarien sind, so Kasten, äußerst selten geworden.

»Kinder brauchen andere Kinder wie ein Lebenselixier«, sagt der Geschwisterforscher. »Wenn Geschwister eine gute Beziehung zueinander haben, dann ist das eine wunderbare Spielwiese zum Erlernen von sozialer Interaktion. Für Einzelkinder kann aber auch die Krippe oder der Kindergarten eine solche Spielwiese sein.«

Kein Wunder also, dass Kindergärten heutzutage höchste Sicherheitsansprüche an all ihre Glasfenster stellen. Glastüren sind eh nur noch unter einem Dutzend Auflagen machbar. Wo es nicht mehr nur einen kleinen Bruder, sondern gleich eine ganze Horde an Sparringspartnern gibt, ist feuerfestes Sicherheitsglas Pflicht. Unzertretbare Glastüren in den Kindergärten sind für viele Eltern ein willkommener Nebeneffekt, wenn sie die geschwisterliche Spiel- und Streitwiese dorthin auslagern und aus den eigenen vier Wänden fernhalten. Kindergärten nehmen uns die Zubereitung des Mittagessens ab, das Saubermachen nach einer Malstunde mit Fingerfarben und so manch vollgekackte Windel. Warum nicht auch das Ziehen an den Haaren oder Heulen unter Geschwistern?

»Sicher gibt es einen guten Grund für ein weiteres Kind«, unterbricht Hartmut Kasten solche Überlegungen. Er rät uns Eltern, uns von dem sozialen Druck frei zu machen, also von Sprüchen à la »Ihr wollt doch euer Kind nicht alleine aufwachsen lassen?« **Wir sollten bei dem Wunsch nach einem weiteren Kind weder auf gesellschaftliche Idealvorstellungen schielen noch auf die Entwicklung unserer Erstgeborenen. »Eltern sollten nur bei sich**

selbst nach dem Grund für ein weiteres Kind suchen«, rät der Geschwisterforscher. »Wenn auch dieses Kind ein Wunschkind ist – ja herrlich! Dann gibt es doch nichts Schöneres.«

Hetzen müssen wir Eltern uns mit dem zweiten Kind aber dennoch nicht, so Kasten. Im Gegenteil, etwas Geduld bei der Familienplanung scheint dem häuslichen Frieden ziemlich gut zu tun. Kaum etwas beeinflusst nämlich die Beziehung zwischen Geschwistern so sehr wie ihr Altersabstand, dicht gefolgt von ihrem Geschlecht.

Letzteres liegt allerdings außerhalb unserer Macht. Es bringt uns daher kaum weiter, wenn die Geschwisterforschung uns vorrechnet, dass große Brüder und kleine Schwestern am harmonischsten miteinander umgehen. Dies wirkt sich auf den gesamten Familienfrieden aus und in Familien dieser Konstellation lassen sich Eltern am seltensten scheiden. Am spannungsträchtigsten sind dagegen große Schwestern und kleine Brüder. In der Regel beginnt zwar alles recht friedlich, weil Mädchen die Rolle der großen Schwester oft gerne und gut annehmen. Ab der Pubertät fliegen dann besonders häufig und heftig die Fetzen. Mittelfriedlich sind dagegen reine Schwestern- oder eben Brüder-Paare. Erstere streiten zwar weniger lautstark miteinander, dafür aber gerne mal erheblich fieser. Gleichgeschlechtlichen Geschwisterpaaren fehlt häufiger als gemischten Paaren der enge Austausch mit dem anderen Geschlecht. Mädchen wie Jungen lernen deshalb weniger vom anderen Geschlecht und orientieren sich deshalb oft besonders stark an den üblichen Rollenklischees.

Worauf wir zumindest in Maßen Einfluss haben, ist der Zeitpunkt, zu dem unser nächstes Kind auf die Welt kommt. **Die Gleichung der Geschwisterforschung dazu lautet, dass ein Abstand von zwei Jahren oder weniger zwar für viel Nähe zwischen den Geschwistern sorgen kann, vor allem bei gleichgeschlecht-**

lichen Kindern, gleichzeitig birgt er jedoch auch erhebliches Konfliktpotenzial. Die Konkurrenz zwischen den Kindern ist in der Regel sehr ausgeprägt, die älteren Kinder leiden besonders stark unter der plötzlichen Einbuße an elterlicher Aufmerksamkeit, und Streit gehört zur Tagesordnung. Regelrechter Hass zwischen den Geschwistern ist in dieser Konstellation überdurchschnittlich häufig.

Als idealer Abstand gelten mindestens drei bis maximal vier Jahre. Die älteren Kinder brauchen dann nicht mehr ganz so viel Zeit und Zuwendung von ihren Eltern, können sich auch mal gedulden und gehen nicht gleich an die Decke, wenn der kleine Bruder oder die kleine Schwester mal wieder einen ihrer Türme zerdeppert hat. »In solchen Geschwisterkonstellationen können beide am meisten miteinander anfangen und auch voneinander lernen«, schwärmt Kasten.

Ab vier Jahren fungieren die älteren Geschwister dann hauptsächlich als Babysitter. Das bedeutet, dass in dieser Konstellation zwar wenig gestritten wird, aber eben auch kaum zusammen gespielt. Für Eltern kann das ältere Kind da schon eine große Entlastung sein.

Trotzdem, selbst der ideale Altersabstand schützt nicht automatisch vor Konkurrenz und Krach, und das ist scheinbar auch gut so. »Streit ist normal«, wiegelt Hartmut Kasten ab. »Kinder sollten ein Recht darauf haben, zu streiten. Gerade in der Familie wird schließlich eine Streitkultur erworben.« Tatsächlich hat eine Langzeitstudie gezeigt: Wer sich im Versuch als Kind mit seinen Geschwistern auf ein Spielzeug einigen konnte, der war auch als Jugendlicher und Erwachsener besonders gut darin, Kompromisse zu schließen und Frieden zu finden.

Ob Geschwisterkinder sich im Streit gegenseitig demütigen oder zu einem Kompromiss finden, ob sie beide daran wachsen

oder ob einer vom anderen kleingemacht wird, das liegt scheinbar wieder einmal vor allem an uns. »Eltern haben den größten Einfluss auf das Verhältnis der Geschwister«, sagt Kasten. Wie humanitäre Friedenstruppen müssen wir die richtige Dosis unserer Einwirkung von außen finden. Wir dürfen nicht zu schnell intervenieren, damit die Kinder auch mal selbst einen Kompromiss finden können. Aber auch nicht zu spät, damit nicht eines der Kinder zum Dauerverlierer wird. Wie Diplomaten sollten wir um die richtigen Worten ringen und vor allem um eine Lösung.

Was nach »Mission Impossible« klingt, scheint zum Glück in den meisten Fällen eine Investition in die Zukunft zu sein. Der Grad an Frieden oder Streit zwischen Geschwistern verläuft nämlich laut Entwicklungspsychologen in Wellen. Auf die anfängliche Freude folgt meist irgendwann Eifersucht, darauf aber in der Regel auch wieder gemeinsame Spielsessions. Über das gesamte Leben verteilt sind sich Geschwister mal mehr und mal weniger nahe. Nach der gemeinsamen Kindheit entwickeln sie sich häufig mit dem Auszug aus dem Elternhaus für einige Jahrzehnte auseinander – und finden dann im Alter wieder zusammen.

Geschwister als Altersversicherung gegen Einsamkeit? Ich habe für meinen Sohn bislang noch nicht einmal ein Spardepot für sein Studium eingerichtet. Zukunftsplanung ist nicht so mein Ding. Nepomuk hat das kürzlich schön auf den Punkt gebracht, als wir uns im Sessel lümmelten, uns gemeinsam durch Astrid Lindgrens »Bullerbü« lasen und die großen Mädchen und Jungen ihren Kindertag für die kleine Kerstin feierten. Nepomuk hörte sich das sehr aufmerksam an. Dann behauptete er: »Meine Schwester ist noch in deinem Bauch.« Ich sah ihn zweifelnd an: »Also davon weiß ich nichts.« »Doch«, entgegnete er. »Die kommt noch. Später.«

Der Einfluss von Geschwistern:

Geschwister beeinflussen sich heute weniger stark als früher, beobachten Geschwisterforscher. Das liegt an gesellschaftlichen Veränderungen – und an uns Eltern. Im Gegensatz zu früheren Zeiten werden Kinder heute nicht mehr so stark in feste Rollen gepresst, etwa die des ältesten Hoferbens oder des kreativen Nesthäkchens. Kinder können sich heute individueller entfalten, auch die zahlreichen Vorurteile gegenüber Einzelkindern sind weitestgehend widerlegt.

Unsere Aufgaben:

- Wunschkind oder Pflichtkind? Geschwisterforscher raten Eltern heute davon ab, weitere Kinder zu bekommen, damit das Erstgeborene »nicht alleine« bleibt. Einzelkinder entwickeln sich Dank Krippen und Kindergärten längst nicht mehr so isoliert wie einst und daher nur unwesentlich anders als Geschwisterkinder. Die Entscheidung für weitere Kinder sollten Eltern aus sich heraus fällen.
- Jetzt oder später? Liegen zwischen den Geschwisterkindern zwei Jahre oder gar weniger, entwickeln sie oft eine besonders große Nähe zueinander – aber auch besonders großes Konkurrenzdenken. Gerade die Erstgeborenen tun sich häufig schwer, schon so früh die Aufmerksamkeit ihrer Eltern teilen zu müssen. Als besonders harmonischen Abstand empfehlen Geschwisterforscher etwa drei bis vier Jahre.

Zum Weiterlesen:

Brigitte Blöchlinger: *Lob des Einzelkindes: Das Ende aller Vorurteile.* Krüger, Frankfurt 2008

Hartmut Kasten: *Geschwister: Vorbilder, Rivalen, Vertraute.* Reinhardt, München 2003

Hartmut Kasten: *Einzelkinder und ihre Familien.* Hogrefe, Göttingen 2007

Jirina Prekop: *Erstgeborene: Über eine besondere Geschwisterposition.* Kösel, München 2000

... durch Frühförderung?

Es war ein Mittwochnachmittag vor mehr als einem Jahr, als ich mich auf den Weg machte, meinen Sohn zu fördern. Er war da etwa anderthalb Jahre alt und bis zu diesem Tag hatte ich mich vor allen Kursen zur Förderung seiner Synapsen gedrückt. Mir war einfach nicht danach gewesen, jede Woche mit ihm in ein pipiwarmes Schwimmbecken zu steigen. Genauso ungern mochte ich mich von ihm und den anderen nackten Babys in einem der PEKiP-Kurse anstrullern lassen. Ich war zu faul, mich mit ihm in einer Zeichensprache oder auf Englisch zu unterhalten. Stattdessen hatte ich den Dingen ihren Lauf gelassen, bis zu diesem Tag.

Ich hatte mich gut auf die Förderung meines Sohnes vorbereitet: Ich holte Nepomuk nicht wie sonst mit dem Fahrrad im Kindergarten ab, sondern mit dem Auto. Auf dem Beifahrersitz lagen seine Trinkflasche, eine Dose Kekse und der Stadtplan griffbereit, denn bevor ich meinen Sohn fördern konnte, mussten wir erst einmal eine gute halbe Stunde durch die Stadt fahren. »Komm jetzt«, bat ich, als er im Kindergarten noch eine Runde Verstecken mit mir spielen wollte. »Schneller«, drängelte ich schon eine Spur genervter, als er auf dem Weg zum Auto noch mal kurz die Auffahrt mit einem der Kinderbesen fegen wollte. Als wir endlich beide angeschnallt waren und losfuhren, schob Nepomuk seine Unterlippe schmollend vor und ich hatte Kopfschmerzen.

Die Kopfschmerzen wurden schlimmer, während ich meinen Sohn förderte. Das Fördern bestand nämlich darin, dass ich mit einem knappen Dutzend anderer Mütter auf dem rauen Teppichboden eines Kellerraumes saß und wechselweise auf Trommeln, Triangeln oder Klangstöcke hämmerte, in die Hände und auf die Schenkel klatschte und bunte Seidentücher durch die Luft wirbelte. Wir waren laut, unsere Kinder waren noch lauter und es gab nicht einmal ein Fenster, durch das etwas frische Luft in den Kellerraum kommen konnte. Am Ende drückte ich der Musikerzieherin zwölf Euro in die Hand und nahm draußen ein paar besonders tiefe Atemzüge. Dann fuhren wir eine halbe Stunde nach Hause, suchten einen Parkplatz, auch etwa eine halbe Stunde, und schmierten uns schnell ein paar Brote zum Abendessen.

Sobald Nepomuk eingeschlafen war, ließ ich mich aufs Bett fallen. Vielleicht hatten die Triangeln und die Seidentücher irgendwelche Synapsen bei meinem Sohn angetriggert, aber mein eigenes Gehirn war so plattgewalzt, dass mir erst am nächsten Tag, nach vielen Stunden Schlaf und einigen Tassen Kaffee, ein eigentlich sehr naheliegender Gedanke kam. Das mit dem Fördern geht doch auch ruhiger, lustiger, näher und billiger, nämlich bei uns zu Hause statt in diesem Kellerraum am anderen Ende der Stadt. Also schrieb ich eine Mail an drei Freundinnen mit gleichaltrigen Kindern, und wir gründeten gemeinsam unsere »Baby Band«.

Die Band sollte von nun an jede Woche in einer unserer Wohnungen auftreten. Mit gemeinsamem Singen und ruhig ein, zwei Triangeln, aber dafür bitte schön auch mit Kaffee und Kuchen. Die Kaffee-und-Kuchen-Nummer ziehen wir bis heute, anderthalb Jahre später, knallhart durch. Die Triangeln haben wir dagegen ab dem dritten Treffen wegfallen lassen und bald darauf auch das Singen. Mein einziger Versuch, die Synapsen meines Sohnes etwas auf Vordermann zu bringen, verebbte in einem wöchentlichen Kaffeeklatsch mit Freundinnen.

Kuscheltierverbrennungen statt Kuchen

Westliche Eltern sind, wenn es um die Leistungen ihrer Kinder geht, oft »willensschwach und nachsichtig«, ätzt die selbst ernannte »Tigermutter« Amy Chua in ihrem Bestseller *Die Mutter des Erfolgs*. Chua ist Juraprofessorin an der amerikanischen Eliteuniversität Yale, und damit ihre beiden Töchter Sophia und Louisa es eines Tages mal ähnlich weit bringen, schickte sie die beiden im Alter von drei Jahren in ihre erste Klavierstunde. Zu Hause ließ Chua ihre Töchter täglich mindestens anderthalb Stunden am Stück, manchmal auch bis weit in den Abend hinein und ohne Toilettenpause üben.

»Spaß macht gar nichts, solange man nicht gut darin ist«, rechtfertigt sie ihren Drill. »Um auf irgendeinem Gebiet gut zu werden, muss man sich anstrengen, und von selber haben Kinder grundsätzlich keine Lust, sich anzustrengen.« Als das Klavierstück »Der kleine weiße Esel« bei ihrer siebenjährigen Tochter Louisa trotzdem einfach nicht sitzen wollte, schickte die Tigermutter noch die Drohung hinterher, ihr Puppenhaus der Heilsarmee zu spenden. Ihrer Tochter Sophia kündigte sie an, sämtliche Kuscheltiere zu verbrennen. Es funktionierte. Beide Töchter spielten bald so herausragend, dass sie – und vor allem ihre Mutter – von ihren Lehrern, anderen Eltern und den übrigen Zuhörern beim Vorspielen begeistertes Lob ernteten.

Wenn ich meinem Sohn dabei zuschaue, wie er mit einer gleichaltrigen Freundin nachmittags gerne auf das Klavier von deren Mutter hämmert, ahne ich, dass weder ihm noch mir jemals jemand für sein virtuoses Fingerspiel applaudieren wird, wenn wir bei unserer Baby-Band weiterhin nur Kuchen essen und nicht endlich mal über Kuscheltierverbrennungen reden. Während ich es mir gemütlich mache, drangsaliert die Tigermutter Chua ja schließlich nicht nur ihre Töchter, sondern durchaus auch sich selbst. Von irgendeinem Geschnatter mit Freundinnen ist in ihrem Buch jedenfalls nirgendwo die Rede.

Wie wir Eltern die Nachmittage und Wochenenden mit unseren Kindern gestalten, hat scheinbar durchaus Einfluss auf deren Intelligenz und damit irgendwie auch auf den Erfolg, den sie später einmal haben werden. Französische Psychologen wiesen in einer Langzeitstudie an Adoptivkindern den Zusammenhang zwischen IQ und einem gut gebildeten Umfeld nach. Wuchsen Kinder aus bildungsfernen Familien in gutbürgerlichen Elternhäusern auf, kamen sie auf einen Intelligenzquotienten von 107 bis 111, ihre Geschwister aber, die bei den leiblichen Eltern aufwuchsen, kamen gerade mal auf einen IQ von 95. Der Unterschied von mindestens zwölf IQ-Punkten galt interessanterweise auch für Kinder aus gebildeten Familien. Waren sie von sozial schwachen Adoptiveltern großgezogen worden, lag ihr IQ bei rund 107, wuchsen sie aber in gebildeten Familien auf, erreichte ihr IQ fast 120 Punkte. **Das Bildungsangebot in der frühen Kindheit hat also einen ähnlich großen Einfluss auf die Intelligenz unserer Kinder wie das genetische Erbe, das wir ihnen mit auf den Weg geben.**

Grund für diesen Einfluss sind die Besonderheiten des menschlichen Gehirns. Dieses ist zunächst ein Spätzünder. Zwar ist das Gehirn von Neugeborenen nicht das völlig weiße Blatt, von dem die Hirnforschung bis vor ein paar Jahren ausging, doch neben dem absoluten Basisprogramm, also ersten lebensnotwendigen Verschaltungen und Reflexen, werden auch erste Erfahrungen aus dem Mutterleib im Gehirn verankert (siehe Kapitel »… während der Schwangerschaft?«). Nach ihrer Geburt nimmt das Gehirn unserer Kinder dann volle Fahrt auf. Im ersten Lebensjahr verdreifacht sich alleine das Volumen der Großhirnrinde, ohne dass dort neue Nervenzellen gebildet würden. Durch das, was unsere

Kinder in den ersten Monaten nach der Geburt erleben und erlernen, wachsen die Verbindungen zwischen den bereits vorhandenen Nervenzellen im Rekordtempo. An diesen Verbindungen, den in Förderprogrammen häufig zitierten Synapsen, zählt das Gehirn eines dreijährigen Kindes rund 200 Billionen – bei uns Erwachsenen ist es nicht mal mehr die Hälfte. Fast die Hälfte ihres Kalorienverbrauchs geht daher bei Dreijährigen auf das Konto ihrer Gehirnaktivitäten, bei ihren Eltern ist es nicht einmal mehr ein Fünftel.

Synapsen stehen oft stellvertretend für Zukunftsperspektiven – und das nicht ganz zu Unrecht. Über diese Verbindungen zwischen unseren Nervenzellen laufen alle Denkprozesse. Weil kleine Kinder so außerordentlich viele Synapsen haben, ist ihr Gehirn noch für beinahe jede Zukunft formbar. Zu Beginn ihres Lebens könnten noch alle Kinder wie im südamerikanischen Amazonas-Regenwald bis zu hundert verschiedene Grüntöne unterscheiden lernen oder wie bei den Inuit im Norden Kanadas die Dutzend Arten von Schnee, oder eben wie bei uns die Namen aller Fußballspieler in der Bundesliga.

In ihren ersten Lebensjahren sind Kinder auch noch dafür gerüstet, jede Sprache dieser Welt zu erlernen, denn sie könnten alle der rund 200 bekannten Sprachlaute aussprechen lernen. Die Synapsen dazu haben sie zumindest. Würden sie also in ihrer Kindheit neben ihrer Muttersprache noch andere Sprachen zusätzlich lernen, dann könnten sie auch diese als Erwachsene akzentfrei artikulieren. Außerdem wären sie problemlos in der Lage, zwischen diesen Sprachen hin und her zu wechseln, statt im Kopf immer erst zwischen Muttersprache und Fremdsprache hin und her übersetzen zu müssen. Während Erwachsene für jede neue Sprache ein ganz eigenes neuronales Netz aufbauen müssen, speichern Kinder nämlich alle erlernten Sprachen in ein und derselben Hirnregion ab. Dort könnten Kleinkinder mühelos drei Muttersprachen verankern, sagt etwa der Göttinger Hirnforscher Gerald Hüther.

Was unsere Kinder so alles mühelos lernen könnten, bereitet uns Eltern allerdings erheblich viel Mühe. Die Chancen, auf die Hirnforscher uns hinweisen, klingen gleichzeitig immer auch nach Geboten, weil die jeweiligen Zeitfenster so klein sind.

Die Fülle an Synapsen und damit an Möglichkeiten zu Beginn des Lebens hält nicht lange vor. Während nämlich die erste Phase der Gehirnentwicklung auf Wachstum aus ist, geht es bereits ab dem dritten Geburtstag in der zweiten Entwicklungsphase ans Aussieben. Die häufig genutzten Nervenverbindungen verstärken sich weiter, die übrigen aber verkümmern und erlöschen schließlich.

Das Gehirn unserer Kinder wird dabei immer individueller. Es ist ähnlich wie beim Häkeln oder Stricken: Aus den vielen, lockeren Synapsenmaschen des Anfangs wird ein immer festeres und immer individuelleres Muster gestrickt.

Jetzt oder nie – mit dieser Formel bringt Hirnforscher Gerald Hüther auf den Punkt, was die Hirnforschung über menschliche »Lernfenster« herausgefunden hat. **Innerhalb recht enger Zeiträume während der Kindheit können Menschen bestimmte Sachen besonders gut lernen. Klappt dieses Lernfenster einmal zu, können Menschen zwar weiterlernen und in dem entsprechenden Hirnbereich auch später noch die nötigen Netzwerke knüpfen, aber eben lange nicht so leicht und erfolgreich wie zuvor.** Wer mit 20 erst Geige spielen lernt, wird es nicht mehr ins Kammerorchester schaffen, und wer mit 50 eine neue Sprache lernt, behält für immer einen Akzent.

Erstaunlich viele dieser Lernfenster klappen zu, noch bevor unsere Kinder überhaupt eingeschult werden. Deswegen haben private Institutionen in den vergangenen Jahren ein Förderprogramm für Ungeborene, Babys und Kleinkinder aus dem Boden gestampft, das die popeligen Stundenpläne unserer Halbtagsschulen weit übertrifft. An der »Prenatal University« in Kalifornien werden Kinder noch vor ihrer Geburt mit Mathematik und Musik beschallt. Auch bei uns gibt es reichlich Kurse, in denen Babys synapsenfördernd massiert werden oder schwimmen gehen, in denen Kleinkinder Chinesisch oder physikalische Grundgesetze lernen können.

»Im Bereich Frühpädagogik gilt Deutschland als der am schnellsten wachsende Markt weltweit«, schreibt der Wirtschaftsjournalist Klaus Werle in seinem Buch *Die Perfektionierer*. Der Markt, das sind wir Eltern. Die meisten Mütter und Väter scheinen nicht ganz so knickrig zu sein wie ich und es bei zwölf Euro für einen Musikkurs zu belassen, denn Eltern geben Millionen für die Frühförderung von Vorschulkinder aus, von PEKiP über Musikgarten bis zu Starchild English oder FasTracKids. Selbst mit dem Schuleintritt überlassen Mütter und Väter die Förderung ihrer Kinder nicht getrost ihren Lehrern. Jetzt stocken sie erst richtig auf: Bis zu drei Milliarden Euro, rechnet Werle vor, geben Eltern jedes Jahr für den Nachhilfeunterricht ihrer Kinder aus.

Wichtigste Werkzeuge: Entdeckerfreude und Empathie

Frühförderung im Wert von 1,29 Euro brachte zum letzten Treffen unserer Baby-Band eine der anderen Mütter mit: Russisch Brot in Buchstabenform, selbstverständlich mit Bio-Siegel. Das Zeug hat laut Inhaltsangabe erstaunlich wenig Zucker und Kalorien, aber mir machte es trotzdem ein schlechtes Gewissen. Buchstaben! Daran hatte ich noch gar nicht gedacht. In meiner Kindheit lernte man das Lesen und Schreiben in der Grundschule. Damals galt man als Überflieger, wenn man den Anfangsbuchstaben seines Namens kritzeln konnte. Heute füttern Eltern ihre Kinder bereits im Krippenalter mit Buchstabenkeksen.

Unter uns Eltern ist eine Art Wettrüsten ausgebrochen. Selbst als überzeugte Pazifisten kommen wir kaum am Wettfördern vorbei, schließlich gilt es, die zivilen Opfer – unsere Kinder – zu schützen. Mein Sohn wird schließlich in etwa drei Jahren in einer Schulklasse mit anderen Jungen sitzen, die jeden Buchstaben des Alphabets im wahrsten Sinne des Wortes verinnerlicht haben. Mit Mädchen wie den Töchtern von Amy Chua, die bereits Klavierkonzerte geben. Mit Kindern, die nicht klüger sind als er, die aber fleißigere Eltern hatten. Meinetwegen braucht er nie Klassenbester zu werden, aber abgeschlagen auf dem letzten Platz zu landen, immer und in allem hinter den anderen herzugurken, da sehe ich ihn auch nicht gerne.

Nicht mitzurüsten in diesem Elternwettkampf, den anderen mit ihren Buchstabenkeksen, Frühförderkursen und Musikinstrumenten mit nichts entgegenzutreten als mit ein paar Bauklötzen und Holzeisenbahnen, das wirkt ähnlich halsbrecherisch wie barfuß und unbewaffnet einem Panzer entgegenzutreten oder gar seinen Dreijährigen auf die Front zumarschieren zu lassen.

Nicht einmal Hellseher wagen allerdings Prognosen darüber, mit welchem Wissen unsere Kinder in 20, 30, 40 oder 50 Jahren am besten in dieser Welt bestehen können. Es gleicht daher ein wenig dem hektischen Betrieb in Wettbüros, was wir Eltern da diskutieren, mit Freunden, unserem Partner, mit uns selbst. Mathematik oder Physik, Englisch oder Chinesisch, Geige oder Klavier, Fußball oder Judo – womit rüsten wir unser Kind am besten für die Zukunft?

Bei der Frage nach dem Rüstzeug verzetteln wir uns manchmal

ordentlich, warnt der Hirnforscher Gerald Hüther. **Eltern schielen auf das rechte Wissen und versuchen, das Hirn ihrer Kinder so vollzupacken, wie es nur geht. Viel wichtiger seien dagegen all jene inneren Einstellungen, die darüber bestimmen, ob und was Kinder wichtig finden und lernen wollen.**

Diese inneren Einstellungen, erklärt Hüther, sind im Gehirn an einer anderen Stelle als erlerntes Wissen einsortiert, nämlich weiter oben, im Frontalhirn. Dort laufen alle Nervenzellverbindungen letztlich zusammen, hier wird aus ihnen gewissermaßen das große Ganze zusammengefügt. Alles neu erlernte Wissen, das über die Nervenzellverbindungen im Frontalhirn ankommt, wird hier mit den in diesem Moment vorherrschenden Gefühlen verkoppelt, mit Glück, Neugierde und Entdeckerfreude oder mit Angst, Verunsicherung und Druck. Ob ein Kind später Lust aufs Lernen hat, hängt also davon ab, was für Erfahrungen es bisher mit dem eigenen Entdecken und Gestalten machen konnte.

Wissensdurst, erklärt Hüther, verschwindet, wenn Kinder unter Erfolgsdruck gesetzt werden, etwa durch dauernde Vergleiche mit Gleichaltrigen oder durch die Erwartungen der Eltern. Wissensdurst verschwindet, wenn das falsche Lernfutter angeboten wird, zum Beispiel durch zu viel Spielzeug, das keinen Raum für Fantasie lässt, starre Förderkurse oder übermäßigen Fernsehkonsum. Wissensdurst verschwindet auch, wenn vor lauter systematischer Frühförderung kein Platz und keine Zeit mehr bleibt für eigene Entdeckungen.

»Nie wieder sind Menschen so offen für die Welt wie im Alter von zwei oder drei Jahren«, schwärmt Gerald Hüther. »Da ist die Begeisterung an sich selbst und daran, was sie tagtäglich entdecken und gestalten können, am allergrößten. Wenn Kinder jetzt die Erfahrung machen, dass Lernen in ihrem Gehirn mit Lust verkoppelt ist, dann bleiben sie begeisterte Lerner.«

Lesen und Schreiben lernen Kinder wirklich noch in der Schule. Was sie dort aber nicht mehr lernen können, ist der Spaß am Lernen. Noch im Krippenalter wird im Frontalhirn die Grundlage gelegt für die Lust oder eben Unlust, mit der unsere Kinder lernen und dafür, wie sie das Gelernte dann in ihrem Leben anwenden.

Diese »Metakompetenzen« – Handlungsplanung etwa, Frustrationstoleranz und Impulskontrolle, Empathiefähigkeit, Hilfsbereitschaft und Verantwortungsgefühl – sind die entscheidensten Fähigkeiten überhaupt, sagt Hüther. Diese Kompetenzen bestimmen, wie unsere Kinder eines Tages ihr Wissen einsetzen werden, wie kreativ sie an Probleme herangehen oder wie gut sie sich in ihre Mitmenschen einfühlen und mit ihnen kooperieren können. Das alles verhelfe ihnen später eher zum Erfolg als ein mit noch so viel Faktenwissen gefülltes Gehirn.

Das Frontalhirn ist der Bereich in unserem Gehirn, der den Menschen am stärksten von Tieren unterscheidet und der sich am stärksten von allen Hirnregionen erst durch Erziehung und Sozialisation strukturiert. Es sind also in erster Linie wir Eltern, die unseren Kindern dabei helfen müssen, sich diese für alle späteren Lernprozesse entscheidenden Metakompetenzen anzueignen.

Eigentlich müsste dieser Hirnbereich etwa bis zur Einschulung so weit entwickelt sein, dass Kinder über die dort verankerten Kompetenzen verfügen. Doch das sei, so Hüther, immer seltener der Fall. Bildlich gesprochen: Obwohl es in den Werkzeugkisten vieler Kinder reichlich Schrauben, Nägel und Dübel gibt, fehlen ihnen leider allzu oft genau das, was jeder Handwerker braucht, der ein Haus bauen will: ein Plan, Ausdauer, Selbstdisziplin und vor allem Lust am Bauen.

Was Stallesel dumm und wilde Esel klug macht

Seit einigen Jahren organisiert der Hirnforscher Gerald Hüther regelmäßig einen Sommeraufenthalt auf einer Almhütte für Kinder und Jugendliche, bei denen eine Aufmerksamkeitsdefizitstörung (ADS) diagnostiziert worden war, zum Teil in Kombination mit einem Hyperaktivitätssyndrom (ADHS). Sie nahmen – wie rund 600 000 Kinder und Jugendliche in ganz Deutschland – das Medikament Ritalin. Doch an Aufmerksamkeit mangelte es den Kindern nicht, so Hüther, sondern daran, dass in ihrem Frontalhirn noch nicht die Fähigkeit verankert war, ihre Aufmerksamkeit auf ein gemeinsames Projekt zu lenken. Im Interventionsprogramm »via nova« der Sinn-Stiftung kommen die Kinder etwa zwei Monate lang in die Südtiroler Berge. Dort können sie Kühe füttern, Käse machen, Holz hacken und dabei immer auch ein Gruppengefühl erleben und Regeln lernen. Kurz: Ihr Frontalhirn bekommt Gelegenheit nachzureifen.

»Wir hatten da oben auf der Alm Jungs, die waren zwölf Jahre alt und haben noch nie selbst ein Feuer mit einem Streichholz angezündet«, sagt Gerald Hüther und klingt dabei noch immer ein wenig fassungslos. Er schimpft über das starre Schulsystem, aber er wundert sich auch über uns Eltern. Eltern kreisen heute oft zu sehr um ihre Kinder, bemerkt Hüther, klammern sich manchmal geradezu an sie. Diese Kinder könnten dann jedoch nicht lernen, sich aus der Zweierbeziehung der Babyzeit – meist mit ihrer Mutter – zu lösen. Sie verharren in dieser »Klammeraffenbeziehung« und fordern weiterhin die volle Aufmerksamkeit ihrer Umgebung ein. Sie verpassen den nächsten Entwicklungsschritt, die Fähigkeit zur »shared attention«, zu geteilter Aufmerksamkeit. Oft gerade weil ihre Eltern die Aufmerksamkeit zu sehr auf sie gelegt haben, statt nach außen auf ein gemeinsames Projekt.

»Kinder brauchen komplexe Umwelten, echte Aufgaben und Probleme, die sie lösen müssen. Stattdessen führen sie zunehmend ein Inseldasein unter Daueraufsicht«, kritisiert Hüther. Auf einem Bildungskongress vor einigen Jahren verglich er überbehütete Kinder mit Stalleseln: perfekt betreut, gefüttert und umsorgt, jedoch kaum gefordert. »Ihr Gehirn«, so Hüther, »bleibt eine Kümmerversion im Vergleich zu dem Gehirn ihrer wilden Artgenossen.«

Wissensdurst verschwindet, wenn der Bewegungs- und damit ja auch Erfahrungsraum unserer Kinder von uns Eltern zu eng begrenzt wird.

Der US-Psychologe Richard Louv hat der gegenwärtigen Kindergeneration in westlichen Industrieländern vor einigen Jahren eine vielzitierte Diagnose gestellt: die Naturdefizitstörung. In seinem Buch *Das letzte Kind im Wald* beschreibt er, wie moderne Eltern ihre Kinder zunehmend in den zwar sicheren, aber eben immer auch künstlichen, kaum beeinflussbaren und starren Kinderzimmern gefangen halten. Er beschreibt, wie wir ihnen dadurch die Möglichkeit nehmen, draußen die Welt zu entdecken, echte Abenteuer zu erleben oder selbst ein Baumhaus zu bauen. Sich dabei vielleicht auch einmal wehzutun, vor allem aber das echte Leben zu spüren und keine bunte Plastikwelt, geht den Kindern völlig verloren. Sein Buch, das 2008 in den USA auf den Bestsellerlisten stand, ist im September 2011 auch in Deutschland erschienen.

Die Naturdefizitstörung grassiert schließlich längst in allen westlichen Ländern, auch bei uns. Während 1990 in einer deutschen Studie noch drei Viertel der Kinder zwischen sechs und 13 Jahren täglich im Freien spielten, war es 2003 schon weniger als die Hälfte. Tendenz abnehmend. Inzwischen, zeigte wiederum eine britische Statistik, verletzen sich mehr Kinder, weil sie aus dem Bett fallen anstatt von Bäumen. Schrammen und blaue

Flecken an Kinderbeinen werden also immer seltener, dafür grassieren immer stärker die Begleiterscheinungen der Naturdefizitstörung: Übergewicht, Konzentrationsprobleme, Gewalt und Depressionen.

Wir erleichtern unseren Kindern das Leben »bis zur Erfahrungstaubheit«, hieß es kürzlich in einem Artikel der Zeitschrift »Geo«, der den Titel »Lasst sie raus!« trug. »Brutal formuliert, quälen wir unsere Kinder, eingesperrt auf den Rücksitzen rundum mit Airbags gepolsterter SUVs, schon vom Kindergarten an durch immer strenger getaktete Leistungsinstitutionen, um sie fit zu machen für das Leben. Dabei nehmen wir ihnen gerade die Möglichkeit zu erfahren, was das ist: Leben.«

Kein PEKiP-Kurs reicht an eine Matschpfütze heran, durch die ein Kind in aller Ruhe stapfen kann, kein japanischer Mathematikkurs kann mithalten, wenn ein Kind Ast für Ast einen Baum hinaufklettern darf. Im Gegenteil. Artet das Förderprogramm in zu großen Stress aus, kann dieser sogar leichte Hirnschäden bei unseren Kindern verursachen. Neurologen haben gezeigt, dass gestresste Kinder sich später überdurchschnittlich aggressiv und anti-sozial verhalten.

Kinder an den Herd!

»Es gehört zu den Absurditäten unserer Zeit, dass Eltern viel Geld für dubiose und bestenfalls wirkungslose Fremdsprachenkurse und andere Förderprogramme ausgeben, ihren Kindern aber im Alltag die einfachsten und wirkungsvollsten Lerngelegenheiten vorenthalten.« Das schrieb die renommierte Lernforscherin Elsbeth Stern 2010 in einem Essay für die Zeitschrift »Eltern«. Darin schimpfte sie über Eltern, die ihre Kinder in teure Sprachkurse schicken oder sie gar vor ein angebliches Sprachförderprogramm im Fernsehen setzen – und dann in der gemeinsamen Zeit auf dem Spielplatz lieber in ihr Handy reden als mit ihrem Kind. Dabei, so die Lernforscherin, lernen Kinder immer nur von einem echten Menschen und nicht von Geräten.

Als Nächstes stellen Lernforscher, Psychologen und Hirnforscher unseren Kindern wohl die Diagnose »Alltagsdefizitstörung«. Den Alltag verpassen sie nämlich oft, während wir sie zu Förderkursen, in den Zoo oder ins Schwimmbad karren, während wir mit ihnen musizieren oder basteln oder lesen, wenn wir uns also um »quality time« bemühen. Nach der Arbeit ziehen wir im Supermarkt schnell die Zutaten fürs Abendessen aus den Regalen, während unsere Kinder noch im Kindergarten spielen. Und wenn wir abends unsere Wohnung wieder einigermaßen sauber fegen und wischen, dann schlafen die Kleinen längst. Unseren Alltag halten wir so möglichst von unseren Kindern fern.

In jüngster Zeit wurde er von Hirn- und Lernforschern jedoch rehabilitiert. **Alltag und Natur, bessere Lernwelten scheint es nicht zu geben.** In keinem Kurs lernen Kinder so gut Mathematik und gleichzeitig Sozialverhalten wie beim Abendbrot oder im Supermarkt, wenn sie drei Teller aus dem Schrank holen und auf den Tisch stellen oder sieben Möhren in eine Tüte legen und abwiegen, wenn wir ihnen eine Rolle in unserem Alltag zuweisen und sie helfen dürfen.

Synapsen sind mehr als ein Symbol für die Zukunftschancen unserer Kinder. Synapsen sind ein Freifahrtschein für die Gegenwart. Für ihre Pflege müssen wir unsere Kinder nämlich eben nicht durch die halbe Stadt kutschieren. Die wirkungsvollste Synapsenpflege spart Zeit, sie spart Kopfschmerzen und Hektik, Lärm und Geld. Außerdem schmeckt sie unheimlich gut. Die wirkungsvollste Synapsenpflege findet nämlich am Herd statt.

Die Wunderwaffe Herd hat auch den wöchentlichen Kaffeeklatsch unserer einst so ambitionierten Baby Band gerettet. Manchmal gibt es Buchstabenkekse, noch öfter jedoch essen wir selbst gebackenen Kuchen. Kein »pädagogisch wertvolles« Plastikspielzeug, zeigt die Lernforschung, triggert die Synapsen unserer Kinder so sehr an wie das gemeinsame Backen von Kuchen, Waffeln oder Pizza. Wenn Kinder selbst die Eier zerschlagen dürfen, die Milch hinzugießen, das Mehl auf die Arbeitsplatte stäuben, den Teig ausrollen, die Streusel über dem Guss verteilen oder die Maiskörner auf dem Pizzateig zu einem Gesicht legen dürfen, dann werden sie gefordert und gefördert.

»Unser Gehirn ist ein Sozialorgan«, mahnt Hirnforscher Gerald Hüther. »Eltern können ihre Kinder nicht in einem separaten Lernprozess auf etwas vorbereiten, was sie noch gar nicht mit Leib und Seele erlebt haben. **Lernen findet im Leben statt und nicht in Kursen. Nur wenn es auf echten Erfahrungen basiert, ist Wissen nachhaltig.«** Die beste Vorbereitung, um später ein Instrument zu lernen, ist der Heimweg von der Kita, wenn Kinder lauthals mit ihren Eltern Piratenlieder grölen. Andere Wörter einer Fremdsprache lernen sie am besten, wenn sie sich im Urlaub selbst ihr Eis bestellen.

Tatsächlich zeigen neue Untersuchungen, die die Kinderpsychologin Alison Gopnik in ihrem Buch *Kleine Philosophen* beschreibt, dass Kinder, sobald sie etwas gezielt von Erwachsenen beigebracht bekommen, weniger kreativ werden. Lernforscherin Elsbeth Stern, Kinderpsychologin Alison Gopnik und Hirnforscher Gerald Hüther beschweren sich in ihren Büchern unisono über Väter, die den höheren Lego-Turm bauen und Mütter, die den schöneren Sandkuchen backen wollen. Über Eltern also, die alles erklären und zu viel verbessern und dabei keinen Raum mehr lassen zum Staunen und Fragen, zum Blödeln und Herumspinnen.

»Mischen Sie sich weniger ein«, rät Hirnforscher Hüther, »lassen Sie Ihr Kind lieber seine eigenen Erfahrungen machen.«

Wissensdurst verschwindet nämlich auch, wenn Eltern zu viel klugscheißern.

Der Einfluss von Frühförderung:

Das Bildungsangebot in der frühen Kindheit hat einen ähnlich großen Einfluss auf die Intelligenz unserer Kinder wie ihr genetisches Erbe. Der Grund: Das menschliche Gehirn bildet vor allem in den ersten drei Lebensjahren Billionen von Synapsen, die sich dann ab dem dritten Geburtstag nach und nach verfestigen – oder wegfallen. Hirnregionen, die also in dieser Zeit nicht angeregt werden, bleiben später schwach. Allerdings warnen Hirnforscher davor, Kinder deswegen mit Wissen zu überfrachten. Gerade Wissen kann nämlich ein Leben lang hinzugelernt werden, während wichtige Metakompetenzen in den ersten Lebensjahren im Frontalhirn verankert werden müssen: Handlungsplanung, Frustrationstoleranz, Impulskontrolle, Empathie, Hilfsbereitschaft, Verantwortungsgefühl – und Spaß am Lernen.

Unsere Aufgaben:

Gezielte Förderkurse werden von der Mehrheit der Hirn- und Lernforscher als eher unwichtig eingestuft – und im Übermaß sogar als schädlich. Der Stress eines vollen Terminkalenders verleidet nämlich bereits

Kleinkindern den Spaß am Lernen und kann im Extremfall sogar dazu führen, dass wichtige Hirnverbindungen nicht ausreifen. Statt Zeit, Geld und Energie der wachsenden Förderindustrie in den Rachen zu werfen, empfehlen sie daher vor allem drei Fördermaßnahmen:

Natur: Wenn Kinder auf umgestürzten Baumstämmen balancieren, durch Pfützen patschen oder Steine, Stöcke und Tannenzapfen in den Fluss werfen, lernen sie mit dem ganzen Körper. Ältere Kinder brauchen auch mal die Gelegenheit, ohne ihre Eltern durchs Unterholz zu kriechen oder in Baumkronen zu klettern.

Alltag: Lernen findet im Leben statt. Zum Beispiel, wenn Kinder im Aufzug auf die Taste mit der Zwei drücken dürfen, wenn sie den Abendbrottisch für drei decken oder vier Äpfel selbst in den Einkaufswagen legen.

Kochen: Beim Kochen lernen Kinder spielerisch Mengenlehre, Feinmotorik, physikalische Grundregeln, einträchtiges Miteinander und obendrein noch viele verschiedene Lebensmittel kennen.

Zum Weiterlesen:

Alison Gopnik: *Kleine Philosophen: Was wir von unseren Kindern über Liebe, Wahrheit und den Sinn des Lebens lernen können.* Ullstein, Berlin 2009

Gerald Hüther und Cornelia Nitsch: *Kinder gezielt fördern.* Gräfe und Unzer, München 2011

Richard Louv: *Das letzte Kind im Wald? Geben wir unseren Kindern die Natur zurück!* Beltz, Weinheim 2011

Aljoscha Neubauer und Elsbeth Stern: *Lernen macht intelligent: Warum Begabung gefördert werden muss.* Goldmann, München 2009

Klaus Werle: *Die Perfektionierer: Warum der Optimierungswahn uns schadet – und wer wirklich davon profitiert.* Campus, Frankfurt 2010

... beim Fernsehschauen?

Unser Sohn war fünf Tage als, als wir uns zum ersten Mal mit ihm vor die Glotze setzten. Natürlich nicht vor die »Teletubbies«, »Baby Einstein«, »Baby IQ« oder sonstige Einstiegsdrogen in den Fernsehkonsum. Nein, wir haben gleich auf harten Stoff gesetzt: ein Thriller, 90 Minuten lang – gerade hatte die Fußball-Europameisterschaft in der Schweiz und in Österreich begonnen. Mein Wochenbett war also ein Potpourri aus Heulanfällen und Torjubel, aus dem Geschmatze von Nepomuk an meinen Brüsten und den Schoten von Günter Netzer im Fernsehen. Mein Mann und ich strahlten über unseren Sohn und wir fluchten über das 0:1 gegen Spanien im Endspiel. Es waren spannende Wochen.

Nach dem Fiasko gegen Spanien schalteten wir den Fernseher – mit einer Handvoll Unterbrechungen für die Tagesthemen oder den Tatort – aus. Wir sind nicht so die Fernsehgucker. Um ehrlich zu sein, wir haben eigentlich nicht mal einen Fernseher, sondern nur einen Computer mit TV-Karte. Die schoben wir erst wieder wirklich rein, als zwei Jahre später die Fußball-Weltmeisterschaft in Südafrika angepfiffen wurde.

Wieder saß unser Sohn manchmal mit dabei, diesmal aber im weißen Klose-Trikot und nicht mehr auf unserem Arm mit dem Blick über unsere Schulter gen Bücherregal. Wir gaben uns redlich Mühe, ihn zum kritischen Fernsehkonsumenten zu erziehen, und tatsächlich konnte er noch tagelang die Frage beantworten, wie viele Tore Deutschland im Achtelfinale gegen England geschossen hat (»Vier!«). Bis zum Halbfinale hatten wir ihn soweit, dass er von selbst »nein!« brüllte, sobald die Spanier in ihren roten Trikots mal wieder mit dem Ball aufs deutsche Tor zuliefen. Wir fluchten wie gewohnt über ein 0:1 gegen Spanien, diesmal zu dritt. Danach schalteten mein Mann und ich den Fernsehzugang unseres Computers wieder aus. Bis zur Europameisterschaft 2012 in Polen und der Ukraine, dachten wir. Doch unser Sohn war anderer Meinung.

Irgendein Depp (mein Mann) kam auf die Idee, auf YouTube nach Disneys Dschungelbuchliedern zu suchen. »Probier's mal mit Gemütlichkeit«, sang Balu, der Bär, und wir strahlten. Mein Mann und ich aus Nostalgie, unser Sohn vor Entdeckerfreude. Auf Balu, Baghira und Mogli folgten von unserer Seite der kleine Maulwurf, alte Feuerwehrlieder aus den 1970ern, Pippi Langstrumpf und Michel aus Lönneberga. Unser Sohn holte mit Bob dem Baumeister und dem kleinen roten Traktor noch etwas Zeitgeist in unser Wohnzimmer. Neuerdings übrigens auch noch täglich, denn irgendein Dummkopf (ich) war der Versuchung erlegen, einen abendlichen YouTube-Clip als Bestechung einzusetzen für eine flinke und vor allem friedliche Prozedur, ihn bettfertig zu machen.

Wir haben damit quasi jede Empfehlung in den Wind geschlagen, die Medienpädagogen Eltern gerne mit auf den Weg geben. Die Experten sagen nämlich, dass Kinder unter drei Jahren besser gar nicht Fernsehen sollen, weil sie die vielen Bilder noch gar nicht richtig verarbeiten könnten. Dass Vorschulkinder nach 18 Uhr nicht mehr vor die Glotze dürfen, weil sie dann nicht mehr gut schlafen. Dass Eltern Fernsehen, YouTube oder Computer weder als Strafe noch als Belohnung einsetzen sollten, weil der Kasten dann eine viel zu große Bedeutung für die Kinder bekomme.

Wir haben es vermasselt – wie offensichtlich sehr viele andere Eltern in Deutschland auch, denn laut einer Umfrage des Internationalen Zentralinstituts für das Jugend- und Bildungsfernsehen sitzen fast 90 Prozent der Dreijährigen und etwa 20 Prozent der Einjährigen regelmäßig vor dem Fernseher. Im Schnitt kommen Kinder zwischen drei und fünf Jahren auf stolze 73 Minuten Fernsehzeit am Tag, und das dann auch noch vorwiegend am Abend. Zwischen 18 und 21 Uhr schauen Kinder zwischen drei und 13 Jahren am häufigsten fern.

Risiken und Nebenwirkungen des Fernsehens

»Man kann berechnen, dass durch Bildschirm-Medien in Deutschland jährlich deutlich mehr Menschen den Tod finden als durch Autos und Kraftwerke zusammengenommen. Bildschirme erzeugen darüber hinaus ein hohes Ausmaß an Behinderung und Leid«, warnt der Hirnforscher Manfred Spitzer im Vorwort zu seinem Buch *Vorsicht Bildschirm!*. Seine Vision für das Jahr 2020: »Allein durch den Fernsehkonsum von Kindern und Jugendlichen« sterben dann etwa 20 000 Menschen an den Folgen von Übergewicht und weitere 20 000 an den Folgen des Rauchens. Zehntausende leiden unter erhöhtem Blutdruck, erhöhtem Cholesterinspiegel und Altersdiabetes, unter mangelndem Selbstwertgefühl, Depressionen und unter Gelenkbeschwerden in den Beinen. Spitzer ist Vater von fünf Kindern und hat zu Hause selbstverständlich keinen Fernseher.

Tatsächlich haben in den vergangenen Jahren etliche Studien negative Folgen von Fernsehkonsum bei Kindern und Jugendlichen nachgewiesen:

Fernsehen macht dick: Jede Stunde, die Kinder pro Tag über das empfohlene Maß hinaus vor dem Fernseher verbringen, führt zu einer Zunahme ihres Body-Mass-Index um fünf Prozent, so eine Langzeitstudie aus dem kanadischen Montréal.

Fernsehen ist ungesund: Kinder und Jugendliche, die zwei bis vier Stunden am Tag fernsehen, haben mehr als doppelt so häufig einen erhöhten Cholesterinspiegel, bei mehr als vier Stunden sogar fast fünfmal so häufig. Damit hatte der Fernsehkonsum laut Studie einen stärkeren Einfluss auf den Cholesterinspiegel als alle übrigen Gründe, die von den Forschern der Universität von Kalifornien untersucht worden waren, also die Gene, die Menge an Sport und die Art der Ernährung.

Fernsehen überfordert kleine Kinder schnell: Erst im Alter von zwei bis drei Jahren können Kinder verschiedene Perspektiven im Kopf miteinander verbinden, erst dann können sie also einen Fernsehschnitt nachvollziehen. Bis dahin entsteht in ihrem Kopf beim Fernsehen keine Geschichte, sondern ein wirres Durcheinander an bunten Bildern und Geräuschen.

Fernsehen führt zu Schlafstörungen: Bei Kindern im Alter von fünf bis sechs Jahren stellten Forscher der finnischen Universität Helsinki massive Schlafstörungen durch die Zeit vor dem Fernseher fest. Besonders schlecht schliefen Kinder, in deren Familie die Glotze mehr als zwei Stunden täglich im Hintergrund lief und Kinder die Erwachsenenprogramme mit anschauen durften.

Fernsehen macht Angst: Bis zu ihrem 18. Geburtstag haben Kinder durchschnittlich 200 000 Gewaltakte im Fernsehen gesehen, rechnete die Amerikanische Akademie für Kinderheilkunde vor. Medienpädagogen warnen daher davor, Kinder Erwachsenenprogramme mit anschauen zu lassen. Der Tatort mit seinen realistischen Gewaltszenen wie auch die Nachrichten sollten erst nach dem Grundschulalter angeschaltet werden. Doch selbst das Kinderprogramm kommt bei uns scheinbar nicht ohne Mord und Totschlag aus. Eine Stichprobe der Universität Regensburg ergab vor einigen Jahren, dass fast 90 Prozent der Kindersendungen Gewalt enthalten, besonders häufig bei den privaten, leider aber auch immer wieder bei den öffentlich-rechtlichen Programmen.

Fernsehen macht gewalttätig: Etliche Studien haben in den vergangenen Jahrzehnten gezeigt, dass Kinder und Jugendliche, die im Fernsehen oder am Computer regelmäßig mit Gewaltszenen konfrontiert werden, selbst überdurchschnittlich aggressiv sind. Dies gilt für Jungs wie für Mädchen und auch für Kinder, die vor ihrem exzessiven Fernsehkonsum keinerlei Gewalttätigkeit gezeigt hatten, so das Ergebnis einer Untersuchung im US-Bundesstaat New York.

Fernsehen verschlechtert die Aufmerksamkeit: Je mehr Zeit Kinder vor dem Fernseher verbringen, desto eher leiden sie in der Grundschule unter Aufmerksamkeitsstörungen, so das Ergebnis einer Untersuchung an der University of Washington in Seattle. Die mehr als 2600 Kinder in dieser Studie schauten im Schnitt im Alter von knapp zwei Jahren 2,2 Stunden und im Alter von knapp vier Jahren 3,6 Stunden pro Tag fern. Mal ehrlich, bei der Menge ist es fast schon verwunderlich, dass nur zehn Prozent der Kinder unter Aufmerksamkeitsstörungen litten.

Fernsehen macht dumm: Je weniger Zeit Kinder vor dem Fernseher verbringen, desto eher machen sie später einen Hochschulabschluss, das hat eine Langzeitstudie aus Neuseeland gezeigt. Von den Kindern, die im Alter von fünf Jahren weniger als eine Stunde am Tag vor der Kiste saßen, machten mehr als 40 Prozent einen Hochschulabschluss. Von den Kindern, die mehr als drei Stunden täglich vor dem Fernseher saßen, waren es dagegen weniger als zehn Prozent. Eine kanadische Studie rechnete sogar haarklein nach, wie viel dümmer Vielseher im Vergleich zu Wenigsehern sind. Jede Stunde Fernsehkonsum kostete die Kinder in der Schule beispielsweise sechs Prozent ihrer Leistungen in Mathematik.

Die schlechteren Leistungen in Mathematik kann ich persönlich für unsere Familie nicht bestätigen. Ganz im Gegenteil. Als ich eines Tages nach der Arbeit meinen Sohn abholte, sprach mich die Leiterin des Kindergartens an. Sie ist eine Frau, der man nicht allzu viel vormachen kann, schließlich hat sie erst jahrelang schwererziehbare Jugendliche betreut und nun hat sie es mit Ein-, Zwei- und Dreijährigen zu tun. Trotzdem klang in ihrer Stimme eine Spur Verblüffung mit, als sie zu mir sagte: »Dein Sohn ist mathematisch hochbegabt. Wirklich, das habe ich bei einem Dreijährigen noch nie erlebt: Er kann schon subtrahieren.«

Mir kam das merkwürdig vor. Schließlich liegt mathematische Hochbegabung so gar nicht in unserer Familie. Als ich es mit Ach und Krach an die Journalistenschule geschafft hatte, stand unter dem Eingangstest sogar folgender Kommentar unserer Schulleiterin: »Ihr Verhältnis zu Zahlen ist bedenklich.« Bis zu diesem Tag hatte mein Sohn ehrlich gestanden keine Anzeichen gemacht, ein besseres Verhältnis zu Zahlen zu haben als ich.

Die Hochbegabungsidee verpuffte auch tatsächlich schnell, als die Kindergartenleiterin erzählte, was passiert war. Sie hatte den Kindern ein Buch von Michel aus Lönneberga vorgelesen, die Geschichte, als er seinen Kopf in eine Suppenschüssel steckte, nicht mehr heraus kam und sein Vater mit ihm zum Arzt fuhr. »Die Schüssel hat vier Kronen gekostet. Da ist es schon besser, wir fahren nach Mariannelund zum Doktor. Er nimmt nur drei Kronen und auf diese Weise verdienen wir …«, las Nepomuks Erzieherin die Worte von Michels Papa vor und fragte dann eher rhetorisch: »Na, wie viel verdienen Michel und sein Papa da?« »Eine Krone«, antwortete mein Sohn prompt, als könne er subtrahieren.

»Die Geschichte kennt er«, erklärte ich. Nepomuks Erzieherin schien eher erleichtert als enttäuscht zu sein. Was ich nicht sagte, war: Das Buch haben wir auch zu Hause. Und wir haben die Geschichte schon gemeinsam im Fernsehen gesehen.

Michel macht Unfug, ohne Frage. Mag sein, dass er die falschen Synapsenverbindungen in unseren Kindern wachkitzelt, wenn er seine Schwester Ida den Fahnenmast hochzieht. Aber muss er dafür gleich ganz ausgeschaltet, anstatt »bloß« in den Tischlerschuppen gesperrt zu werden? »Nein!«, jault mein Sohn jedes Mal auf, wenn ich nach einem YouTube-Clip oder einer Folge der Astrid-Lindgren-Helden den roten Knopf auf unserer Fernbedienung drücke, »ich will weiter Kino spielen.«

Zu seinem Glück rufen selbst die furiosesten Fernsehkritiker nicht zu einem völligen Verzicht auf. Der Hirnforscher Manfred Spitzer etwa, der zu Hause keinen Fernsehapparat hat, ließ seine fünf Kinder durchaus bei den Nachbarn klingeln und dort gucken. »Mit dem Fernsehen ist es wie mit Beton«, schreibt Spitzer in *Vorsicht Bildschirm!*. »Es kommt darauf an, was man draus macht.« Konkreter hätte er wohl sagen müssen: Es kommt darauf an, was wir Eltern daraus machen.

Der jahrhundertealte Alchimisten-Spruch »Die Dosis macht das Gift« gilt auch für die Medien der Gegenwart. Wir Eltern sind nun einmal diejenigen, die den Fernsehkonsum unserer Kinder dosieren und auf bestimmte Sendungen beschränken, zumindest bis zu einem bestimmten Alter. Medienpädagogen sind sich erstaunlich einig darin, wie niedrig das Fernsehen für Kinder am besten dosiert sein sollte. Kindergartenkinder sollten höchstens 20 bis 30 Minuten und Grundschüler 30 bis 45 Minuten am Tag fernsehen. Teenager dürfen auch schon mal einen kompletten Spielfilm am Stück schauen.

Schädlich ist vor allem, was unsere Kinder in der Zeit verpassen, in der sie vor der Glotze sitzen: Baumhäuser oder Sandburgen bauen, Bücher lesen, mit ihren Puppen oder Holzeisenbahnen spielen, beim Kochen helfen oder Lieder singen. Bei fast allem bewegen sie mehr ihren Körper, gestalten sie mehr mit ihren eigenen Händen, sprechen sie mehr und können sie sich besser konzentrieren als wenn sie sich bloß berieseln lassen. Bei fast jeder anderen Tätigkeit lernen Kinder mehr dazu als beim Fernsehen.

Wenn unsere Kinder von den 24 Stunden ihres Tages mal rund vier Minuten an Balus »Probier's mal mit Gemütlichkeit«, zehn Minuten an »Bob den Baumeister« oder sogar mal eine knappe halbe Stunde an Michel oder Pippi verschwenden, dann werden sie davon nicht dümmer, dicker, gewalttätiger oder ängstlicher. Sie lernen nur nicht so wahnsinnig viel dabei – außer Balus lustigem Faulpelzsong und reichlich blödsinnige Namen für Baufahrzeuge.

Das liegt nicht nur am Inhalt der meisten Kindersendungen, sondern vor allem daran, dass der Fernseher an sich nicht der beste Wissensvermittler ist. Wie Hirnforscher Gerald Hüther schon zum Thema Frühförderung sagte, unser Gehirn ist ein Sozialorgan. **Kinder, ganz besonders Babys und Kleinkinder, brauchen zum Lernen nicht nur optische und akustische Reize, sondern eben auch Gerüche, Geschmäcker, ein Gefühl, schlicht und einfach die Wirklichkeit.** Erst wenn im Gehirn verschiedene Bereiche aktiviert werden, entstehen dort neue Verbindungen. Durch passiven Fernsehkonsum können Kinder nicht sprechen lernen. Sie brauchen ein echtes Gegenüber, das ganz individuell auf ihre Laute eingeht. Eine Stunde Fernsehen verkürzt nun aber die Kommunikation zwischen Eltern und Kind um sieben Prozent oder 770 Wörter am Tag, rechnete ein Team vom Center for Child Health, Behaviour and Development in Seattle vor. Dieser Verlust, so die US-Forscher, verzögert entsprechend die Sprachentwicklung der Kinder.

Gerade erst bestätigte eine Untersuchung von angeblich sprachfördernden Sendungen wie »Baby Einstein«, »Baby IQ« oder

»Brainy Baby« diese Beobachtung. Babys, die früh und regelmäßig vor diese Programme gesetzt wurden, stellte ein Team der Universität von Kalifornien fest, lernten später und schlechter sprechen als ihre fernsehfrei aufwachsenden Altersgenossen.

Erst ab dem Kindergartenalter können die Kleinen durchaus etwas vom Fernseher lernen. Das bewies eine US-Langzeitstudie an Drei- bis Fünfjährigen für die Sendung »Sesamstraße«. Wer regelmäßig zu Hause diese Sendung angeschaut hatte, freute sich mehr auf die Schule, konnte leichter Buchstaben erkennen und besser zählen als Kinder, die gar nicht ferngeschaut hatten oder nur stumpfe Zeichentrickfilme sahen. Ähnliches dürfte wohl auch für »Die Sendung mit der Maus« oder ihren kleinen Bruder, »Die Sendung mit dem Elefanten«, für »Löwenzahn« oder »Willy will's wissen« gelten. Allerdings, auch das zeigte die US-Studie, nur unter der Voraussetzung, dass sich die Eltern mit den Kindern vor die Kiste setzen.

Kinder unter sechs Jahren, fordern Medienpädagogen einhellig, sollen nicht alleine vor dem Fernseher sitzen. Der sei nun einmal das »Lagerfeuer der Moderne«. Als alleiniger Lehrer oder gar als Babysitter tauge er dagegen überhaupt nicht.

Eltern gehören also mit aufs Sofa, um Fragen zu beantworten oder Fragen zu stellen, um zu diskutieren oder zu lachen, um ihr Kind zu beobachten, zu beruhigen oder auszuschalten, wenn sich Angst einstellt. Ähnlich wie das Laufen, Radfahren oder Schwimmen müssen Kinder auch den Fernsehkonsum lernen, und zwar gemeinsam mit uns. Erst mit der Zeit erkennen sie in den vielen bunten Bildern eine Geschichte, finden sie ihren Lieblingshelden und können sie mitfiebern, ohne dabei wirklich Angst zu bekommen. Das müssen sie üben. **Vor allem müssen sie die wichtigste Sache überhaupt beim Fernsehen üben, immer wieder und trotz allen Protests: das Ausschalten.**

Der Einfluss des Fernsehkonsums:

Beim Fernsehschauen lernen Kinder – abgesehen von wenigen Ausnahmen wie der »Sendung mit der Maus« oder der »Sesamstraße« – nichts. Stattdessen verpassen sie in dieser Zeit all das, was ihnen wirklich guttut: Tobereien an der frischen Luft, kreative Rollenspiele, Lesen, … Kinder, die im Übermaß vor der Glotze sitzen, sind dicker, ungesünder, gewalttätiger, dümmer und oft schlicht überfordert, haben etliche Studien gezeigt. Dennoch warnen die meisten Medienpädagogen heute nicht mehr davor, dass Kinder überhaupt fernsehschauen; sie legen Eltern nur dringend ans Herz, den Fernsehkonsum zu lenken, zu begrenzen und zu begleiten.

Unsere Aufgaben:

Deutsche Medienpädagogen empfehlen Eltern, ihre Kinder möglichst langsam an moderne Medien wie den Fernseher heranzuführen:

- Beginn: Vor ihrem dritten Geburtstag sollten Kinder möglichst gar nicht fernsehschauen. Viele Kinder können die vielen Bilder und Perspektivwechsel auf dem Bildschirm nämlich noch gar nicht richtig verarbeiten.
- Dauer: Kindergartenkinder sollten höchstens 20 bis 30 Minuten am Tag vor dem Fernseher sitzen, Grundschüler maximal 30 bis 45 Minuten. Teenager dürfen dann auch mal einen kompletten Spielfilm am Stück schauen.

▸ Zeitpunkt: Nach 18 Uhr sollen Vorschulkinder nicht mehr den Fernseher anschalten dürfen, raten die Medienpädagogen. Denn die Bilderflut kann Kinder beim Einschlafen stören oder ihnen in der Nacht Albträume bescheren.

▸ Grund: Der Fernseher sollte weder eine Belohnung sein, noch sollte ein Fernsehverbot als Strafe eingesetzt werden. Das gibt dem Kasten eine zu große Bedeutung.

Zum Weiterlesen:

Wolfgang Bergmann und Gerald Hüther: *Computersüchtig: Kinder im Sog der modernen Medien.* Beltz, Weinheim 2010

Thomas Feibel: *Kindheit 2.0: So können Eltern Medienkompetenz vermitteln.* Stiftung Warentest, Berlin 2009

Manfred Spitzer: *Vorsicht Bildschirm! Elektronische Medien, Gehirnentwicklung, Gesundheit und Gesellschaft.* dtv, München 2006

… während der Mahlzeiten?

Mir war klar, dass sich zu Hause einiges ändern würde, als mein Mann mich nach einem Dreivierteljahr in der Elternzeit ablöste. Dafür hatte ich mich mit dem festen Vorsatz ›kein Kommentar‹ gewappnet. Wenn ich morgens ins Büro aufbrach, bat ich ihn nicht darum, unserem Sohn heute doch bitte eine Mütze aufzusetzen (obwohl ich es wirklich kalt fand). Wenn wir nachmittags telefonierten, sagte ich kein Wort über das Würstchen, das Nepomuk gerade futterte (obwohl mir ein Obstbrei lieber gewesen wäre). Ich versuchte mit allen Kräften, Verantwortung abzugeben, und das klappte auch ganz gut. Einige Tage. Bis zu dem Moment, der als »Blaubeer-Gate« in unsere Familiengeschichte einging.

Mein Mann strahlte mich voller Stolz an, als ich von der Arbeit nach Hause kam. »Stell dir vor«, sagte er, während ich mir die Schuhe auszog, »ich habe heute Blaubeeren für Nepomuk gekauft.« »Super«, sagte ich verblüfft und kam in die Küche. Dort saß unser Sohn in seinem Hochstuhl und schob sich eine Blaubeere nach der nächsten in den Mund. »Super«, sagte ich noch einmal, was meinen Mann zu dem Nachsatz anspornte: »Die haben wir vorhin noch schnell im Laden um die Ecke gekauft. Sind halt nicht bio …« »Aber du hast sie gut gewaschen?«, unterbrach ich ihn. »Nee, ging nicht mehr. Nepomuk war so heiß darauf, dass ich ihm einfach gleich die Schale hingestellt habe.«

Irgendwann während dieses Satzes muss ich aufgesprungen sein und meinem Sohn die Schale aus der Hand gerissen haben. Auf jeden Fall folgten ziemlich bald das Geschrei unseres Sohnes, Gezeter von meiner Seite und Schweigen bei meinem Mann. Das »nicht bio«-Geständnis hatte die prallblauen Beeren vor meinen Augen in pures Rattengift verwandelt und all meine Bemühungen, ganz entspannt Verantwortung abzugeben, in die Luft gehen lassen. Mein Mann schwieg betreten. Am nächsten Tag ging er wieder zum Metzger und kaufte einen neuen Schwung Würstchen.

Bio: Ablasshandel des 21. Jahrhunderts

Jede Generation hat ihren Glauben. Mein Sohn und seine Freunde glauben an eine Prinzessin namens Lillifee und daran, dass Baumaschinen Gesichter haben und sprechen können, zumindest bei »Bob der Baumeister«. Meine Eltern glaubten, dass sie mit Demonstrationen die Welt verändern oder zumindest den Kalten Krieg und Atomkatastrophen abwenden können. Meine Großeltern glaubten gleichzeitig an Gott und an Adolf Hitler und meine Urgroßeltern wahrscheinlich noch ans Kaiserreich. Mein persönlicher Glaube dümpelt eher so vor sich hin. Ich gehe nicht gerne in die Kirche und auch nicht auf Demonstrationen. Es gibt nur einen Ort, an dem ich einen ähnlichen Tunnelblick entwickeln kann, und das ist im Supermarkt.

Dieser Ort hat keine pompösen Portale, sondern gläserne Schiebetüren, statt eines Glockenturmes erkennt man ihn an dem geschwungenen und meist grün gefärbten Wort an der Hauswand: Bio. Während ich nach einer Schale Blaubeeren greife, geht es mir ähnlich wie meiner Großmutter, wenn sie ihre Fingerspitzen ins Weihwasser getunkt hat. Da ist diese Gewissheit, das einzig Richtige zu tun, für den Körper, die Seele, meinen Sohn und außerdem gleich noch für die ganze Welt.

Mein Mann rechnet mir gerne vor, dass eine Paprika in diesen

Läden mit rund 18 Euro pro Kilo mehr kostet als eine vergleichbare Menge Rindfleisch. Die Blaubeeren, die er in seiner Elternzeit für unseren Sohn gekauft hatte, hatten auch nur die Hälfte von dem gekostet, was er für ihre Bio-Artgenossen hätte zahlen müssen. Ich habe allerdings mittlerweile den Verdacht, dass er das nur tut, um danach meinen Missionierungseifer zu belächeln, also meine Tiraden über Pestizidrückstände, Nährstoffe, Tierquälerei und den Weltfrieden im Allgemeinen. Bei diesem Thema ist unser Familienfrieden immer ein bisschen in Gefahr, daher kauft mein Mann seit unserem »Blaubeer-Gate« auch selbst fast nur noch im Bio-Supermarkt ein.

Tatsächlich haben mehrere Hundert Studien auf der ganzen Welt mittlerweile bewiesen, dass Bio-Lebensmittel deutlich weniger Pestizidrückstände enthalten. Was bei ihnen eher die Ausnahme ist, ist bei konventionellen Lebensmitteln die Regel. In einer Greenpeace-Untersuchung waren neun von zehn herkömmlichen Kopfsalaten und zwei von drei Tomaten mit Pestiziden belastet, die entsprechenden Bio-Produkte hatten dagegen keinerlei Rückstände.

Ob Bio-Kost nicht nur weniger ungesund, sondern obendrein auch noch gesünder ist, also mehr Vitamine und Nährstoffe enthält, ist dagegen umstritten. Im Auftrag der britischen Food Standard Agency hatten Forscher 2009 in diesem Punkt keine Unterschiede festgestellt. Eine gemeinsame Studie von rund 30 europäischen Forschungsinstituten kam dagegen zu dem Schluss, dass Kohl, Salat, Tomaten oder Kartoffeln aus Bio-Betrieben mehr Vitamine, bioaktive Stoffe und Antioxidantien enthalten.

Unumstritten ist hingegen, dass Ökolandbau sowohl für die Böden als auch für heimische Tier- und Pflanzenarten mit Abstand die bessere Lösung ist. Genau das macht die Bio-Paprika so teuer wie bestes Rindfleisch, denn ohne Pestizide und Kunstdünger ernten Bio-Bauer nun einmal auf der gleichen Ackerfläche nur halb so viel. Das Risiko ist außerdem hoch, dass in manchen Jahren auch mal ein Großteil der Ernte ausfallen kann.

Bio-Lebensmittel sind der Ablasshandel des 21. Jahrhunderts. Mit dem Geld, das ich dort lasse, will ich mich wenigstens ein Stück weit von meinen unzähligen Umweltsünden, wie Flugreisen, Autofahrten, Wegwerfwindeln und dem Wäschetrockner, freikaufen. Das Gleiche versuche ich bei den Ernährungssünden, die ich an mir selbst und vor allem meinem Sohn beinahe täglich begehe, von den sommerlichen Besuchen in der Eisdiele und dem winterlichen Waffelbacken also, von den Lollis, die ihm unsere Nachbarin manchmal zusteckt, und von den Schokoküssen beim letzten Kindergeburtstag.

»Der ist aus dem Bio-Laden«, beschwichtigte mich meine Mutter, als sie in der Vorweihnachtszeit für Nepomuk einen Adventskalender voller Schokoladenstücke mit nach Hause brachte. Wir messen dem Bio-Gütesiegel eine fast schon magische Kraft zu, als könnte es den Zucker in der Schokolade neutralisieren, oder noch besser, als könnte es unseren Kindern lebenslange Gesundheit garantieren, als könnte es sie schützen vor Allergien, Diabetes, Übergewicht, Karies und Krebs. Seitdem mein Sohn auf der Welt ist, streue ich Bio-Dinkel-Vollkornmehl in den Teig für Plätzchen, Kuchen oder Pizza, als sei es Feenstaub voll guter Wünsche für seine Zukunft.

Termiten, Trockenfisch oder doch lieber Tiefkühlpizza?

»Ernährungsfehler, die bei den Kleinen gemacht werden, setzen sich im Kinder- und Jugendalter fort«, warnt immerhin die Deutsche Gesellschaft für Ernährung in ihrem aktuellsten Ernährungsbericht aus dem Jahr 2008. Sie beschrieb genau, wie diese Ernährungsfehler aussehen, so essen Kleinkinder hierzulande zu wenig Kohlenhydrate, Obst und Gemüse. Statt der empfohlenen 200 Gramm Gemüse nehmen Vierjährige im Schnitt nicht mehr als 75 Gramm am Tag zu sich. Über die gesunden Mengen hinaus essen sie dagegen Fleisch, Wurst, Käse und Zucker. Mehr als jedes dritte Kind mag kein Gemüse, ergab auch eine Forsa-Umfrage im Auftrag der Techniker Krankenkasse.

Ernährungsfehler zu Beginn des Lebens treten aber nun einmal einen Teufelskreislauf los. Bereits heute sind grob 15 Prozent der Kinder und Jugendlichen zwischen drei und 17 Jahren laut einer Untersuchung des Robert-Koch-Instituts übergewichtig, Tendenz steigend. Von ihnen werden zwei Drittel auch als Erwachsene zu dick sein, schätzt ein Ernährungsmediziner im Magazin »Fokus«. Diese Erwachsenen werden dann sehr wahrscheinlich unter den bekannten Folgekrankheiten wie Diabetes, Herzkrankheiten und Stoffwechselstörungen leiden. Grund für Übergewicht und Krankheit ist in allererster Linie ein Übermaß an Fett und Zucker, dicht gefolgt von einem Mangel an Bewegung.

Der Grundstein für Gewicht wie Gesundheit unserer Kinder liegt in ihrer Kindheit, also wieder einmal bei uns. Die Ernährungswissenschaftler zeigen besonders mit dem Finger auf uns Eltern, denn wir entscheiden, wo und welche Lebensmittel wir einkaufen. Wir entscheiden, ob sie fett- oder vitaminreich, selbst gekocht oder tiefgekühlt sind, ob wir es bei wenigen Standardgerichten belassen oder quer durch die Weltküche experimentieren. Damit entscheiden wir eben immer auch mit, wie viele Kalorien, Nährstoffe und Vitamine unsere Kinder zu sich nehmen und welcher Geschmack sich bei ihnen entwickelt.

Anders als bei Tieren ist es uns Menschen biologisch nicht vorherbestimmt, welche Nahrung wir zu uns nehmen. Unsere Kinder könnten am Nordpol aufwachsen, wo sie sich von Robbenfleisch und Trockenfisch ernähren müssten, oder in Asien, wo sie schon zum Frühstück scharfe Currysuppen schlürfen würden. **Erst im Mutterleib, an der Mutterbrust und ganz besonders mit der ersten festen Nahrung werden Kinder auf das Essen ihres Elternhauses gepolt.** Geröstete Termiten wie in Kenia oder Tiefkühlpizza wie bei uns, Froschschenkel wie in Frankreich oder Dim Sum wie in China – alles ist möglich.

»Der Mensch kann in so verschiedenen Nahrungs- und Geschmacksumwelten zurechtkommen, weil er auch bei der Ernährung ein offenes Lernprogramm hat«, sagt Herbert Renz-Polster. In seinem Sachbuch *Kinder verstehen* beschreibt der Kinderarzt, wie die Evolution unsere Kinder prägt, ihren Schlaf, ihr Trotzen, ihre Bindungen und ihr Fremdeln, und natürlich ihre Ernährung. Er erklärt: »In dem Angebot an Nahrungsmitteln, das die Menschen überall auf der Welt vorfinden, ist natürlich auch minderwertiges oder gar giftiges Essen. Deshalb sind Kinder mit ganz besonderen Schutzmaßnahmen ausgestattet. Früher gab es ja schließlich kein Stadtamt, das Pfaffenhütchen oder andere giftige Sträucher vom Spielplatz entfernt hätte.«

Wie ein Kompass navigieren diese speziellen Vorsichtsmaßnahmen unsere Kinder in den ersten Jahren durch das undurchsichtige Nahrungsangebot der Umgebung, in der sie aufwachsen. Kinderarzt Renz-Polster nennt vor allem eine angeborene Vorliebe für Süßes, die alle Neugeborenen dieser Welt teilen. Auch eine langfristige Ablehnung gegenüber Nahrungsmitteln, die einmal Übelkeit ausgelöst haben, ist eine wesentliche Vorsichtsmaßnahme gegenüber unserer Nahrung, ebenso wie Angst vor dem Unbekanntem. Eine besonders große Empfindlichkeit gegenüber bitterem Geschmack, der ein Alarmzeichen für Giftstoffe ist, haben Kinder ebenfalls. Nicht zu unterschätzen ist auch das prägende Vorbild, das Eltern, andere erwachsene Bezugspersonen oder ältere Geschwisterkinder am Esstisch abgeben. »Kinder essen bestimmte Nahrungsmittel nicht deshalb, weil sie ihnen schmecken, sondern sie schmecken ihnen, weil sie immer wieder davon essen«, beschreibt Herbert Renz-Polster die Entwicklung des kindlichen Geschmacks.

Auch wenn uns der Geschmackskompass unserer Kinder gewisse Grenzen setzen mag, wir Eltern prägen entscheidend ihren Geschmack, und zwar von Anfang an. Bereits während der Schwangerschaft (siehe Kapitel »... während der Schwangerschaft?«) und in der anschließenden Stillzeit (siehe Kapitel »... beim Stillen?«) entscheiden wir Mütter, mit welchen Geschmäckern unsere Kinder in Berührung kommen, was für sie also vertraute Gerichte sind. Mit den ersten Breilöffeln folgen einige wenige Monate, die scheinbar die entscheidenden Geschmacksweichen zumindest für die Kindheit stellen. Der Geschmackshorizont eines wenige Monate alten Babys ist noch beinahe endlos weit und daher auch gleichzeitig stark beeinflussbar.

Das erste Lebensjahr ist die geschmacklich wohl prägendste Phase der Kindheit. Das Essen während der gesamten Kindheit wiederum, vor allem aber in den ersten sechs Jahren, beeinflusst die Ernährung bis ins hohe Alter. Natürlich lernen Menschen ihr Leben lang neue Gerichte kennen, doch die Frage, wie aufgeschlossen sie gegenüber fremden Speisen sind, ob sie sich für frisches Gemüse, starken Käse oder Meeresfrüchte begeistern können, ob sie Trockenfisch-Fans werden wie die Inuit im Norden Kanadas oder scharfe Suppen vertragen wie die Thai, das entscheidet sich ganz früh.

Was unsere Kinder im ersten Jahr ihres Lebens nicht kennenlernen, das essen sie von da an zumindest nicht mehr ganz so offenherzig. Dahinter steckt ein guter evolutionärer Grund, erklärt Renz-Polster: Sobald Kinder auf eigenen Beinen ihre Umwelt erforschen können, etwa ab ihrem ersten Geburtstag also, unterliegt es schließlich nicht mehr der Kontrolle der Eltern, was sie sich alles in den Mund stecken. Sie müssen selbst das wählen können, was garantiert ungiftig ist. »Alles, was unbekannt ist, wird hartnäckig gemieden – insbesondere, wenn es dazu noch grün ist oder bitter schmeckt.«

Süß sei dagegen der »Sicherheitsgeschmack der Evolution«, schrieb schon vor Jahrzehnten der amerikanische Ernährungspsychologe Paul Rozin. Zum einen, weil es nichts auf der Welt gibt, das süß und giftig ist. Zum anderen, weil süße Lebensmittel immer auch energiereiche Lebensmittel sind. Früher, in Zeiten der Nahrungsknappheit, war das durchaus erstrebenswert. Heute gelten süße Kalorienbomben eher als Ernährungsfehler, genau wie ein allzu schmales Geschmacksportfolio. Da jedes Nahrungsmittel eine etwas andere Zusammensetzung an Vitaminen, Spurenelementen oder Fetten hat, gilt unter Ernährungswissenschaftlern der Gegenwart die schlichte Formel: Je vielseitiger, desto gesünder.

Für Babys galt genau das allerdings sehr lange nicht. Kinderärzte rieten dringend davon ab, ihnen im ersten Lebensjahr Kuhmilch, Eier, Nüsse, Weizenmehl und was nicht noch alles zu geben. Zwischen jeder neuen Gemüsesorte sollten Eltern sich reichlich Zeit lassen und bloß nicht salzen, würzen oder süßen. Kartoffeln sollten erst dazukommen, wenn der Gemüsebrei auch ordentlich weggelöffelt wird. Die Sorge hinter der Vorsicht war, Kinder könnten Lebensmittelallergien entwickeln, wenn sie zu früh mit bestimmten Allergenen in Berührung kommen.

Für das erste Lebensjahr hat das Forschungsinstitut für Kinderernährung in Dortmund einen groben Fahrplan aufgestellt. Ab dem fünften Monat soll langsam, Monat für Monat, eine weitere Breimahlzeit eingeführt werden. Ab dem zehnten Monat dürfen Babys dann immer mehr am Familientisch mitessen. Über die Frage, aus welchem Gemüse denn nun genau der erste, zweite oder dritte Brei eines Babys bestehen darf, gibt es in Internetforen Diskussionen, die eine mehrbändige Enzyklopädie füllen könnten. Möhre? Pastinake? Oder doch lieber Kürbis?

»Den einzig richtigen Beikoststart gibt es nicht«, beruhigt Kinderarzt Herbert Renz-Polster regelmäßig besorgte Eltern. »Kinder fangen überall auf der Welt mit verschiedenen Lebensmitteln an, oft auch sehr abhängig von der jeweiligen Jahreszeit. Kein Kind kommt durch diese oder jene Gemüsesorte zu Schaden. Wenn Kleinkinderernährung wirklich nur nach so einem komplizierten Fahrplan klappen würde – wie haben es dann Kinder früher geschafft, groß und stark zu werden?«

Unser Sohn hat die Frage selbst beantwortet, und zwar ganz in seinem Sinne. Ein dickes Stück Marmorkuchen war die erste feste Nahrung, die er zu sich nahm. Im Alter von knapp fünf Monaten beugte er sich auf meinem Schoß nach vorne und ließ sich mit geöffnetem Mund in den Kuchen auf meinem Teller fallen. Bald darauf rührten wir ihm die ersten glutenfreien Getreidebreie an, unterdessen grapschte er sich mit seinen Händen jedoch das echte Leben von unseren Tellern. Als er neun Monate alt war, ließ er sich auf einer Reise durch den Orient von kinderverrückten Kellnern und Cafégästen mit Brotstangen, Schokoladenpudding, Tabouleh, Granatapfelsaft und Shauwarma-Hühnchen füttern.

Marmorkuchen liebt er bis heute, aber glücklicherweise auch fast alles andere, was sich in den Supermärkten unserer Umgebung so finden lässt, von salzigen Anchovis-Fischchen bis zu Zucchiniblüten.

Tatsächlich sind auch die Kinderärzte nun offiziell auf die Linie unseres Sohnes umgeschwenkt, also zum Gegenteil dessen, was noch bei seiner Geburt als optimaler Ernährungsplan galt. Kuhmilch, Nüsse, Getreide & Co sollen nun sogar unbedingt noch vor dem ersten Geburtstag in kleinen Portionen gefüttert werden. Das empfahl Anfang 2010 eine Expertenkommission, die mit Vertretern aller wichtigen deutschen Gesellschaften von Allergologen, Kinder- und Jugendmedizinern bis hin zu Dermatologen besetzt war. Diese Kommission hatte bei der Auswertung von mehr als 200 Studien zum Zusammenhang zwischen Ernährung und Allergien festgestellt, dass sich der Körper eines Babys am besten an viele verschiedene Nahrungsmittel gewöhnt, wenn es sie möglichst früh probiert.

Das gilt übrigens auch für den Stoff, der für die meisten Eltern unserer Zeit der Beelzebub schlechthin unter allen Nahrungsmitteln ist: Zucker. In Stadtteilen wie unserem, wo selbst die Geburtstagskuchen vorzugsweise mit Agavendicksaft gesüßt werden, entlockt weißer Industriezucker im Essen Eltern mehr Ekelgrimassen als Hundehaufen auf dem Gehweg. Die ganz Harten versuchen sogar, sich in der Zahl der Monate oder gar Jahre zu überbieten, die sie ihre Kinder angeblich »zuckerfrei« ernähren konnten. Das ist übrigens gar nicht möglich, denn schon die Muttermilch enthält Zucker, der Babys nicht nur den Geschmack versüßt, sondern scheinbar auch ihre körpereigenen Abwehrkräfte untersucht. Ein Biotechnologie-Unternehmen arbeitet gerade sogar daran, diesen Muttermilch-Zucker als Medikament für Menschen mit einer schwachen Immunabwehr einzusetzen.

Für die Naschsucht gilt in etwa das Gleiche, was Allergologen neuerdings auch zur Vorbeugung von Heuschnupfen oder Asthma empfehlen: Lieber in kleinen Dosen an das Zeug gewöhnen, als auf völlige Enthaltsamkeit setzen. Eine Versuchsreihe, bei der Ernährungswissenschaftler Kindern verschieden stark gezuckerte Limonaden angeboten hatten, zeigte, dass ausgerechnet die Kinder, die zu Hause quasi zuckerfrei ernährt wurden, zu den besonders süßen Limonaden griffen. Keines dieser Kinder mochte die weniger süße Limonade lieber als die stark gezuckerte. Waren die Eltern dagegen weniger streng in Sachen Süßigkeiten, mochten ihre Kinder die Limonaden mit einem geringeren Zuckeranteil in der Regel lieber. Gerade die Verknappung löste besonders großes Verlangen aus, schlussfolgern Ernährungswissenschaftler. Man könnte auch sagen: Willst du gelten, mach dich selten.

Eine Ernährungswissenschaftlerin aus der Allergologen-Kommission jubelte in der Zeitschrift »Eltern«, die neuen Empfehlungen zur Allergie-Vorbeugung durch Gewöhnung statt Vermeidung seien eine »Revolution in der Baby-Ernährung«: **»Die Wissenschaft kann Müttern und Vätern jetzt mit gutem Gewissen raten: Freut euch an dem, was ihr esst! Probieren ist generell erlaubt.«**

Was Kinder »wählerisch« macht

Probieren ist in unserer Familie ein innerfamiliärer Verteilungskampf um Ressourcen. Mein Mann ist die Sorte Koch, die Rezepte von oben bis unten liest und sich aufs Gramm genau an die Zahlen und Mengenangaben hält. Er ist also eher Stratege. Ich glaube beim Kochen hingegen an die Guerilla-Taktik des Improvisierens und vor allem des Probierens. Wenn ich koche, stimmen die Mengen schon beim Schnibbeln nicht überein und später auf dem Teller noch viel weniger. Der Graben verläuft in unserer Familie so: Im Alltag, wenn keiner von uns Zeit für Strategien hat, improvisiere und probiere ich mich mit unserem Sohn durch unsere Bestände. An den Feiertagen, an denen mein Mann kocht, werden Nepomuk und ich mit erhobenem Kochlöffel aus der Küche gejagt.

Ich behaupte allerdings, dass unser Sohn an den Tagen, an denen er mit mir kocht, mehr isst. In erster Linie bereits während des Kochens, aber auch später am Tisch. Am meisten isst er an den Tagen, an denen er selbst gekocht hat, auch wenn der von ihm ausgerollte Pizzateig noch etwas dick ist, und auch, wenn ihm das Paprika-Salami-Mais-Gesicht auf dem Belag reichlich schief geraten ist. Ob er sich nun mit dem Schälmesser einmal in den Finger geschnitten hat oder sich ein Brandbläschen holte, weil er seine Würstchen unbedingt selbst auf den Grill legen wollte – hinterher knabbert er die selbst geschälten Möhren und die selbst gegrillten Würstchen umso lieber weg. Seine erste Pfanne Rührei hat er beinahe alleine verputzt. Gut, das lag zum Teil auch daran, dass er Salz und Pfeffer völlig wegrationalisiert hatte und mein Mann und ich ihm daher beim Nachschlag großzügig den Vortritt gelassen hatten.

»Ich halte es für sinnvoll, Kinder so früh wie möglich in die Küche mitzunehmen«, rät der dänische Familientherapeut Jesper Juul in seinem Buch *Was gibt's heute?*, weil scheinbar auch alle anderen Kinder mehr und vielseitiger essen, wenn sie beim Kochen helfen – und naschen – dürfen. Vor allem aber auch, weil wir unseren Kindern neben Geschmack und Gesundheit beim Kochen und Essen noch weitere Werte mit auf den Weg geben. Esskultur und Gemeinschaftssinn zum Beispiel. »In wenigen Bereichen des Familienlebens lässt sich so selbstverständlich Gemeinsamkeit herstellen«, schwärmt Juul. »In der Küche lernen Kinder mithelfen, sie haben Erfolgserlebnisse, merken, dass ihre Teilnahme wertvoll ist.« Für ihn ist die Küche das »Herz des Hauses« (siehe auch Kapitel »Frühförderung«).

Eltern gibt Jesper Juul folgende Tischmanieren mit auf den Weg: Fernseher, Radio und Handy ausschalten, denn bei zu viel Ablenkung können wir gar nicht mit dem Rest der Familie in Kontakt treten. Keine Erziehungsdebatten, Problemgespräche oder Streitereien am Esstisch, denn Essen soll nicht nur Ernährung sein, sondern auch Genuss und Gemeinschaft. Niemand wird gezwungen, etwas zu essen, denn unter Druck entstehe kein Genuss. Eltern sollten vor allem nicht jede Bewegung ihrer Kinder genau verfolgen und jeden Löffel Spinat mitzählen, der in ihrem Mund landet. »Der Kinderstuhl ist einer von mehreren Stühlen am Tisch«, schreibt Juul, »kein Thron.«

Zwang und Manipulation, aber auch übergroße Aufmerksamkeit, Besorgnis und Überredungsversuche seien die Hauptgründe für das, was wir Eltern gerne »wählerische« Kinder nennen. Kinder, die partout kein Obst oder Gemüse essen wollen, die schon zum Frühstück nach Fischstäbchen rufen und kein neues Gericht probieren mögen. »Sie sind aber nicht wählerisch«, schreibt Juul, »sondern nur vollkommen durcheinander, einsam und unglücklich, weil sie in die Situation versetzt wurden, die Führungsrolle in ihrer Familie übernehmen zu müssen.« Weil wir sie ausfragen, was sie denn nun heute essen wollen, kommen sie erst in diese ungünstige Rolle. Weil wir sie manchmal mit unseren Kommentaren à la »Das magst du bestimmt« oder einem zögernden »Na, mal schauen, ob du das wirklich magst« selbst auf einen allzu engen Geschmackskurs navigieren, hin zu Vertrautem, weg von Experimenten. Weil wir ihren Essens-Marotten manchmal unsere ganze Aufmerksamkeit schenken, manchmal sogar die Aufmerksamkeit einfordern, wenn wir mit ihnen anderswo zu Gast sind.

Weil wir uns sorgen, dozieren und wie durch eine Lupe auf die Teller unserer Kinder stieren. Besser ist es, sie einfach zwanglos probieren zu lassen – beim Kochen, am Tisch oder von unserem eigenen Teller.

Kinder haben selbst die Verantwortung für ihren Appetit und ihren Geschmack, stellt Juul klar. Tatsächlich liegt der Anteil von unterernährten Kindern in unseren Breitegraden im Promillebereich. Am Appetit und Geschmack ihrer Kinder dürften Eltern also nicht rummäkeln oder beides gar erzwingen. Wir haben in Juuls Augen die Verantwortung für das, was wir einkaufen, wie wir es zubereiten und für die Stimmung, die mit uns am Esstisch sitzt. Wir entscheiden, was in die Pfanne und auf den Tisch kommt und unsere Kinder wählen aus, was und wie viel sie sich in den Mund schieben.

Wir entscheiden übrigens auch, wann gegessen wird. Ob wir uns mehr oder weniger an die Empfehlungen der Deutschen Gesellschaft für Ernährung halten, also drei große und zwei kleine Mahlzeiten am Tag, oder ob wir zwischendurch so viele Reiswaffeln und Rosinenbrötchen nachschieben, dass abends kaum noch Platz ist für die Vollkornstulle, liegt in unserer Verantwortung.

Grießbrei mit Kapernpaste

Es bleibt die ganze Kindheit über wie schon in der Schwangerschaft und der Stillzeit: **Wenn die Eltern nicht selbst begeistert an einer rohen Möhre knabbern, dann werden es ihre Kinder höchstwahrscheinlich auch nicht tun.** Amerikanische Forscher haben in einer Studie nachgewiesen, dass zwei- bis fünfjährige Kinder sogar so widerliche Dinge wie Grießbrei mit Kapernpaste essen, wenn ihre Eltern das ebenfalls taten.

Nichts scheinen wir beim Essen dagegen so sehr an unsere Kinder weiterzuvererben wie unsere Aversionen. Verziehen Mütter beim Anblick von Spinat selbst das Gesicht, klopfen Väter blöde Sprüche über Möhren und Salat, können sie ihre Kinder mit keinem Argument der Welt davon überzeugen, herzhaft zuzulangen. Am allerwenigstens übrigens mit dem Argument »gesund«.

»Im Erziehungsprozess werden besonders die Speisen mit dem Begriff ›gesund‹ betitelt, die Kindern typischerweise nicht schmecken«, sagt Thomas Ellrott, Leiter des Instituts für Ernährungspsychologie der Universität Göttingen. »Außerdem sind gerade solche Lebensmittel ›gesund‹, die Kindern von ihren Eltern vorgeschrieben werden. ›Gesund‹ wird so meist mit der Primärerfahrung ›Schmeckt sowieso nicht!‹ sowie mit Zwang und Bevormundung assoziiert.« Ellrott warnt Eltern davor, am Esstisch nach der Wissenskeule zu greifen. Man sollte nicht das Glas Milch mit Kalzium und Knochenwachstum rechtfertigen oder das Stück Kuchen wegen Kalorien und Karies ablehnen. »Gerade jüngere Kinder begreifen nicht das Prinzip, dass bestimmte Lebensmittel in der fernen Zukunft günstige oder ungünstige Folgen haben können. Ihre Erfahrung widerspricht sogar der Aussage ihrer Eltern: ›Ich habe Süßes gegessen und bin am nächsten Tag gar nicht dick geworden.‹«

Ellrott beruhigt Eltern aber auch, dass beileibe nicht jede Mahlzeit immer den Ansprüchen der Deutschen Gesellschaft für Ernährung standhalten müsse. Der Lebensmittelmix über einen längeren Zeitraum entscheide über Gesundheit oder Krankheit. **Dass zu Weihnachten, am Geburtstag oder bei der Feier im Kindergarten mal Marzipanschweine, Schokoküsse und Wackelpudding gegessen werden, ist unproblematisch, wenn der Essalltag stimmt.** Vor allem aber sei das Label »gesund« kontraproduktiv, wenn man möchte, dass Kinder gerne zugreifen: »Deutlich Erfolg versprechender wäre die Verwendung des Motivs ›schmeckt richtig lecker, probier doch mal‹, um Kindern Lust auf ›gesunde‹ Lebensmittel zu machen.«

Kinder haben es nun einmal nicht so mit der Vernunft, auch nicht beim Essen. Um ehrlich zu sein, wir Eltern doch auch nicht. Bei uns zu Hause in der Vorratskammer gibt es diese eine Ecke, auf Erwachsenenhöhe, hinter den Mehlpaketen, wo ich meine Schokoladenbestände verstecke wie ein Alkoholiker seinen Flachmann. Manchmal, wenn mein Sohn nachmittags von seinen Holzzügen oder seinem Arsenal an Traktoren abgelenkt im Kinderzimmer spielt, schleiche ich mich dorthin. Die Gefahr, von ihm erwischt zu werden, wird allerdings immer größer, denn für das Knistern von Schokoladen-Verpackungen hat er ein ungemein feines Gehör.

Aus ernährungswissenschaftlicher Sicht wäre es ein Fiasko, wenn er mich in diesem Zustand ertappen würde, versteckt in der Kammer, die Schokolade hastig in den Mund gestopft, schlechtes Gewissen im Bauch und im Gesicht. Es wäre die dümmste Lektion, die ich meinem Sohn erteilen könnte, Schokolade zu essen und dabei ein schlechtes Gewissen zu haben. Das schlechte Gewissen ist nämlich der ungesündeste Ernährungsberater überhaupt. Es bremst Genuss und Experimentierfreude, es zwingt zu Vernunftessen und schafft so oft spektakuläre Heißhungerattacken bis hin zu Essstörungen.

»Eltern können ihren Kindern auch eine absolute Unlust am Essen beibringen«, sagt die Verhaltensbiologin Gabriele Haug-Schnabel. »Eine allzu ideologische Essensdoktrin führt nämlich gerade nicht zu gesundem Essen, sondern zu Essstörungen. Natürlich tut alles Übersüßte, Übersalzene, Überwürzte unserem Körper nicht gut. Aber daraus zu schließen, dass wir unseren Kindern überhaupt keine Süßigkeiten oder keine Pommes geben sollen, wäre meines Erachtens falsch. Einem Kind nützt keine Bio-Vollwertkost auf dem Teller, wenn zu Hause keine angenehme Essensatmosphäre herrscht.«

Wir Deutschen empfinden beim Essen so wenig Genuss und so häufig ein schlechtes Gewissen wie kein anderes europäisches Land. Das fand vor einigen Jahren ARISE heraus, ein Bündnis von Genuss-Forschern. Vielleicht sollten wir Eltern mal den Anfang machen und ohne Reue im Sommer mit unseren Kindern die Eisdielen stürmen, im Winter die Schokoladenweihnachtsmänner aus den Regalen befreien und im Frühjahr die buntesten Ostereier nicht mehr nur in der Vorratskammer verstecken, sondern auch dort, wo unsere Kinder sie finden können. Und wir selbst natürlich auch.

Der Einfluss der Ernährung:
Die Ernährung in der Kindheit legt den Grundstein für die spätere Gesundheit und das Gewicht unserer Kinder, genau wie für ihren Geschmack und ihre Essgewohnheiten. Es lohnt sich, wenn Eltern von Anfang an auf halbwegs gesunde und vielseitige Mahlzeiten setzen – und zwar schon weit vor dem ersten Geburtstag ihres Kindes. Neben Ernährungswissenschaftlern raten auch Allergologen seit Kurzem dazu, dass Kinder ab dem ersten Brei möglichst viele verschiedene Gemüsesorten probieren sollen. Denn sobald Kinder laufen können, schränkt sich ihr Geschmacksspektrum meist stark ein: auf die Lebensmittel, die ihnen bis dahin vertraut geworden sind.

Unsere Aufgaben:

- Ausgewogenheit: Das Forschungsinstitut für Kinderernährung in Dortmund hat einen Ernährungsfahrplan zusammengestellt, der Eltern dabei helfen soll, ihr Kind im ersten Lebensjahr und später bei den gemeinsamen Mahlzeiten ausgewogen zu ernähren: www.fke-do.de
- Vielfalt: Kinder sollten möglichst früh möglichst verschiedene Gemüse- und Obstsorten probieren dürfen, genau wie Kuhmilch, Nüsse und Getreide. Mit dieser Empfehlung warf eine Expertenkommission 2010 die bis dahin geltenden Ernährungsregeln für Kinder über Bord, die davon ausgegangen waren, dass Kinder Allergien entwickeln können, wenn sie zu früh mit bestimmten Lebensmitteln in Kontakt kommen. Studien zeigten jedoch: Das Gegenteil ist der Fall.
- Genuss: Essen soll Spaß machen, Zwang verdirbt den Appetit. Ernährungswissenschaftler empfehlen daher, auch unbeliebte Lebensmittel stoisch weiter mit auf den Tisch zu stellen und selbst begeistert davon zu essen, das Kind jedoch nicht dazu zu zwingen. Familienberater Jesper Juul warnt außerdem davor, Kinder am Tisch wegen ihrer Essgewohnheiten zu hänseln oder ihnen deswegen zu viel Aufmerksamkeit zu geben. Am Tisch soll es gemütlich sein, nicht peinlich.
- Schlemmereien: Auch Kinder müssen immer mal wieder beim Essen über die Stränge schlagen dürfen, selbst wenn es schon der dritte Nachschlag beim Schokoladenpudding ist. Lieber einmal schlemmen und dann am nächsten Tag eine schlichte Käsestulle an-

bieten als jede Schlemmerei mit einem schlechten Gewissen belegen.

Zum Weiterlesen:

Ute Alexy, Silke Bartsch und Thomas Ellrott: *Kinderernährung aktuell: Schwerpunkte für Gesundheitsförderung und Prävention.* Umschau Buchverlag, Neustadt 2009

Jesper Juul: *Was gibt's heute? Gemeinsam essen macht Familien stark.* Beltz, Weinheim 2010

Susanne Klug: *»Her mit dem Gemüse, Mama!« 6 einfache Strategien, wie Ihr Kind Obst und Gemüse lieben lernt.* Trias, Stuttgart 2008

… mit ihrem Stil?

Vor den Angriffen von Prinzessin Lillifee und ihren rosa Kolleginnen war ich etwa seit der 20. Schwangerschaftswoche durch das größtmögliche Bollwerk geschützt. Im Ultraschall war nämlich zweifelsfrei zu sehen, dass ich einen Sohn erwartete. Das Ultraschallbild seiner Geschlechtsteile schützte uns davor, dass unter all den Geschenken zu seiner Geburt auch nur ein Tupfen rosa war. Aus den geliehenen Babyklamotten von Freunden konnte ich ohne viel Aufhebens alles heraussortieren, was auch nur ansatzweise Tüll ähnelte. Unser Leben konnte weiter blau verlaufen, oder rot, oder grün, oder gelb, aber definitiv nicht rosa. Rosa hat in meinem Leben Hausverbot.

Das Verbot wäre wohl nicht zu halten gewesen, hätten wir eine Tochter bekommen. Hätten wir einige Jahrzehnte früher gelebt, wäre es auch schwierig geworden, denn als eine belgische Prinzessin 1927 ihr Kind zur Welt brachte, hatte sie dessen Wiege noch komplett in Rosa gestrichen – in der Hoffnung, einen Sohn dort hineinlegen zu können. Stattdessen bekam sie eine Tochter und musste die Wiege nun blau umstreichen. Bis etwa zum Zweiten Weltkrieg galt Blau nämlich als Mädchenfarbe und Rosa, in den Worten des Ladies' Home Journal »die entschlossenere und stärkere« Farbe, sah man als Farbe für Jungs an.

Im 21. Jahrhundert ist das Gegenteil die Norm und zumindest mein Leben als Mutter eines Jungen macht das für mich schöner. Rein optisch, meine ich. Ich hab's nicht so mit Prinzessinnen, Einhörnern, Rüschen und Glitzer, mein Geschmack ist schlicht und eindimensional. Einfarbige Hemden und Hosen finde ich sehr schön, zweifarbige Streifen gerade noch in Ordnung, alles darüber wird kritisch. Gut, in der Jungsabteilung müssen Eltern mit ihrem Einkaufswagen einen Slalom um die Hosen im armeegrünen Tarnlook hinlegen, um die pastellblauen Bügelhemden und um die T-Shirts mit Kampfhubschraubern, Motorradrennen, grinsenden Autos oder Baseballschlägern. Aber irgendwo dazwischen kommt man immer ans Ziel, zu blauen Jeans, beigen Cordhosen oder einfarbigen T-Shirts.

Ich mache den Parcours nicht nur für mich. In unserer Wohnung zeugt eigentlich jedes Zimmer davon, dass meine Augen und meine Ästhetik durchaus belastbar sind. Im Flur stecken elf Monate des Jahres die drei krummen Nägel ganz schmucklos in der Wand, die ich Ende November für unseren Adventskalender dort hineingehämmert habe. Im Esszimmer hängt ein Bild des Heidelberger Schlosses, das ich am Ende des Studiums dort mit zwei Freundinnen auf eine Leinwand gepinselt habe, aber nur eine von uns konnte wirklich gut malen. Und die Wand unserer Küche ähnelt seit mehr als einem Jahr einem alten DDR-Bau mit russischen Einschusslöchern, weil wir dort zwar die alte Farbe teilweise runtergespachtelt haben, aber noch keine Zeit hatten, neue drüberzustreichen. Mein Leben ist also alles andere als ein Designkunststück. Dennoch habe ich es geschafft, vom Kleiderschrank und Kinderzimmer meines Sohnes den allergrößten Schund fernzuhalten.

»Nieder mit den Bärchen!« titelte vor einigen Jahren die Frankfurter Allgemeine Sonntagszeitung. Die Autorin lästerte über die »Eiapopeia-Babywelt« voller rosa Katzen, hellblauer Affen, tapsiger Elefanten – und über Eltern. »Tatsächlich ist nicht nachzuvollziehen, warum sich intelligente, aufgeklärte Erwachsene ihrem Nachwuchs zuliebe tagein, tagaus mit optischen Zumutungen umgeben, ohne komplett den Verstand zu verlieren. Oder wenigstens aufzuschreien.«

In Großbritannien wiederum haben die Zwillingsschwestern Emma und Abi Moore kürzlich eine regelrechte Anti-Rosa-Kampagne namens »pink stinks«, Pink stinkt, losgetreten. Den beiden Müttern geht es dabei nicht nur um die optischen Zumutungen, denen sie selbst in den Zimmern ihrer Kinder ausgesetzt waren, sondern auch um den Einfluss, den Eltern durch ihre Auswahl an Klamotten, Möbeln oder Spielzeug auf ihre Kinder nehmen. »Kleine Kinder werden auf eine Reise geschickt, die mit Pink und Prinzessinnen beginnt und mit einem Mangel an Selbstwertgefühl endet«, sagen die Schwestern Moore in Zeitungsinterviews. »Man bietet den Mädchen gar keine Alternative zu diesem Konzept des Hübschen und Schönen mehr an.«

Die pink-rosa-lila-glitzernde Prinzessinnenwelt ist schließlich mehr als nur eine kindliche Geschmacksverirrung, warnen sie. Vielmehr ist es ein Rollenspiel, das auf die eigene Rolle im Leben vorbereitet. Auf ihrer Webseite nehmen sie sich die Kataloge von Kinderwarenhäusern vor und zeigen im Detail, wie oft in der Werbung für Prinzessinnenkleidchen das Wort »pretty«, hübsch, auftaucht. Im Katalog und in den Geschäften werden schon für dreijährige Mädchen Schönheitsspiegel aufgestellt. Die Verkleidungskisten für Jungs haben die unterschiedlichsten Rollen im Angebot – Polizist, Feuerwehrmann, Bauarbeiter, Räuber, Ritter, Pirat, Zorro –, doch für Mädchen bleiben stets nur Prinzessin, Fee oder Krankenschwester. Sonst nichts.

Geschmack und Charakter beeinflussen einander. Was die Schwestern Moore derzeit beobachten, das hat vor zehn Jahren bereits eine Studie des Psychologieprofessors Carlo Michael Sommer im Auftrag der Fachzeitschrift »Psychologie Heute« belegt. Stil ist »die Signatur der Persönlichkeit«, schrieb die Zeitschrift über das Ergebnis der Studie. Stil sei die Summe von Sprechweisen, Auftreten, Umgangsformen, Kleidung und Accessoires, Geschmacksvorlieben und Konsumgewohnheiten eines Menschen, kurz: »das Destillat seiner sichtbaren Lebensführung«. Dieses Destillat, so Sommer, entwickelt sich in fünf Phasen:

Erste Phase: **Bis zum Alter von zehn Jahren wird gewissermaßen das Fundament des Stils gelegt.** Unser Kind lernt nicht nur, welches Geschlecht es hat, welche Rolle es in der Familie einnimmt, zu welchem Sozialmilieu es gehört, sondern auch, durch welche Farben oder Marken es all das nach außen zeigt. Prägend sind in dieser Zeit die Eltern, ganz besonders das »role model«, also der gleichgeschlechtliche Elternteil.

Zweite Phase: In der frühen Teenagerzeit fangen Kinder an, sich von ihren Eltern abzugrenzen, auch in Stilfragen. Gleichaltrige hängen jetzt als Einflussfaktor die Eltern ab und unsere Kinder fangen an, nach dem Zeitgeist zu schielen. Es ist die Phase der Umorientierung.

Dritte Phase: Das Motto dieses Entwicklungsschrittes ist Individualisierung, denn im Laufe der Teenagerzeit und zu Beginn der Zwanziger zerfallen auch die Gleichaltrigen bei Stilfragen in immer kleinere Gruppen.

Vierte Phase: Jetzt wird's persönlich. Bis Ende 20 verfestigen sich während der »expressiven Phase« die ganz individuellen Stilelemente. Mehr als um die Gruppenzugehörigkeit geht es jetzt darum, seinen ganz eigenen Stil zu finden und – oft noch sehr demonstrativ – nach außen zu tragen.

Fünfte Phase: »Etablierungsphase« nennt Sommer die Jahre um den 30. Geburtstag. Die meisten sind nun recht stilsicher geworden, wissen was zu ihnen passt, geben sich in ihrer Kleidung weniger extravagant und stecken oft mehr Zeit in die Einrichtung ihrer Wohnung als in die Ausstattung ihres Kleiderschrankes. Zum Teil finden sie nun, oft fast unmerklich, zurück zu ihren Wurzeln, also zum Geschmack ihres Elternhauses. Natürlich wird der Stil bei den meisten weiterhin regelmäßig an den Zeitgeist angepasst, sonst würden wir heute immer noch inmitten von bieder-dunklen Eichenmöbeln wohnen und Mode, Architektur und Design würden sich stets wiederholen. Doch neue Einflüsse werden nur in den persönlichen Stil integriert, wenn sie auch dazu passen.

Fazit der Studie: **»Der persönliche Stil ist ein Amalgam zwischen den Wertprägungen und Lebensstilen, die wir im Elternhaus erfahren haben, und späteren Einflüssen, die wir in der Phase der Ablösung vom Elternhaus ›an uns heranlassen‹ oder aussuchen.«** Wie ein Bumerang wird also das, was wir heute unseren Kindern in den Kleiderschrank legen, in rund 30 Jahren wieder zu ihnen zurückkommen, zumindest in Versatzstücken. Einmal Prinzessin, immer Prinzessin. Einmal Bügelhemd, immer Bügelhemd.

Warum rosa den Appetit verderben kann

In dem Sommer, in dem mein Sohn zwei Jahre alt war, ging ich mit ihm eine Schaufel für den Spielplatz kaufen. Ich hielt ihm drei vor die Nase, in gelb, türkis und hellgrün. Er entschied sich für die rosafarbene! »Schau mal, die hier ist doch auch schön«, versuchte ich es noch einmal mit der gelben. Er schüttelte den Kopf. »Rosa«, sagte er. Rosa also. Eltern scheinen ihren Kindern nicht nur ihre Geschmacksvorlieben beizubringen, sondern auch ihre Abneigungen. Rosa hatte schon bei meiner Mutter Hausverbot. Warum hatte das diesmal nicht funktioniert?

Ich war etwa sieben Jahre alt, als meine Mutter damit aufhörte, mir meine sehnlichsten Wünsche zu erfüllen. Zumindest diesen einen, allersehnlichsten Wunsch: Ich wollte endlich eine Barbie-Puppe haben. Meine Mutter, das nur als Erklärung, ist eigentlich eine sehr großzügige Frau, aber als Tochter einer Arbeiterfamilie hatte sie selbst wohl zu viele Mädchen gesehen, die sich auf Schönheit spezialisiert hatten und nicht auch noch, wie sie, auf eine gute Ausbildung oder gar ein Studium. Als sie wiederum nach ihrem Studium eine eigene Praxis als Psychotherapeutin gründete, hat sie wohl zu viele Patientinnen gesehen, die unter Magersucht, Bulimie oder Esssucht litten. Auf jeden Fall hatte sie eine überdurchschnittlich starke Aversion gegenüber Barbie-Puppen. Zum Glück hatte ich eine Großmutter, die mir wirklich jeden sehnlichen Wunsch erfüllte – und somit hatte ich recht bald auch eine Barbie-Puppe. Und Ken. Und ein weißes Pferd mit Wallemähne, auf dem die beiden reiten konnten.

Wahrscheinlich lag es an diesem Pferd, dass ich später zwar Stammkundin auf dem nächsten Ponyhof wurde, aber in meinem Leben keine einzige Diät länger als 48 Stunden durchgehalten habe. Das Pferd und seine Wallemähne haben mich jedenfalls recht schnell mehr interessiert als die blonde Puppe mit den Silikonbrüsten und der Magersuchtstaille.

Im Jahr 2006 gab eine britische Studie meiner Mutter mit rund 20 Jahren Verspätung recht. Psychologen zeigten 200 fünf- bis achtjährigen Mädchen Bilder von verschiedenen Puppen und fragten sie unmittelbar danach, wie zufrieden sie eigentlich mit ihrem eigenen Körper seien. Die Kinder der Barbie-Gruppe waren mit ihrem Körper deutlich unzufriedener als die übrigen, so das wenig überraschende Ergebnis. Das Spielen mit Barbie-Puppen, so die Schlussfolgerung der britischen Psychologen, ist also eine ziemlich gute Voraussetzung für Selbstzweifel und Essstörungen. Rosa stinkt nicht nur, es verdirbt obendrein auch noch den Appetit.

Um die Farbe selbst geht es ihnen nicht, beteuern die Zwillingsschwestern Moore in den Interviews zu ihrer Anti-Rosa-Kampagne immer wieder. Es geht ihnen darum, dass Mädchen und auch Jungs heute viel zu stark auf eine Farbwelt festgelegt würden und damit auch auf eine Rolle. **Kleider machen Leute, von Anfang an. Da Kinder sich ihre Kleider ja zumindest in ihren ersten Lebensjahren nur in Maßen selbst aussuchen können, bestimmen zum Großteil wir Eltern darüber, wie viele Farben unsere Kinder tragen und in wie viele Rollen sie schlüpfen können.** Die schönste Farbwelt der Kindheit ist schlicht und ergreifend bunt.

»Rosa«, beharrte mein Sohn vor den Spielplatzschaufeln. Aber das ist doch eine Mädchenfarbe, dachte ich und schluckte den Satz hinunter. »Gut«, antwortete ich, »dann eben rosa.« Wenn es für Mädchen wichtig ist, auch mal Feuerwehrmann oder Pirat zu sein, müssen Jungs eben auch mal Prinzessin oder Fee sein dürfen.

Der Einfluss unseres Stils:
In der Kindheit wird das Fundament des Stils gelegt, in dieser Zeit übernehmen Kinder besonders den Stil des gleichgeschlechtlichen Elternteils. Mit der Pubertät wenden sie sich dann zunächst vom Stil ihrer Eltern ab, orientieren sich an Gleichaltrigen, suchen nach ihrem eigenen Stil – und greifen dann mit Ende 20 auch

wieder in Teilen auf den Stil ihres Elternhauses zurück. Da Stil und Charakter sich gegenseitig beeinflussen, warnen Psychologen heute besonders davor, Mädchen allzu sehr auf die rosa-glitzernde Prinzessinnenwelt zu eichen. Das würde nicht nur ihren Geschmack stark einengen, sondern auch ihr Rollenverständnis.

Unsere Aufgaben:

Bunt ist besser als rosa: Eltern tun ihren Töchtern langfristig einen großen Gefallen, wenn sie ihnen kurzfristig den Wunsch nach Klamotten, Spielzeug oder Fahrrädern mit Prinzessin Lillifee und ihren Kolleginnen auch mal abschlagen. Söhne wiederum sollten durchaus auch mal eine pinke Sandkastenschaufel bekommen. Denn beide Geschlechter profitieren stark davon, wenn sie nicht zu sehr auf die Mädchen- oder Jungsrolle eingeengt werden.

Zum Weiterlesen:

www.pinkstinks.co.uk

... als Paar?

Bei unserer Trauung gab es zwei Dinge, die mich ein wenig abgelenkt haben. Das eine war die brandenburgische Standesbeamtin, die meinen Mann David konsequent »Dewid« nannte. Das andere war mein drei Monate alter Sohn, der weinte, bis er schließlich von meiner Mutter ins Nebenzimmer getragen wurde. Ich kämpfte mit dem Kichern über den neuen Vornamen meines Mannes und gleichzeitig mit den Sorgen um meinen Sohn. Beide Kämpfe nahmen mich so in Beschlag, dass ich das Dokument über unsere Eheschließung mit meinem Mädchennamen unterschrieb, obwohl wir doch eigentlich entschieden hatten, dass ich den Nachnamen meines Mannes annehmen würde.

Mein Namenspatzer brachte alle zum Lachen und nur mich zum Grübeln. Wir hatten immer zuerst ein Kind kriegen und dann heiraten wollen. In meiner Vorstellung war es romantisch gewesen, unseren Sohn bei der Trauung und der Feier und auf den Fotos dabeizuhaben. Eben heiraten und gleich zu dritt zu sein. In der Wirklichkeit überstimmte sein Gebrüll selbst den Jubel über unseren Hochzeitskuss. Am Ende gab es mehr Fotos von unserer Trauung, auf denen Nepomuk auf meinem Arm kuschelte als Fotos, auf denen mein Mann seinen Arm um mich legte.

Natürlich war mir klar, dass es nicht immer nur eine Bereicherung für Paare ist, wenn sie ein Baby bekommen, sondern durchaus auch eine Herausforderung. Während der Schwangerschaft hatte ich entsprechende Zeitungsmeldungen mit dem Gruselgefühl gelesen, mit dem andere Leute in Splatterfilme oder Geisterbahnen gehen.

Unter Paartherapeuten gelten Geburten heute nicht mehr als Wunder, sondern als »kritisches Lebensereignis«. Als Psychologen der Universität Denver mehr als 200 Paare acht Jahre lang begleiteten, stellten sie fest, dass bei 90 Prozent von ihnen sich die Beziehung nach der Geburt des ersten Kindes verschlechtert hatte. Gut, auch bei den kinderlosen Paaren ging die Liebeskurve mit der Zeit tendenziell nach unten. Kinder beschleunigten diese Entwicklung jedoch deutlich. Wie kritisch das Lebensereignis, gemeinsam ein Kind zu bekommen, für Paare ist, zeigen die Scheidungsstatistiken. Drei bis vier Jahre nach der Geburt des ersten Kindes werden besonders viele Scheidungen eingereicht. Die Paare scheinen nicht wieder auf eine gemeinsame Spur gekommen zu sein.

Kinder scheinen Paaren gewaltig auf die Stimmung zu schlagen. In der LBS-Familienstudie »Paare werden Eltern« gab fast die Hälfte der befragten Mütter und Väter zu, die Spannungen zwischen ihnen hätten deutlich zugenommen, seitdem sie Eltern sind. Noch mehr, nämlich 58 Prozent der Mütter und 66 Prozent der Väter, beklagten sich darüber, weniger Aufmerksamkeit und Zärtlichkeit von ihrem Partner zu bekommen.

Geschweige denn Sex. Auf eine Geburt folgt bei den allermeisten Paaren eine mindestens wochen-, meist monatelange Phase der Enthaltsamkeit. Gerade mal 15 Prozent der Eltern haben in den ersten sechs Wochen nach der Geburt wieder Sex, wie in der Umfrage »Familie 2.1« der Zeitschrift »Eltern« zu lesen war. Immerhin 65 Prozent nehmen ihr Liebesleben im ersten halben Jahr wieder auf. Bleiben 20 Prozent, jedes fünfte Paar also, das erst mehr als ein halbes Jahr nach der Geburt ihres Kindes wieder Lust aufeinander hat. Zur Enthaltsamkeit kommt noch eine niedrigere Sexfrequenz hinzu. Hatten vor der Geburt noch 81 Prozent der Paare mindestens einmal in der Woche Sex, war es danach nur noch knapp die Hälfte. 32 Prozent schliefen ein- oder zweimal pro Woche miteinander, gerade mal 13 Prozent kamen auf zwei- bis dreimal. Von den Elternpaaren in den Vierzigern gab ein Viertel sogar an, nur noch sehr selten Lust aufeinander zu haben. Na Prost Mahlzeit.

Hatten Eltern dann doch einmal Sex miteinander, waren sie damit wenigstens in der Mehrheit recht glücklich. Knapp die Hälfte empfand gar keinen Unterschied zu der Zeit als kinderloses Paar. 17 Prozent der Mütter und Väter fanden sogar, im Bett würde es jetzt besser mit ihnen klappen. Dagegen fanden 12 Prozent ihr Sexleben »weniger schön« und 13 Prozent fanden es »langweilig und routiniert«.

Im Nachhinein frage ich mich, wie Elternsex überhaupt statistisch erfasst werden kann. Vielleicht gehören wir zu einer irrelevanten Randgruppe, aber wie irgendjemand für unser Sexleben einen Wochendurchschnitt erfassen könnte, das sprengt meine mathematische Vorstellungskraft. Was man da alles für Variablen einrechnen müsste: die Koliken, Zahndurchbrüche, Albträume des Kindes, die Dauer seines Mittagsschlafes und die Uhrzeit, zu der er im Laufe der Nacht ganz gewiss ins »Mama-Papa-Bett« kriechen wird. Die Menge an Stress, den wir tagsüber im Job schultern mussten und die Menge an Terminen in unseren Kalendern für den Kinderarzt, die Autowerkstatt und beim Steuerberater. Die Frequenz der Abende, die unsere Babysitterin Zeit für unseren Sohn und wir damit füreinander haben. Zumindest unser Elternsex sprengt jede statistische Erfassung. Würde sich jemand die Mühe machen, ihn in Zahlen zu erfassen und dann in ein Diagramm einzuzeichnen, dann wären unsere Ausschläge wahrscheinlich ähnlich unregelmäßig wie bei einem Patienten mit Herzrhythmusstörungen. Dennoch schlägt unser Herz füreinander noch ziemlich kräftig.

Als Familie sind wir uns nahe, als Paar führen wir eine Fernbeziehung. So könnte man Nicht-Eltern-Paaren das Dilemma der meisten Eltern-Paare vielleicht am besten erklären. Als Familie wachen wir morgens alle drei im Ehebett auf, sitzen wir abends um den Esstisch und gehen wir am Wochenende in den Wildpark. Als Anführer unserer Familie besprechen mein Mann und ich, wer sich um den neuen Kita-Gutschein kümmert, was auf die Einkaufsliste muss und wen wir zu Nepomuks Geburtstag einladen wollen. Als Paar treffen wir uns leider seltener – wenn die Babysitterin oder eine von Nepomuks Großmüttern uns abgelöst hat oder wenn wir es abends nach all unseren Alltagsgesprächen noch mit einem Glas Rotwein auf den Balkon schaffen. Wenn wir auf Reisen sind und Nepomuks Siesta damit verbummeln, mit ihm auf dem Rücksitz durch fremde Landschaften zu fahren oder von der Terrasse unseres Ferienhauses aufs Meer zu schauen, dann gibt es kurze Paarmomente. Und manchmal auch bei einem kurzen Kuss zwischendurch.

Im Alltag lassen wir uns oft genauso stark von unserem Sohn ablenken wie schon während unserer Trauung. Zumindest darin sind wir keine statistisch irrelevante Randgruppe, sondern die Norm. Die gestiegene Bedeutung des Kindeswohls bedrohe gute Partnerschaften, warnte kürzlich der Familiensoziologe Norbert F. Schneider in einem Artikel mit der Überschrift »Und wer schützt die Eltern?«

Die Regensburger Paartherapeutin Eva Tillmetz beobachtet tagtäglich an den Paaren in ihrer Praxis, wie sehr sich Eltern im Familienleben auseinandertreiben lassen: »Als Familie hat man plötzlich einen anderen Rhythmus. Besonders beim klassischen Rollenmodell: Sie kümmert sich Vollzeit um Haus und Kind, er bindet sich verstärkt an die Arbeitsstätte. Dadurch verringern sich in den meisten Partnerschaften die gemeinsamen Berührungspunkte. Das führt häufig zu einem zunehmend sprachlosen Nebeneinander: Jeder geht gewissenhaft seiner Aufgabe nach, doch gemeinsame Erlebnisse nehmen rasant ab.«

Auf entsprechend ähnlich rasanter Talfahrt befindet sich das Liebesleben vieler Elternpaare. Auch Sexualtherapeuten raufen sich daher die Haare darüber, wie sehr Eltern ihr Paarleben verkümmern lassen. Die New Yorkerin Esther Perel schreibt in ihrem Buch *Wild Life: Die Rückkehr der Erotik in die Liebe,* die Kinderzentriertheit moderner westlicher Familien erdrücke jede Erotik zwischen den Eltern. Schuld daran seien nicht die Kinder, sondern unsere eigene Prioritätensetzung: »Sex steht meist ganz unten auf der Liste und kommt gegen die Dringlichkeit anderer, alltäglicher Aufgaben nicht an.«

»Sex. Nach. Baby. Diese drei Wörter werden überall von Müttern und Vätern geflüstert, auf dem Spielplatz und in der Krabbelgruppe, verblüfft und geschockt von ihrem Sexleben«, schreibt auch der amerikanische Sextherapeut Ian Kerner in seinem Buch *Love in the Time of Colic,* die Liebe in den Zeiten der Kolik. **Dabei sollten Eltern sich selbst und ihrem Kind zuliebe darauf achten, als Paar nicht allzu kurz zu kommen. Die tiefe Verbundenheit zwischen ihnen gehöre schließlich zu den wichtigsten Dingen, die Eltern ihren Kindern weitergeben könnten.** Etwas mehr Egoismus als Paar käme am Ende also der ganzen Familie zugute.

Seine These illustriert Kerner gerne mit den Sicherheitsregeln an Bord eines Flugzeugs. Bei einem Druckverlust sollen Erwachsene erst sich selbst eine Sauerstoffmaske überziehen, dann ihren Kindern. Kriegen sie selbst keine Luft mehr, sind Eltern nämlich für niemanden mehr eine große Hilfe. »Als Paar setzen wir stets unsere Kinder an die erste Stelle, auf die Gefahr hin, dass unsere Beziehung am Ende erstickt – und jeder in der Familie unter dem Mangel an Sauerstoff leidet.«

Eltern prägen ihre Kinder, auch als Paar. Alle Elternratgeber sind bis zum Anschlag voll mit Warnhinweisen darüber, wie sehr Scheidungskinder unter der Trennung ihrer Eltern leiden. Als Kinder empfinden sie Schrecken und Schmerz über die Trennung, Trauer über den Verlust eines Elternteils im Alltag oder eine Hin- und Hergerissenheit zwischen Mutter und Vater. Als Erwachsene tun sie sich später selbst schwerer in ihren Beziehungen. Natürlich ist eine Trennung der Eltern keine Verurteilung zu lebenslangem Unglück. Glücklich macht sie in der Regel aber auch niemanden.

Noch gefährlichere Nebenwirkungen als eine Trennung scheint es zu haben, wenn Elternpaare unglücklich miteinander sind, aber zusammenbleiben. Eine Studie der AOK kam 2010 zu dem Ergebnis, dass zerrüttete Beziehungen zwischen den Eltern die Gefahr erhöhen, dass ihre Kinder psychisch erkranken.

Umso positiver ist dagegen der Einfluss einer glücklichen Elternbeziehung auf die Kinder. **Wie wir Erwachsenen miteinander umgehen, wird für unsere Kinder über Jahre das wichtigste Vorbild in Sachen Interaktion bleiben. Bei uns schauen sie sich die großen und kleinen Regeln des täglichen Miteinanders ab.** In welchem Ton und mit welcher Wortwahl wir miteinander reden. Ob wir uns bedanken, wenn der andere gekocht hat oder uns beim Abendbrot das Stück Butter reicht. Wie wir darüber verhandeln, wer samstags den Großeinkauf für die Familie stemmt. Wie wir uns morgens verabschieden und abends wieder begrüßen. Wie wir uns umeinander kümmern, wenn einer krank, gestresst oder traurig ist. Wie wir miteinander streiten und uns vertragen. Wie wir uns im Vorbeigehen küssen.

Wie sehr Eltern es schaffen, ihre Familie als Netz verschiedener Beziehungen zu sehen – zwischen Mutter und Kind, Kind und Vater, aber eben auch zwischen Mutter und Vater – prägt Kinder von Geburt an. Das hat etwa eine Langzeituntersuchung der Klinik für Psychiatrie, Psychotherapie und Psychosomatik der Universität Leipzig gezeigt. Bereits während der Schwangerschaft mit dem ersten Kind wurden 120 Elternpaare dazu befragt, wie sie sich ihre zukünftige Familie vorstellten. Hatten sie in dieser Zeit ein vernetztes Familienbild entwickelt, in dem beide Elternteile genauso ihre Rolle hatten wie ihr Kind, profitierten ihre Kinder in den unterschiedlichsten Bereichen davon. Als Babys hatten sie weniger Koliken, sie tranken mehr und schliefen besser. Im Alter von neun Jahren zeigten sie außerdem eine ausgeprägtere soziale Kompetenz, als die Psychologen sie beim Spiel mit anderen Kindern beobachteten.

Babysitter ersparen Scheidungen

Wie übermüdete, überarbeitete, manchmal auch überbehütende Eltern ihr Liebesleben wieder in den Griff bekommen können, beschäftigt diverse Sex-Ratgeber. Einiges klingt kaum integrierbar in den Alltag einer Jungfamilie, etwa die Experimente von zwei US-Paaren, ein Jahr lang jeden Tag Sex einplanen zu wollen. In ihren Büchern *365 Nights* und *Just do it* erzählten sie von ihrem Versuch und kündigten an, das Experiment unbedingt fortführen zu wollen. Hut ab.

Zum Glück gibt es neben diesen Ausnahmetalenten auch noch eine Reihe praktikablerer Lösungsvorschläge von diversen Paartherapeuten:

Verabredungen zum Gespräch empfiehlt die Regensburger Paartherapeutin Eva Tillmetz, **»Rückzug auf Liebesinseln«** nennt sie das. Paare sollten sich einen Abend in der Woche fest füreinander reservieren. In der einen Woche machen sie »Elternabend« und reden über die Kita oder ein Erziehungsproblem. In der folgenden Woche gönnen sie sich dafür einen richtigen »Paarabend«. »Da bleibt das Kind mal ganz außen vor«, rät Tillmetz, »auch als Gesprächsthema.«

Verabredungen zum Sex seien eigentlich eine feine Sache, empfiehlt der Heidelberger Sexualtherapeut Ulrich Clement in seinem Buch *Guter Sex trotz Liebe.* Darin schreibt er mahnende Sätze wie »Erotik wird von selbst schlechter. Man braucht nichts dafür zu tun. Nur warten.« Er empfiehlt statt des Wartens, sein Liebesleben aktiv zu gestalten. Muss ja nicht jeden Tag sein.

Männer sollten ihren Frauen mehr Hausarbeit abnehmen, rät etwa Sextherapeut Ian Kerner. Schließlich hätten Hirnforscher gezeigt, dass Sex für Frauen erst zum Genuss wird, wenn der Teil ihres Gehirns abgeschaltet wird, der zuständig ist für Angst und

Sorgen, zum Beispiel um das fast leere Windelpaket oder den Milchmangel im Kühlschrank.

20-Sekunden-Küsse empfiehlt Kerner ebenfalls. **Diese »Quickie Hook-ups« zwischen Tür und Angel kurbeln die Hormone an und machen Lust auf mehr.**

Auf Distanz gehen, um wieder Nähe herzustellen: Das ist die Kernbotschaft der New Yorker Paartherapeutin Esther Perel. Je enger ein Paar räumlich und emotional zusammenwachse, desto seltener würden sie noch zu Liebhabern werden können. Anders gesagt: **Je ausschließlicher wir uns als Mutter und Vater verstehen, desto weniger finden wir als Frau und Mann zueinander.** Je mehr besonders die Mütter tagsüber mit ihren Kindern kuscheln, desto geringer ist abends unser Bedürfnis, auch noch Zärtlichkeiten mit dem Mann auszutauschen. Hin und wieder etwas räumliche Distanz zum Kind täte Paaren also auch gut.

Babysitter ersparen einem eine teure Scheidung, hat der österreichische Kabarettist Josef Hader mal formuliert. Eine wissenschaftliche Bestätigung seiner These konnte ich nirgends finden. Brauchte ich aber auch nicht. Babysitter bewähren sich nicht in Studien, sondern im Alltag. Zumindest bei uns.

Fernbeziehung zu unserem Sohn

Bereits bei unserer Hochzeit, bald nach der Trauung, schickten mein Mann und ich unser drei Monate altes Baby fort. Erst zu den beiden Babysitterinnen, die wir für die Kinderbetreuung unserer Gäste gebucht hatten, und später, irgendwann weit nach Mitternacht, ins Zimmer meiner Mutter. Erst besuchte ich ihn noch regelmäßig zum Stillen, dann drückte ich meiner Mutter Fläschchen und Milchpulver in die Hand und ging zu meinem Mann auf die

Tanzfläche. Wir sahen uns zum Frühstück wieder, und als wir uns wiedersahen, waren wir alle drei glücklich.

Babysitter und Großmütter sind seit unserer Hochzeit unser Erfolgsrezept, damit unsere Fernbeziehung möglichst innig bleibt. Über den Alltag retten wir uns mit einem Babysitter-Abo: Jeder zweite Freitagabend gehört uns, und nur uns zweien.

In möglichst regelmäßigen Abständen müssen mein Mann und ich für ein paar Stunden eine Fernbeziehung zu unserem Sohn führen, um als Paar zusammen zu sein. Zu unserem ersten Hochzeitstag schafften wir es sogar, 24 Stunden lang für rund 90 Kilometer zu ihm auf Abstand zu gehen. Wir konnten uns das so wenig vorstellen, dass wir erst drei Tage vorher anfingen, nach einem Hotel zu suchen und von Glück reden konnten, dass wir noch ein Zimmer in einem niedersächsischen Landgasthof bei der Kleinstadt Bad Bederkesa bekamen.

Unser Sohn lachte, als meine Mutter ihn auf seinem Dreirad Richtung Spielplatz schob und wir uns ins Auto setzten. »Mal schauen, wie lange noch«, sagte ich skeptisch zu meinem Mann, und zu meiner Mutter: »Ruf unbedingt an, wenn etwas ist. In einer knappen Stunde können wir zurück sein.« »Ja, ja«, sagte sie. Ich wusste da schon, dass sie nicht anrufen würde.

Auf dem Weg nach Bad Bederkesa fuhren wir an flachen Kohlfeldern, Traktoren mit Güllewagen und schmucklosen Rotklinkerfassaden vorbei. Wir sahen sie kaum, denn wir redeten miteinander. Erst über Nepomuk. Doch je mehr Kilometer zwischen uns und ihm lagen, umso mehr verschwand er aus unserem Gespräch und auch aus unserem Kopf. »Wie schön«, sagte ich, als wir unser Auto bei Nieselregen auf dem Hotelparkplatz parkten, neben den Mülltonnen und mit Blick auf die grau gestrichenen Fassaden der Nachbarhäuser. »Richtig romantisch.«

Unser Sohn kam zurück in unseren Kopf und in unser Gespräch, als wir am nächsten Tag von der Autobahn aus die Frachtkräne an der Elbe sahen. »Nur noch eine Viertelstunde«, sagte mein Mann nach einem Blick auf unseren Tacho. Schade, dachte ich. Und: Endlich. Endlich wieder zu dritt.

Kinder sind nämlich für eine Paarbeziehung weit mehr als die Barriere, die in den ersten Jahren in oft nächtlicher Regelmäßigkeit zwischen uns Eltern im Doppelbett liegt. Die uns um den Schlaf bringt, um Sex, um Gespräche miteinander und um Romantik. Wenn wir es als Paar schaffen, das Familienleben zu überdauern, dann geben Kinder auch Liebe, Freude, Ausgelassenheit und Spaß.

»Und Tiefe«, fügt Paartherapeutin Eva Tillmetz hinzu. Wenn Elternpaare zu ihr kommen, die in ihrem vollgepfropften Familienalltag ins Strudeln geraten sind, dann bittet sie diese, sich mal ihre Zukunft vorzustellen in 30, 40 und in 50 Jahren. Im Rückblick auf ihr gemeinsames Leben sollen diese Paare sich fragen, was wirklich wichtig war. »Was zum Beispiel kaum noch eine Rolle spielt, wenn man mit 75 Jahren so dasitzt, ist der Beruf. Der Großkonzern hat sich weiterentwickelt, auch nachdem ich selbst nicht mehr da gearbeitet habe«, sagt die Paartherapeutin. »Was dafür sehr wichtig ist: gemeinsam Kinder zu haben. Seinen erwachsenen Kindern anzusehen, was man ihnen mit auf den Weg gegeben hat. Das gibt dem Leben eine ganz andere Zukunft und Tiefe.«

Der Einfluss unserer Paarbeziehung:
Wie wir als Erwachsene miteinander umgehen, ist für unsere Kinder über Jahre das wichtigste Vorbild in Sachen Interaktion. Bei uns schauen sie sich die großen und kleinen Regeln des täglichen Miteinanders ab. Die Beziehung zu unserem Partner ist also einer der größten

Einflüsse während der Kindheit und prägt stark die gesamte Stimmung in der Familie.

Unsere Aufgaben:

Auf den ersten Blick machen unsere Kinder uns das Paarleben nicht gerade leichter: Schlafmangel, Kinder im Ehebett, Verletzungen während der Geburt oder Streit über Haushaltspflichten können ordentlich auf die Libido schlagen. Paartherapeuten beruhigen aber, dass die meisten Beziehungen von recht einfachen Alltagstricks sehr profitieren können:

- Regelmäßige Gespräche: Einen Abend in der Woche sollten sich Paare fest zum Gespräch verabreden. Das kann zum Beispiel in der einen Woche ein »Elternabend« sein, bei dem man über Kind, Kita & Co redet, in der darauffolgenden Woche sollte es aber dann zur Abwechslung unbedingt einen »Paarabend« geben, bei dem das Kind mal außen vor bleibt – auch als Gesprächsthema. Leichter fällt das den meisten Paaren, wenn in der Zeit ein Babysitter auf das Kind aufpasst und sie gemeinsam raus in die Welt gehen.
- Regelmäßiger Sex: Auch beim Sex regelt das Angebot die Nachfrage. Wer im Familienalltag auf spontane Leidenschaftsausbrüche wartet, riskiert dabei, dass die Libido ganz einschläft. Verabredungen zum Sex sollen dagegen Wunder wirken.
- Regelmäßige Zärtlichkeiten: Schon kurze Küsse zwischen Tür und Angel bringen unsere Liebeshormone in Schwung – und machen dann auch Lust auf mehr.

▸ Regelmäßige Freiräume: Glucken Mütter wie Väter den ganzen Tag über ihren Kindern, ist ihr Bedürfnis an verbalen und körperlichen Zärtlichkeiten am Abend gestillt, für den Partner bleibt nichts mehr übrig. Fürs Paarleben ist es also heilsam, die eigenen Ressourcen etwas gerechter zu verteilen.

Zum Weiterlesen:

Ulrich Clement: *Guter Sex trotz Liebe. Wege aus der verkehrsberuhigten Zone.* Ullstein, Berlin 2008

Julia Heilmann und Thomas Lindemann: *Kinderkacke: Das ehrliche Elternbuch.* Hoffmann und Campe, Hamburg 2010

Ian Kerner und Heidi Raykeil: *Love in the time of colic: The new parents' guide to getting it on again.* Harper, New York 2009

Remo H. Largo und Monika Czernin: *Glückliche Scheidungskinder: Trennungen und wie Kinder damit fertigwerden.* Piper, München 2004

Esther Perel: Wild Life: *Die Rückkehr der Erotik in die Liebe.* Piper, München 2008

David Schnarch: *Die Psychologie sexueller Leidenschaft.* Piper, München 2009

Eva Tillmetz und Peter Themessl: *Eltern werden – Partner bleiben: Ein Überlebenshandbuch für Paare mit Nachwuchs.* Kösel, München 2004

Merle Wuttke: *Neue Verkehrsregeln: Der erste ehrliche Sexratgeber für Eltern.* Krüger, Frankfurt 2011

Und wie beeinflussen unsere Kinder uns?

Vor einigen Wochen schlug eine Zeitbombe in meinem Leben ein. Sie war per Post gekommen, abgeschickt von einer Freundin, die ihre Wohnung gründlich aufgeräumt hatte. Sie hat noch keine Kinder und kann deswegen wirklich sehr gründlich aufräumen. Dabei fand sie einen Packen alter Fotos von meinem Mann und mir aus dem Sommer, in dem wir ein Paar geworden waren. In New York, fünf Jahre bevor wir beschlossen, aus uns zweien eine Familie zu machen. Ich hatte lange keine alten Fotos mehr von uns angeschaut, denn mein Objektiv richte ich seit drei Jahren primär auf meinen Sohn. Deswegen war ich nicht besonders gut vorbereitet auf die Bombe. »Aua«, dachte ich, »und das in nur so wenigen Jahren?«

Schön macht's nicht, aber glücklich lautet der Titel eines »ehrlichen« Schwangerschaftsromans, der vor einigen Jahren erschienen ist. Glücklich, klar, das sind wir. Auf den alten Fotos in New York sehen wir aber auch nicht gerade unglücklich aus. Dafür waren wir frischer verliebt und hatten einen frischeren Teint, weniger Augenringe und weniger Bauch, mehr Ausgelassenheit im Blick und mehr Abenteuer um uns herum. Schöner also und auch glücklich. Trotzdem hatten wir uns eines Sonntagmorgens beim Frühstück im Bett überlegt, dass wir unser Leben ändern wollten. Dass wir jetzt Eltern werden wollten. Noch mehr Liebe, Ausgelassenheit und Abenteuer wollten wir. Noch mehr Glück.

Ziemlich genau drei Jahre und neun Monate nach dieser Entscheidung würde ich sagen, unsere Wünsche sind in Erfüllung gegangen. Die Liebe zu unserem Sohn hat uns fest im Schwitzkasten. Seine Ausgelassenheit zertrümmert zwar manchmal unser Geschirr, beschert uns Sonderschichten im Wischen und Waschen, aber zum Glück färbt sie nicht nur auf den Fußboden und die weißen Hemden meines Mannes ab, sondern auch auf uns. Er macht uns nicht nur zum Affen, sondern wechselweise auch zum Burgfräulein, zum Ritter, zum Eisbärenpapa, zur Flamingomama oder zur Telefonzentrale seiner imaginären Feuerwehrwache. Entsprechend gestiegen ist die Zahl unserer alltäglichen Abenteuer. Unser Sohn lockt uns in dunkle Bettdeckenhöhlen, verwandelt unsere Wohnung in eine Geisterbahn oder unsere Badewanne in einen Ozean voller U-Boote. Zu was sonst sollen also all diese Abenteuer, diese Ausgelassenheit, diese Liebe führen als zu sehr viel Müdigkeit. Und zu sehr großem Glück.

Wie unsere Kinder uns die Sinne vernebeln

Seit der Geburt meines Sohnes bin ich drogenabhängig. Jeder Tag beginnt für mich mit einer Dosis Heroin. Gut, mit einer Art Heroin. Genau das sind nämlich unsere Kinder für uns Eltern, sagt der Amerikaner Daniel Gilbert, eine Art Heroin.

Gilbert ist kein übertrieben begeisterter Vater, der über die berauschende Wirkung von Kindern schreibt. Er ist Psychologieprofessor in Harvard und sein Buch *Ins Glück stolpern* wurde zum »Wissenschaftsbuch des Jahres 2007« gewählt. Darin geht Gilbert auch einem Dilemma nach, über das Ökonomen und Psychologen seit Jahrzehnten grübeln. Einerseits kommen alle Glücksstudien immer wieder zu dem Ergebnis, dass Kinder das tägliche Glücksempfinden ihrer Eltern schmälern. Sobald unser erstes Kind kommt, erleben wir über den Tag verteilt weniger Glücksmomente als zuvor. Auf einer Skala von eins bis zehn, das beobachtete etwa der niederländische Soziologe Ruut Veenhoven, sackt der Glückswert von Frauen und Männern mit dem ersten Kind von durchschnittlich acht Punkten auf siebeneinhalb Punkte ab. Andererseits schwören wir Eltern aber immer wieder, unsere Kinder seien das größte Glück unseres Lebens. Bei einer Familienstudie des deutschen Haushaltsgeräte-Herstellers Vorwerk sagten immerhin 83 Prozent der befragten Eltern, ihre Kinder würden ihnen trotz aller Belastungen »viel Freude« bereiten. Von den kinderlosen Studienteilnehmern glaubten nur 67 Prozent daran.

Kein Wunder, dass Frauen und Männer ohne Kinder uns unsere Freude manchmal nicht so recht abnehmen. Wir selbst tun uns oft genug schwer damit in Worte zu fassen, was unsere Kinder mit uns machen. Machen sie uns glücklicher? Unglücklicher? Beides gleichzeitig? »Unglück im Glück« nannte die Journalistin und Buchautorin Jana Hensel den Zustand moderner Eltern kürzlich im Magazin der Zeit. Glücksforscher Daniel Gilbert attestiert uns »einen hohen Grad an emotionaler Schizophrenie«. Schuld an unserer Schizophrenie seien drei typisch elterliche Schwächen, schrieb Gilbert in einem Essay, abgedruckt vom Time Magazine.

Wenn uns etwas glücklich macht, dann sind wir erstens bereit, einen hohen Preis dafür zu bezahlen. Deswegen legen wir im Supermarkt für die schlechtesten Belgischen Pralinen mehr hin als für den besten Belgischen Tofu. Die Gleichung drehen wir im Geiste aber auch schnell mal um: Wenn wir für eine Sache einen hohen Preis zahlen, gehen wir davon aus, dass sie uns auch glücklich macht. Doch nur weil Kinder uns viel kosten – Zeit, Energie, Geduld und Geld – bringen sie uns deshalb nicht zwangsläufig das große Glück. Das Gegenteil ist der Fall, wie bei den Belgischen

Pralinen: Für das, was uns glücklich macht, sind wir bereit, jeden Preis zu zahlen.

Auf unser Gedächtnis ist, das ist die Schwäche Nummer zwei, kein Verlass. Das menschliche Gehirn speichert nicht die besonders typischen, sondern die besonders herausragenden Ereignisse. **Ein schöner Moment mit unseren Kindern reicht, um uns auf einen Schlag all die nervigen Momente des Tages vergessen zu lassen.** Der Wutanfall am Schokoladenregal im Supermarkt, der Spinat auf dem Küchenboden, die Wäsche, das Spülen, die Hetzerei, die Schlepperei – alles aus unserem Gedächtnis gelöscht durch ein Grübchenlachen, eine innige Kuschelei oder ein selbst gemaltes Bild.

Dazu kommt noch die dritte typische Elternschwäche: Unsere Kinder haben die gleiche Wirkung auf uns wie Heroin. In dem Moment, wenn Menschen sich das Zeug in den Arm drücken – respektive ihr Kind im Arm halten – fühle sich das nun einmal sehr, sehr gut an. Einmal auf den Geschmack gekommen, verhalten sich Eltern wie Drogensüchtige. Sie hören auf zu essen, zu arbeiten, Freunde zu treffen oder Sex zu haben. Alles, was früher Spaß machte, verschwindet aus ihrem Leben. Kinder sind tatsächlich unser größtes Glück im Leben, weil sie so viel Zeit in Anspruch nehmen, dass sie zu unserem einzigen Glück werden.

»Unsere Kinder geben uns viele Dinge«, schreibt Glücksforscher Gilbert, »aber eine Steigerung unseres täglichen Glücks ist wohl nicht darunter.«

»No kid«, schlussfolgerte die Französin Corinne Maier vor einigen Jahren in ihrem gleichnamigen Buch aus ihrem Alltag als Mutter. In ihrem Bestseller nannte sie 40 Gründe, warum Frauen und Männer bloß keine Kinder kriegen sollten – von der »Entbindung als Foltermethode« über das Leben einer stillenden Mutter als »wandelnde Nuckelflasche« bis hin zu »höllelangweiligen Hausarbeiten« und dem »Anfang vom Ende des Glücks als Paar«. Glück geht nur ohne Kinder, so die These der Psychoanalytikerin und Volkswirtin – und Mutter von zwei Kindern, bei Erscheinen des Buches elf und 13 Jahre alt.

Glücksforscher Gilbert kommt zu einem anderen Schluss. Wir sollten die Tatsache geradezu feiern, dass Kinder nichts zu unserem Glück beitragen. »Unsere Fähigkeit, gerade die über alle Maßen zu lieben, die unsere Geduld herausfordern und uns bis auf die Knochen ermüden, ist unsere nobelste und menschlichste Eigenschaft.«

Nichts für ungut, Mr. Gilbert, aber nobler fühle ich mich nicht seit der Geburt meines Sohnes. Bei nobel muss ich an geputzte Schuhe denken, an gebügelte Hemden ohne Rotzstreifen, an Autos ohne Brezelkrümel, eine Küche mit frischen Blumen statt Geschirrtürmen und an einen Abendbrottisch mit gestärkten Servietten statt Räubertellern. Auch unseren inneren Werten würde ich nicht unbedingt das Prädikat nobel verleihen. Was über Job, Kind, Haushalt und Partnerschaft hinausgeht, saust im Alltag an mir vorbei, nicht unbemerkt aber ungetan. Für Geburtstagsgeschenke bedanke ich mich heute erst Tage später, eine Freundin wartet seit ihrer Trennung vor nun drei Wochen auf meinen Anruf. Dabei weiß ich heute schon: Diese Woche wird es wieder nichts. Nobler – nein. Das hat unser Sohn bei meinem Mann und mir nicht geschafft. Menschlicher – ja.

Kinder statt Couch: unsere wahre Persönlichkeit

Eltern prägen nicht nur ihre Kinder ein Stück weit, unsere Kinder haben durchaus auch Einfluss auf uns. Kinder verändern unseren Körper, besonders den Körper ihrer Mütter natürlich. Angefangen bei den Augenringen, dem Haarausfall während der Stillzeit und dem ausgeleierten Bauchnabel nach der Schwangerschaft bis hin zu unseren Brüsten und unserem Beckenboden. Gynäkologen reden in der Regel nicht so gerne darüber, wie übel Schwangerschaft und Geburt unserem Beckenboden mitspielen. Immerhin zehn Prozent der Mütter leiden nach der Geburt unter Inkontinenz, manche nicht nur für einige Wochen oder Monate, sondern für den Rest ihres Lebens. Dafür rechnen sie uns gerne vor, was Kinder unserem Körper Gutes tun. Stillende Mütter erkranken etwa deutlich seltener an Brustkrebs oder an Eierstockkrebs als andere Frauen.

Kinder verändern unsere politische Einstellung. Eine Untersuchung von zwei britischen Wirtschaftswissenschaftlern zeigte kürzlich, dass Eltern nach der Geburt eines Sohnes eher konservativere Parteien wählen als zuvor. Nach der Geburt einer Tochter machen sie ihr Kreuz dagegen etwas öfter bei Parteien, die weiter links stehen. Die gleiche Entwicklung haben amerikanische Soziologen an US-Kongressabgeordneten beobachtet. Beim Thema Abtreibung etwa stimmten sie deutlich feministischer, nachdem sie eine Tochter bekommen hatten.

Kinder verändern unsere Sicht auf die Welt und sogar unsere Persönlichkeit. Sie bringen uns dazu, uns selbst zu hinterfragen, unser Inneres auseinanderzunehmen und dabei mehr zu uns zu finden als je zuvor. Wenn wir sie nur lassen.

Wir nehmen Einfluss auf die Entwicklung unserer Kinder, in einigen Bereichen stärker, in anderen schwächer. Zum weitaus größten Teil prägen wir unsere Kinder jedoch nicht durch das, was wir ihnen sagen, sie lehren, ihnen verbieten oder erlauben. **Den weitaus größten Einfluss nehmen wir, wenn wir es gar nicht merken. 80 bis 90 Prozent der Erziehung unserer Kinder geschieht zwischen den Zeilen, schätzt der dänische Familientherapeut Jesper Juul. Dann, wenn unsere Kinder uns beim Leben zusehen.** Gerade aus diesem Grund setzen viele seiner Ratschläge, in seinen Büchern und in seiner Familienwerkstatt »familylab« bei uns Eltern an und nicht bei unseren Kindern. Immer wieder rät Juul uns Eltern, unser eigenes Leben zu überdenken:

Unser Vorbild. »Die Erziehung meiner Kinder ist völlig misslungen, machen sie mir doch alles nach«, soll der geniale Oscar Wilde über seinen Einfluss auf die beiden Söhne Cyril und Vyvyan gesagt haben. Vorbild zu sein, das klingt entsetzlich anstrengend. Aus der Sicht von Jesper Juul wirkt es eher wie eine Chance. Zu sich selbst zu finden zum Beispiel. Im Gespräch mit der Frankfurter Allgemeinen Sonntagszeitung wettert er etwa über Mütter, die unzufrieden ihre Halbwüchsigen bedienen. Sie würden dabei nicht nur ihre eigenen Grenzen missachten, sondern gerade vor ihren Töchtern das denkbar schlechteste Vorbild abgeben. »Ich habe in fast vierzig Jahren als Psychotherapeut nicht eine Frau getroffen, die keine Schwierigkeiten hatte, die eigenen Grenzen wahr- und ernst zu nehmen. Dabei ist das der Kern mentaler Gesundheit.«

Unsere Grenzen. »Kinder, die angeblich ihre Grenzen austesten, suchen gewissermaßen nach der wahren Persönlichkeit ihrer Eltern«, schreibt Juul in seinen Elternratgebern. Er ist überzeugt davon, dass Kinder keine Grenzen suchen, sie wollen Kontakt. Je mehr sie also aus unserer Sicht unsere Grenzen testen, desto mehr sind sie in Wahrheit auf der Suche nach uns. Nach uns als Menschen, meint Juul damit, nicht nach uns, wie wir unsere Mutter- oder Vaterrolle spielen. Das aber müssen wir selbst manchmal erst herausfinden.

Wir müssen ergründen, was uns auf die Palme bringt und was uns kalt lässt, müssen nach den Grenzen an Distanz, Ruhe und Sauberkeit suchen, die wir persönlich brauchen, um in unserer Familie glücklich zu sein. Vieles davon haben wir unbewusst von unseren eigenen Eltern übernommen. »Erbgut« nennt Juul die Grenzen unserer Kindheit. Einige waren richtig oder zumindest damals richtig, andere waren falsch, manche verletzend. Letztere seien oft der Hauptgrund für die dämlichsten unter den Erziehungsrangeleien, die wir uns heute manchmal mit unseren eigenen Kindern liefern. Der Schmerz von damals tauche nämlich mit großer Sicherheit wieder auf, sobald wir selbst Kinder haben – oft allerdings nicht als Schmerz, sondern als Wiederholung der Muster unserer Eltern. Zum »Erbgut« kommt das »Strandgut«, so nennt Juul all die Ratschläge und Beobachtungen, die wir im Laufe der Zeit sammeln. Von ihm selbst etwa, aber genauso auch von Tigermüttern und sonstigen Erziehungstyrannen, von befreundeten Eltern, aus den Schlagzeilen in der Zeitung oder von der Super Nanny im Fernsehen.

Vor diesen Berg an Ratschlägen, Warnungen, Normen und Werten müssen wir uns setzen, jeder für sich, und sie sortieren. Die Guten ins Töpfchen, also in unseren Familienalltag, die Schlechten ins Kröpfchen.

Unsere Sprache: Viele Eltern reden mit ihren Töchtern und Söhnen entweder zuckersüß oder preußisch streng, beobachtet der dänische Familientherapeut Jesper Juul in seiner Familienwerkstatt »familylab«. Er versucht, ihnen eine neue Sprache beizubringen: klar, persönlich, ehrlich, freundlich und vor allem authentisch. Das ist Juuls Lieblingswort. Eine Sprache ohne Konjunktive und ohne allzu viele Fragezeichen, ohne Floskeln und vage Andeutungen, erst recht ohne Vorwürfe und Demütigungen. Ein zu strenger Ton verletze das Gebot der Gleichwürdigkeit unter allen Familienmitgliedern, eine zu süße Sprache nennt er »Verschleierungstaktik«. In Wahrheit würde es diesen Eltern nur darum gehen, vor den anderen Eltern auf dem Spielplatz zu bestehen, nicht aber um echte Kommunikation mit ihrem Kind. Kein Trainer von Managementseminaren könnte in Sachen Sprache härter mit uns ins Gericht gehen als unsere Kinder.

Unsere Gefühle: Eltern dürfen heulen und fluchen, wenn es nach Jesper Juul geht, sie dürfen scheitern und schimpfen, aber was sie nicht dürfen, ist, sich immerzu am Riemen zu reißen. »Gefühle schaden Kindern nicht«, sagt er, »die Abwesenheit von Gefühlen schadet.« Kinder brauchen eben doch Menschen als Eltern und keine Roboter. Auch als Vorbild. Kinder, die nicht auch mal unglücklich sein dürfen, deren Eltern immer alles für ihr Glück tun, werden dadurch nicht glücklicher, sagt Juul, sondern nur einsamer. Sie sind nämlich weiterhin unglücklich. Nur halt eben im Verborgenen.

Unsere Rolle: Wir sollten als Mensch konsequent sein und uns nicht in Gegenwart unserer Kinder eine künstliche Elternrolle anziehen. Wieder und wieder plädiert Juul in seinen Ratgebern: »Eine authentische Beziehung ist die moderne Alternative zum Rollenspiel früherer Generationen.« Unter den unzählbar vielen Erziehungsratgebern ist er mit solchen Sätzen eine von sehr wenigen Ausnahmen. Denn im Gegensatz zu all den anderen, die uns zu wenig Disziplin, Drill, Strenge, Ehrgeiz oder gar Tyrannenkinder vorwerfen, schreibt Juul, Eltern hätten in den vergangenen zwei, drei Jahrzehnten einen »qualitativen Quantensprung« in der Erziehung gemacht. Daher sei es schließlich auch kein Wunder, dass die Eltern der vergangenen 20, 30 Jahre sich ab und an auch mal verdammt schwergetan hätten mit der Erziehung ihrer Kinder. Wir versuchen uns heute an einem Familienmodell, für das viele von uns keinerlei Vorbild haben.

In seiner eigenen Kindheit in den 1950er-Jahren sei es das primäre Erziehungsziel gewesen, dass Kinder sich ordentlich aufführen. »Ein Ausdruck, den man wörtlich nehmen konnte, denn es handelte sich um eine Art Aufführung, wie im Theater«, schreibt Jesper Juul in seinem Buch *Was Familien trägt.* »So studierte man beispielsweise die richtigen Antworten ein: Man sagte höflich ›Guten Tag‹ und ›Gute Nacht‹ oder bedankte sich artig für die Weihnachtsgeschenke, und wenn man all diese Formulierungen perfekt beherrschte und noch dazu zum richtigen Zeitpunkt anwandte, galt man als gut erzogenes Kind, das seinen Eltern Ehre machte.« Rollenspiele seien das gewesen. Aber kein unmittelbarer, warmherziger Kontakt zwischen Kindern und Eltern. In den meisten Fällen hätte das zwar gereicht, um die Kinder einige Jahre lang ruhig zu halten, aber mit der Pubertät verloren die Eltern dann vollends den echten Kontakt zu ihrem Kind.

Wir dagegen verlieren in unserem Elternalltag im besten Fall weder den Kontakt zu unserem Kind, noch den zu unserem Partner, noch den zu uns selbst, sondern gerade da, in diesem bunten, trubeligen, niemals ruhigen Tohuwabohu können wir stärker zu uns selbst finden als jemals zuvor.

Der schönste Weg zum Glück

Johann Wolfgang von Goethe war nicht nur ein sehr sprachbegabter Mann, sondern auch ein sehr kluger. Deswegen kommt kaum ein Buch ohne mindestens ein Zitat von ihm aus, selbstverständlich auch dieses nicht. Er hat sich nun einmal wirklich Mühe darin gegeben, seine Umgebung zu beobachten und in Worte zu fassen, den sizilianischen Vulkan Ätna ebenso wie etwa seinen Sohn August, das einzige seiner fünf Kinder, das nicht bald nach der Geburt starb. »Die Kinder, als strebende Naturen«, formulierte Goethe jedenfalls, »wählen sich gewöhnlich im Hause das Beispiel dessen, der am meisten zu leben und zu genießen scheint.«

Die moderne Wissenschaft hat Goethe längst bestätigt. »Die Resilienzforschung zeigt, wie sehr Kinder ihre Lebenseinstellung von Vorbildern übernehmen. Es ist ein Schutzfaktor fürs Leben, wenn sie jemanden vor sich haben, der Humor hat, Selbstvertrauen, keinen zu großen Perfektionismus; jemanden, der ihnen zeigt, dass die Welt nicht untergeht, wenn mal etwas schief geht«, bemerkt die Verhaltensbiologin Gabriele Haug-Schnabel. Sie rät uns daher: »Eltern sollten sich trauen, auch andere Kindheiten zu wagen. Wenn sie sich durch ihr Kind nicht in ein Schema pressen lassen, sondern weiterhin ihr Leben leben, dann vermitteln sie ihrem Kind damit eine wichtige Lektion für die Gesamtveranstaltung Leben: Es liegt an dir, was du daraus machst. Diese innere Freiheit, eine eigene Person sein zu dürfen, das können einem die Eltern mitgeben.«

Wir wollen, dass unsere Kinder zu glücklichen Menschen heranwachsen, und der erfolgreichste und gleichzeitig schönste Weg dahin ist schlicht, selbst glücklich zu sein. **Erziehung funktioniert ja nun einmal vor allem über Vorbilder. Auch Erziehung zum Glück.**

Kinder machen uns nicht glücklich, das hat die Glücksforschung ja nun bewiesen. Genauso wenig, wie sie selbst neues Klopapier einkaufen, die Badewanne einlassen, das Bett machen oder für die Familie das Abendbrot kochen. Das müssen wir uns schon selbst holen, das Glück. Aber genauso wie Klopapier, Badewanne, Bett und Abendbrot können wir uns auch das Glück teilen. Ist doch genug für alle da, für Kinder und Eltern.

Der Einfluss unserer Kinder auf uns:

Kinder stellen uns immer wieder infrage und geben uns damit die Chance, uns selbst besser kennenzulernen. Bei der Erziehung unserer Kinder merken wir schließlich zwangsläufig, welche Regeln und Grenzen uns wirklich wichtig sind – und was uns eher kalt lässt. Im besten Fall setzen Eltern ihren Kindern nicht einfach nur Grenzen, sondern lernen ihre eigenen Grenzen überhaupt erst mal kennen.

Unsere Aufgaben:

Den mit Abstand größten Einfluss auf unsere Kinder haben wir durch das Vorbild, das wir Tag für Tag zu Hause abgeben. Eine der wichtigsten Voraussetzungen für die Erziehung unserer Kinder ist es also, bei uns selbst zu bleiben. Gute Eltern spielen keine Klischees nach, sondern sind:

... ehrlich: Weder zuckersüß noch preußisch streng sollten wir mit unseren Kindern sprechen, sondern authentisch. Wer sich in die eine oder andere Richtung verstellt, weil das besser bei den anderen Eltern auf dem Spielplatz ankommen könnte, muss sich nicht wundern, wenn sein Kind ihm kein Wort abnimmt.

... gefühlvoll: Eltern sind keine Roboter, auch wir dürfen mal müde, traurig, missmutig oder übermütig sein. »Gefühle schaden Kindern nicht«, sagt Familienexperte Jesper Juul, »die Abwesenheit von Gefühlen schadet.«

... eine Spur egoistisch: Im Familienalltag müssen wir

unsere eigenen Grenzen setzen – und nicht die des Partners, der Schwiegermutter, der besten Freundin oder des aktuellsten Erziehungsratgebers. Wer die Wünsche des Partners oder seines Kindes auch mal nett mit einem »Darauf habe ich jetzt keine Lust« pariert, der zeigt, dass jeder auf seine eigenen Bedürfnisse achten darf und soll.

... und vor allem glücklich: Es ist nicht die Aufgabe unserer Kinder, uns glücklich zu machen. Das müssen wir schon selbst tun, immer wieder aufs Neue. Für uns selbst, genau wie für unsere Kinder: Glückliche Eltern sind auch für sie besser, als sich immerzu aufopfernde Eltern. Erziehung funktioniert nun einmal vor allem über Vorbilder – auch Erziehung zum Glück.

Zum Weiterlesen:

Daniel Gilbert: *Ins Glück stolpern: Suche dein Glück nicht, dann findet es dich von selbst.* Goldmann, München 2008

Danke

… an meinen kleinen Mann für das große Chaos und Glück in unserem Leben.

… an meinen großen Mann für die morgendliche Geduld und das nächtliche Aufstehen und alles dazwischen.

… an Simone fürs Tante-Mone-Sein.

… an Andre, Danny, Tina, Wibke und York fürs frühe Lesen.

… an Werner Löcher-Lawrence für seine umsichtige Begleitung dieses Buches.

… an Berrit Barlet für ihr kritisches Lektorat.

… und an meine Mutter eh.